SATANÁS, ¡MI VICTORIA NO ES TUYA!

> Edición especial que incluye
> *SATANÁS, ¡MI MILAGRO NO ES TUYO!* y
> *SATANÁS, ¡MIS PROMESAS NO SON TUYAS!*

IRIS DELGADO

CASA
CREACIÓN

La mayoría de los productos de Casa Creación están disponibles a un precio con descuento en cantidades de mayoreo para promociones de ventas, ofertas especiales, levantar fondos y atender necesidades educativas. Para más información, escriba a Casa Creación, 600 Rinehart Road, Lake Mary, Florida, 32746; o llame al teléfono (407) 333-7117 en Estados Unidos.

Satanás, ¡mi victoria no es tuya! por Iris Delgado
Publicado por Casa Creación
Una compañía de Charisma Media
600 Rinehart Road
Lake Mary, Florida 32746
www.casacreacion.com

No se autoriza la reproducción de este libro ni de partes del mismo en forma alguna, ni tampoco que sea archivado en un sistema o transmitido de manera alguna ni por ningún medio—electrónico, mecánico, fotocopia, grabación u otro—sin permiso previo escrito de la casa editora, con excepción de lo previsto por las leyes de derechos de autor en los Estados Unidos de América.

A menos que se exprese lo contrario, todas las citas de la Escritura están tomadas de la Santa Biblia Reina Valera Revisión 1960 © Sociedades Bíblicas Unidas, 1960. Usada con permiso.

Las citas de la Escritura marcadas (NVI) corresponden a la Santa Biblia, Nueva Versión Internacional © Sociedad Bíblica Internacional, 1999. Usada con permiso.

Las citas de la Escritura marcadas (NTV) corresponden a la Santa Biblia, Nueva Traducción Viviente, © Tyndale House Foundation, 2010. Usada con permiso de Tyndale House Publishers, Inc., 351 Executive Dr., Carol Stream, IL 60188, Estados Unidos de América. Todos los derechos reservados.

Las citas de la Escritura marcadas (LBLA) corresponden a La Biblia de las Américas, Edición de Texto, © The Lockman Foundation, 1997. Usada con permiso.

Las citas de la Escritura marcadas (DHH) corresponden a la Biblia Dios Habla Hoy, 2ª edición © Sociedades Bíblicas Unidas, 1983.

Las citas de la Escritura marcadas (TLA) corresponden a la Biblia Traducción en Lenguaje Actual, © Sociedades Bíblicas Unidas, 2002. Usada con permiso.

La grafía y significado de los términos hebreos y griegos corresponden a la *Nueva concordancia exhaustiva de la Biblia de Strong*, de James Strong, Editorial Caribe, 2003. Usado con permiso.

Traducido por: María Mercedes Pérez, María Bettina López y María del C. Fabbri Rojas

Coordinación, revisión de la traducción y edición: María del C. Fabbri Rojas

Director de diseño: Bill Johnson

Visite la página web de la autora: www.crownedwithpurpose.com

Este libro es una combinación de:

Satanás, ¡mi milagro no es tuyo! previamente publicado por separado por Casa Creación, ISBN 978-1-61638-803-4 (E-book ISBN: 978-1-62136-108-4), copyright © 2012. Todos los derechos reservados.

Satanás, ¡mis promesas no son tuyas! previamente publicado por separado por Casa Creación, ISBN 978-1-62136-126-8 (E-book ISBN: 978-1-62136-135-0), copyright © 2013. Todos los derechos reservados.

Copyright © 2014 por Casa Creación
Todos los derechos reservados

Library of Congress Control Number: 2014938645
ISBN: 978-1-62136-928-8

Nota de la editorial: Aunque la autora hizo todo lo posible por proveer teléfonos y páginas de internet correctas al momento de la publicación de este libro, ni la editorial ni la autora se responsabilizan por errores o cambios que puedan surgir luego de haberse publicado.

Impreso en los Estados Unidos de América
14 15 16 17 18 * 7 6 5 4 3 2 1

Después de descubrir a Cristo a temprana edad en una iglesia que cree en lo sobrenatural y lo practica, Iris Delgado escribe basándose en sus propias experiencias. Escribe con claridad y franqueza sobre la necesidad de lo milagroso en la vida de cada creyente. Muestra al lector cómo experimentar milagros personalmente. Creo que el poder obrador de milagros de Dios será manifestado en su vida mientras lee este práctico informe de cómo se reciben los milagros.

—Pastor J. Don George
Pastor fundador de Calvary Church, Irving, Texas
CalvaryChurch.CC

La Dra. Iris Delgado, escribiendo bajo la inspiración del Espíritu Santo, revela una vez más su capacidad dada por Dios para tender un puente de lo natural a lo sobrenatural. La realidad de los milagros hoy en día es un concepto difícil para muchos. El fundamento escritural unido a la experiencia personal de Iris deja al lector una certeza de que "con Dios todas las cosas son posibles". Recomiendo con entusiasmo este nuevo libro, *Satanás, ¡mi milagro no es tuyo!*

—Dr. Ronald E. Short
Apóstol y maestro
Ronald E. Short Evangelistic Association
Idabel, Oklahoma

En medio de estos tiempos turbulentos, Dios ha ungido a la Dra. Iris Delgado para escribir de una manera extraordinaria que inspirará, equipará y, lo que es más importante, impartirá principios para recibir sanidad y milagros por medio de la divina inspiración. Este libro es imprescindible para todas las personas que desean andar en el reino sobrenatural del Espíritu Santo en la vida cotidiana.

—Dr. Raúl López (h).
Pastor principal, Casa de Adoración Máxima Alabanza
Vega Baja, Puerto Rico
Maximaalabanza.org

La Dra. Iris Delgado vive las palabras que ha escrito en esta obra literaria. Este libro sobre el poder sobrenatural de Dios no es solo teoría; ella ha experimentado cada afirmación con una vida consagrada a Jesucristo. Abra su corazón y acepte su exposición de la divina y eficaz Palabra de verdad. La Dra. Delgado le hará saber que Dios nunca es el problema: Él es nuestra *única* respuesta.

—Dr. Duane & Darilyn Bemis
For God's Glory Ministries
Big Spring, Texas
Fggbemis.org

Libro 1

Satanás, ¡mi milagro no es tuyo!

Iris Delgado

La mayoría de los productos de Casa Creación están disponibles a un precio con descuento en cantidades de mayoreo para promociones de ventas, ofertas especiales, levantar fondos y atender necesidades educativas. Para más información, escriba a Casa Creación, 600 Rinehart Road, Lake Mary, Florida, 32746; o llame al teléfono (407) 333-7117 en Estados Unidos.

Satanás, ¡mi milagro no es tuyo! por Iris Delgado
Publicado por Casa Creación
Una compañía de Charisma Media
600 Rinehart Road
Lake Mary, Florida 32746
www.casacreacion.com

No se autoriza la reproducción de este libro ni de partes del mismo en forma alguna, ni tampoco que sea archivado en un sistema o transmitido de manera alguna ni por ningún medio –electrónico, mecánico, fotocopia, grabación u otro– sin permiso previo escrito de la casa editora, con excepción de lo previsto por las leyes de derechos de autor en los Estados Unidos de América.

A menos que se exprese lo contrario, todas las citas de la Escritura están tomadas de la Santa Biblia Reina Valera Revisión 1960 © Sociedades Bíblicas Unidas, 1960. Usada con permiso.

Las citas de la Escritura marcadas (NIV) corresponden a la Santa Biblia, Nueva Versión Internacional © Sociedad Bíblica Internacional, 1999. Usada con permiso.

Las citas de la Escritura marcadas (NTV) corresponden a la Santa Biblia, Nueva Traducción Viviente, © Tyndale House Foundation, 2010. Usada con permiso de Tyndale House Publishers, Inc., 351 Executive Dr., Carol Stream, IL 60188, Estados Unidos de América. Todos los derechos reservados.

Las citas de la Escritura marcadas (LBLA) corresponden a La Biblia de las Américas, Edición de Texto, © The Lockman Foundation, 1997. Usada con permiso.

Las citas de la Escritura marcadas (DHH) corresponden a la Biblia Dios Habla Hoy, 2ª edición © Sociedades Bíblicas Unidas, 1983.

Las citas de la Escritura marcadas (TLA) corresponden a la Biblia Traducción en Lenguaje Actual, © Sociedades Bíblicas Unidas, 2002. Usada con permiso.

La grafía y significado de los términos hebreos y griegos corresponden a la *Nueva concordancia exhaustiva de la Biblia de Strong*, de James Strong, Editorial Caribe, 2003. Usado con permiso.

Traducido por: María Mercedes Pérez, María Bettina López y María del C. Fabbri Rojas.

Coordinación, revisión de la traducción y edición: María del C. Fabbri Rojas

Director de diseño: Bill Johnson

Originally published in the U.S.A. under the title: *Satan, You Can't Have My Miracle*
Published by Charisma House, A Charisma Media Company, Lake Mary, FL 32746 USA
Copyright © 2012 Iris Delgado
All rights reserved
Visite la página web de la autora: www.crownedwithpurpose.com

Copyright © 2012 por Casa Creación
Todos los derechos reservados

Library of Congress Control Number: 2012944730
ISBN: 978-1-61638-803-4
E-book: 978-1-62136-108-4

Nota de la editorial: Aunque la autora hizo todo lo posible por proveer teléfonos y páginas de Internet correctas al momento de la publicación de este libro, ni la editorial ni la autora se responsabilizan por errores o cambios que puedan surgir luego de haberse publicado.

Impreso en los Estados Unidos de América
12 13 14 15 16 * 7 6 5 4 3 2 1

CONTENIDO

DEDICATORIA xvii

INTRODUCCIÓN
MILAGROS Y SANIDAD
SOBRENATURALES xix

I EL MILAGRO DE LA TRANSFORMACIÓN
DEL ALMA 1

   DE LA OPRESIÓN A LA LIBERTAD 2
      Necesitamos una nueva visión 7
      ¿Tratamiento temporal o sanidad? 9
   ¿CUÁL ES EL PAPEL DE SU ESPÍRITU? 10
      La falta de dominio propio 13
      Resultados del quebrantamiento en el espíritu humano 13
   ¿QUÉ PAPEL JUEGA EL ALMA EN LA VIDA DE UNA
   PERSONA? 14
      Prisiones personales 15
      Intrusión de un espíritu maligno en la casa 16
      Las cosas impuras atraen a los espíritus impuros 17
      Espíritus de ira, de odio, de resentimiento y de
      condenación 19
      Salir de una prisión espiritual 21
   ¿QUÉ PAPEL DESEMPEÑA EL CUERPO EN EL ÁMBITO
   ESPIRITUAL? 22
   EL DON DEL ARREPENTIMIENTO Y EL PERDÓN 23
      El discipulado y la recuperación 24
   ¡CIERRE LA PUERTA! 25

Instrucciones y oraciones para recibir
sanidad del alma y transformación 26
  Oración 26
Oraciones y escrituras para salir de
prisiones espirituales 27

2 EL MILAGRO DE LA LIBERACIÓN
DEL MAL 29
  Liberación de la brujería y adoración a
  otros dioses 30
    La derrota de una fortaleza demoníaca comienza con el
    conocimiento 32
    ¿Qué causa esta hambre por lo oculto y lo sobrenatural? 33
  Sanidad de la esterilidad 35
  Cosas que invitan a espíritus demoníacos 37
    Dios quiere sanar a su pueblo para que viva en victoria 39
    La evidencia de la participación demoníaca 40
  El milagro de la liberación de las
  maldiciones 43
  Cómo destruir fortalezas y maldiciones 44
  Oraciones, escrituras y declaraciones
  para liberarlo de maldiciones, fortalezas
  demoníacas, y ataques del enemigo 47
    Disolver acuerdos y maldiciones realizando las siguientes
    oraciones 47
    Reprenda con firmeza al espíritu de acoso 50

3 ACCIONES QUE PRODUCEN MILAGROS
Y SANIDADES 51
  El justo está confiado como un león 51

Contenido

FE AUDAZ Y ACTITUD OSADA 53
Echar fuera el temor 55

EL ROL DE LA ORACIÓN APASIONADA EN LA SANIDAD 55

SANIDAD DE ENFERMEDADES INCURABLES Y HEREDITARIAS 56
Mi audaz confesión 58

INDISPENSABLE: LA SANGRE DE JESÚS Y LA AYUDA DEL ESPÍRITU SANTO 59
Cultive su grano de mostaza 60

¿POR QUÉ TANTOS CRISTIANOS ESTÁN ENFERMOS U OPRIMIDOS? 62

¡SU SANIDAD ESTÁ GARANTIZADA! 63
¿Tenemos que hacer sacrificios para recibir sanidad? 64

SACRIFICIOS DE ALABANZA, ACCIÓN DE GRACIAS Y JÚBILO 65
Los sacrificios de alabanza y acción de gracias 65
El sacrificio de júbilo 66

ESCRITURAS Y ORACIONES PARA EDIFICAR SU FE Y RECIBIR SANIDAD 68
Sacrificio de alabanza y adoración 68
Sacrificio de acción de gracias 68
Sacrificio de júbilo 69
Oraciones para recibir sanidad 70
Dolor, inflamación, hinchazón, migrañas, artritis y fibromialgia 71
Debilidad, virus 71
Enfermedad coronaria 71

Cáncer, fiebre, dolencias, aflicción, enfermedad,
desórdenes, sufrimiento 71

Diabetes, artritis, dolor en las rodillas, piernas, manos,
forúnculos y úlceras 72

Pestilencia (epidemia, plaga, virus, pandemia, enfermedad
mortal, peste bubónica) 72

Sangre y huesos (presión arterial, leucemia, diabetes,
anemia, osteoporosis) 73

Estado nervioso 73

Oración sanadora para restaurar el sistema inmunológico,
sanar el cansancio y los dolores de las articulaciones 74

Oración de acuerdo para recibir sanidad 74

ORACIÓN DE ACUERDO 75

Testimonio de los efectos de la oración de acuerdo 76

4 ESPERAR Y ORDENAR LO MILAGROSO TODOS LOS DÍAS 78

EQUIPADA Y AUDAZ: MILAGROS DE
PROTECCIÓN ANGÉLICA 78

El milagro de protección de los ataques del enemigo 80

El milagro de la protección en un accidente de auto 81

EL PODER DEL ESPÍRITU SANTO 82

EL PODER DE DIOS OBRANTE EN NOSOTROS 84

ORACIONES PODEROSAS QUE ACTIVAN LOS
MILAGROS 86

Oración por sabiduría y revelación 86

Oración para superar el engaño 86

Declaración de fe 86

Oración para recibir poder 87

Oración por prosperidad financiera..........87

5 ORACIONES Y ESCRITURAS QUE LO LAVARÁN Y DEJARÁN LIMPIO 88

¿CÓMO PUEDE LAVARSE Y QUEDAR LIMPIO? 88

ORACIONES Y ESCRITURAS PARA PERDÓN Y LIMPIEZA 89

Oración para perdón y limpieza............ 89

Oración para limpieza y arrepentimiento 89

Oración para mantener la pureza y llevar cautivos los pensamientos 90

Oración para ser limpiado............ 91

Oración por misericordia y renovación de la mente 91

Oración para acercarse más a Dios y limpiarse de una mala conciencia 91

Oración para lavarse en la sangre de Jesús 92

Oración por limpieza y discernimiento............ 92

Oración por restauración y acción de gracias............ 93

MI CONSEJO 94

6 EL MAYOR DE LOS MILAGROS: NUESTRA SALVACIÓN 95

¿QUÉ TIENE QUE VER LA SALVACIÓN CON LOS MILAGROS? 95

EL PODER DE LA SANGRE DE JESÚS 96

LOS EFECTOS DEL ARREPENTIMIENTO 97

Nuestras nuevas ropas 98

La salvación garantiza cosas nuevas 98

EL PROCESO DE CRECIMIENTO............ 99

REGALOS PERSONALES DE DIOS PARA USTED 100
  La salvación garantiza provisión para la sanidad 101
¿POR QUÉ CONFESAR NUESTROS PECADOS? 103
¿QUÉ ES LA SANTIFICACIÓN? 103
  ¿Cómo recibimos limpieza? 104
NUESTRA POSICIÓN EN CRISTO 104
  Mi identidad y posición en Cristo 105
  Nuestra identidad 107
LA IMPORTANCIA DE LEER LA PALABRA
DE DIOS 108
NOS CONVERTIMOS EN TEMPLO DEL ESPÍRITU
SANTO 109
  Nuestra obligación 110
EL PODER DEL ESPÍRITU SANTO EN NOSOTROS 112
  ¿Cuál es el poder del Espíritu Santo? 113
EL PACTO ETERNO DE DIOS 115
ORACIONES Y DECLARACIONES 117
  El apóstol Pedro dijo: 117
  Oración de rededicación 117
  Oración para recibir a Jesucristo como Señor y Salvador 117
  Oración para ser lleno del Espíritu Santo 118
  Oración de compromiso 119
UNA ÚLTIMA ORACIÓN 119

NOTAS 121

DEDICATORIA

DEDICO ESTE LIBRO a todas las personas que necesitan un milagro. Puede ser que usted necesite un milagro por una enfermedad incurable y desoladora, la salvación de alguien a quien ama mucho, la intervención divina en algo que solo Dios puede hacer posible, o que necesite desesperadamente una milagrosa sanidad interior de un trauma recurrente de su pasado o de algo que está ocurriendo en este momento.

También dedico este libro a los millones de hombres, mujeres y jóvenes enfermos y heridos, que han experimentado algún tipo de abuso físico o mental, o una adicción esclavizante, y a usted que todavía está tratando de hacer frente a las circunstancias actuales o a recuerdos persistentes, y lidiando con sus efectos.

Algunos de ustedes pueden tener una enfermedad grave causada por el trauma y el estrés de las dificultades y adversidades de sus relaciones pasadas y presentes. Algunos pueden estar viviendo con una identidad confusa, atrapados en su propio cuerpo.

Dios no hace distinción entre las personas. Los milagros que Él hizo por medio de Jesucristo su Hijo durante su tiempo en la Tierra, también los hará para usted. Yo soy una beneficiaria del milagroso poder de Dios que obra hoy en día, y testigo de muchos milagros y sanidades que realmente han hecho que sea una creyente.

Para usted que necesita un milagro o una sanidad, ruego que el Espíritu Santo le revele la verdad a medida que lee las páginas de este libro, y que también usted sea un beneficiario del milagroso amor de Dios y de su poder sanador.

Introducción

MILAGROS Y SANIDAD SOBRENATURALES

¿Dios lo sigue haciendo hoy?

¿Usted le ha estado pidiendo a Dios un milagro de sanidad, y en cambio, parece que las cosas estuvieran empeorando? ¿Ha experimentado frustración y ansiedad porque ha hecho todo lo que la Palabra dice que debe hacer, pero todavía no puede ver un rayo de esperanza en su situación? ¿Ha estado luchando con la agitación interna, y todo lo que hace parece terminar en un fracaso?

Escribir este libro ha sido un tremendo desafío. El diablo no quiere que el mensaje de milagros, sanidad divina sobrenatural y restauración del alma se haga público. Mi intención es ser precisa, bíblicamente correcta y, al mismo tiempo, transmitir la verdad de que los milagros, la sanidad y la restauración de todo tipo de fortaleza, están disponibles y asequibles hoy en día para todos los que se atreven a creer en Jesucristo, el Mesías.

Yo misma he experimentado muchos milagros, algunos de sanidad de una enfermedad debilitante e incurable, algunos de protección contra accidentes inminentes y robo a mano armada, y otros de sanidad del abuso y del odio.

A lo largo de estas páginas quiero poner al descubierto las mentiras de Satanás que han cegado a muchas personas para que piensen que los milagros son solo para algunos. También quiero edificar su fe a través de testimonios reales de sanidad y milagros que yo misma he presenciado. Usted obtendrá herramientas específicas que le ayudarán a creer en Dios en lo imposible. Aprenderá a orar y confesar la Palabra de Dios para su situación, cómo usar sus armas de guerra espiritual, y cómo liberarse o liberar a otros de cualquier tipo de esclavitud o tormento del pasado.

La información de este libro tiene el propósito de prepararlo a usted para que crea y reciba la milagrosa intervención divina y sanidad de todas las fortalezas demoníacas. Para conocer plenamente a Dios, debemos conocerlo como el sanador. "Porque yo soy Jehová tu sanador" (Éxodo 15:26).

CAPÍTULO UNO

EL MILAGRO DE LA TRANSFORMACIÓN DEL ALMA

Envió su palabra y los sanó, y los libró de su ruina.
—SALMOS 107:20

LA ENCONTRÉ EN su cama acurrucada en posición fetal. Su joven cuerpo se lanzaba para adelante y para atrás sin consuelo. Las lágrimas rodaban por sus mejillas hasta una almohada que estaba manchada con rimel, empapada con la agonía de un alma que sufría en silencio. Mi inesperada presencia sobresaltó a esta joven que se incorporó dolorosamente, incapaz de responder a mi pregunta asombrada: "¿Qué ocurre?". Mientras la envolvía suavemente en mis brazos, sentí que su cuerpo vibraba a la vez que una oleada de angustiosa desesperación salía y se desataba desde el fondo de su ser.

Esta preciosa joven, mi primera hija, había estado sufriendo en silencio durante la mayor parte de los dos años de su turbulento matrimonio. Después del divorcio, llevó mucho tiempo reparar el daño infligido a su alma. Dios en su misericordia evitó que sucumbiera a una vida de incertidumbre y miseria. Creo que mis constantes oraciones por mis hijos han sido eficaces y de gran alcance. Ella pasó por un proceso espiritual de sanidad interior. Hoy, años más tarde, mi hija es fuerte, segura de sí misma, y no tiene obstáculos para disfrutar de las promesas de Dios para su vida. Sin el milagro de la intervención divina en que el Espíritu Santo y el hombre participan juntos, mi hija podría haberse convertido en una joven insegura, infeliz e insatisfecha, atormentada por espíritus malignos.

De la opresión a la libertad

No todas las parejas que pasan por el divorcio sanan fácilmente. No todas las personas que han sido abusadas lo superan rápidamente. No todas las personas que atraviesan una quiebra se recuperan. Muchas personas pasan por experiencias trágicas, y algunos por enfermedades desesperantes, por lo que son incapaces de vivir una vida plena. Esta sección trata sobre el milagro de la sanidad y la transformación del alma, la parte de nosotros que clama en silencio y se pregunta: "¿Cómo puedo llegar a ser libre?". Tal vez usted pueda ser uno de los pocos que nunca sienten la opresión del enemigo, pero posiblemente conozca a alguien que está desesperado por experimentar libertad. Oro que el Espíritu Santo nos ayude a entender la urgencia y la enorme necesidad de enseñanza y conocimiento de lo que el enemigo realmente está tramando, y de las cosas que podemos hacer para volver a estar sanos. Dios quiere que disfrutemos de todas las bendiciones del nuevo pacto.

- ¿Se siente usted como si la vida lo dejara de lado y duda de que vaya a mejorar?
- ¿Cómo puede ser sanada una persona deprimida, emocionalmente quebrantada, y abusada?
- ¿Puede una persona realmente ser liberada de los espíritus malignos que la atormentan?
- ¿Qué tipo de poder es este, y cómo puede una persona activarlo?
- ¿Todos los creyentes tienen poder y autoridad sobre todo poder del enemigo?

El milagro de la transformación del alma

- ¿Qué pasa con las víctimas? Una vez que aceptan a Cristo, ¿pueden también depender de la autoridad y del poder de Dios para recibir sanidad y restauración?
- ¿Qué pasa con las maldiciones transferidas de un familiar a otro? ¿Pueden ser rotas, y la persona ser liberada?
- ¿Qué hay del aventurarse en el ocultismo? ¿Hacerlo realmente afectará de alguna manera la vida de una persona y su carácter?

Yo creo que cuando una persona nace de nuevo y recibe conocimiento de sus derechos en Cristo Jesús por el nuevo pacto, puede responder *sí* a todas estas preguntas. La Biblia nos revela claramente que a todos los ciudadanos del Reino de los cielos se les ha dado autoridad sobrenatural sobre todo el poder maligno del enemigo: "He aquí os doy potestad de hollar serpientes y escorpiones, y sobre toda fuerza del enemigo, y nada os dañará" (Lucas 10:19). Pero el problema es que demasiados cristianos no saben cómo librarse de los hábitos o situaciones paralizantes en los que han caído por otra persona. No tienen idea de cómo utilizar su autoridad del Reino.

Esta generación ha producido un gran número de adultos, niños y jóvenes que son absolutamente infelices, y que luchan con trastornos emocionales y sueños no cumplidos. Muchos adultos tratan de echarle la culpa a otros, pero creo firmemente que esta generación está siendo moldeada por padres que están demasiado ocupados para darse cuenta de lo que está ocurriendo a su alrededor, por un sistema educativo que ha quitado a Dios y a la oración de su atmósfera, y por un sistema mundano que tiende a la autogratificación instantánea. A través de programas de televisión, entretenimientos mediáticos, juegos, libros de texto, de la tecnología y de las amistades, somos constantemente alimentados con creencias seculares y de la Nueva Era, y con un estilo de vida que desafía todas las leyes del nuevo pacto establecidas por Dios para que el hombre tenga éxito y se multiplique.

Como si eso no fuera suficiente, esta semana, mientras escribo, Satanás ha estado influenciando activamente a gente y a niños para matar y abusar. La CNN News informó que una escuela del área de Los Ángeles fue el centro de un impactante escándalo por abuso de menores después de descubrir que dos profesores abusan de niños inocentes.[1] Muchos de estos niños, sin duda, van a crecer con recuerdos traumáticos, y algunos podrían desarrollar comportamientos irracionales. Situaciones como estas son las que originan arraigadas conductas anómalas en niños, quienes luego se convierten en adultos necesitados de la intervención y transformación divinas.

Después oí en las noticias los extraños detalles del comportamiento de un padre que quemó su casa, matándose a sí mismo y a sus dos hijos, después de la búsqueda de su esposa desaparecida.[2] Este era un padre joven con una familia encantadora y una vida plena por delante, pero con una mente y un alma desordenadas, que incursionó en la pornografía infantil y se expuso a los ataques del enemigo. Todas las áreas de nuestra sociedad se ven afectadas por el pecado y los ataques del enemigo.

La cantidad de pacientes terminales está aumentando, y muchos están siendo enviados a sus casas, porque se han agotado todas las vías de ayuda médica y psiquiátrica. Como en los tiempos del ministerio de Jesús en la tierra, millones de personas desesperadas esperan una unción poderosa que sane a los enfermos y rompa los yugos de esclavitud. Hoy en día tenemos que escuchar las palabras y los mandamientos de Jesús proviniendo del pueblo de Dios, que se abra paso entre las multitudes, ordenando a los espíritus malignos que suelten a la gente, a la enfermedad y a las dolencias que la suelten, a los ojos ciegos y a los oídos sordos que se abran, a la muerte que deje a sus víctimas jóvenes y suicidas, y a la maldición

El milagro de la transformación del alma 5

de la pobreza que suelte a las personas. Dios está esperando que tomemos la autoridad sobre todo el poder del enemigo, que Él ya ha delegado a todos los creyentes nacidos de nuevo (Lucas 10:19).

Yo creo que los milagros, señales y prodigios están disponibles para nosotros todos los días, al igual que por la intervención divina se nos proporciona nuestro pan de cada día, todos los días, pero hay un compromiso que debemos asumir. Me gusta la manera en que lo dice Jennifer LeClaire, editora de noticias de *Charisma*, en uno de sus boletines:

> No podemos hacer la parte del Señor; no podemos forzar los milagros, señales y prodigios. Sin embargo, podemos hacer nuestra parte: podemos derribar las fortalezas de nuestra propia alma que nos impiden caminar en la plenitud del Espíritu. Podemos dejar de tolerar los espíritus que nos tientan a pecar. Podemos comenzar a interceder por los santos caídos en lugar de jugar al juez. En otras palabras, podemos empezar a vivir como vivían los santos en el libro de los Hechos: entregados, encendidos, y dispuestos a morir por el evangelio. El avivamiento comienza con usted.
>
> Lo repito, no podemos fabricar milagros. No podemos generar maravillas. Sin embargo, podemos cooperar con el Espíritu Santo para separar lo profano de lo santo en nuestros propios corazones y en nuestras propias mentes. Podemos purificarnos y despojarnos de todo peso que nos detiene. Podemos permitir que el Espíritu de Dios haga una obra profunda en nosotros y pueda, entonces, obrar grandemente a través de nosotros. El avivamiento comienza con usted y conmigo.[3]

Hoy somos testigos de un crecimiento sin precedentes en muchas iglesias, las cuales se llenan de nuevos convertidos que esperan con avidez que se manifiesten la unción y el poder de Dios después de oír los mensajes del poder milagroso de Dios para sanar y liberar a las personas de la pobreza y de la potestad de Satanás. ¿Qué sucede entonces? ¿Dónde están los llamados al altar? ¿Dónde están los obreros ungidos del altar, listos para echar fuera demonios y ordenar que la enfermedad, las dolencias, y el quebrantamiento suelten a las personas enfermas, agobiadas y desesperadas? En cambio, la música vuelve a sonar, es necesario hacer los anuncios, y se les dice a las personas que los altares están abiertos para la oración después de que el servicio haya finalizado.

¿Dónde está el poder de Dios para liberar a los cautivos? Hay muchas iglesias llenas del Espíritu que enseñan a la gente cómo ser libre. Pero muchos son buscadores de congregaciones amigables con mensajes maravillosos, pero sin señales, ni prodigios ni milagros que sigan a la Palabra de Dios. La gente sale sintiéndose renovada, pero con los mismos problemas y obstáculos insoportables. Nos falta la parte más importante del evangelio: sanar a los enfermos, abrir los ojos a los ciegos, y libertar a los presos de la oscuridad y la opresión espiritual (Isaías 42:7). Dios ya ha hecho provisión al darnos un Salvador, Jesucristo.

El enemigo está trabajando horas extras. Él sabe que su tiempo es corto, porque Dios está alineando todo para dar la bienvenida a su novia en el Reino de los cielos. El pueblo de Dios es la novia de Cristo, y debemos limpiarnos y prepararnos para este magnífico evento. Hay demasiadas personas que están sufriendo hoy. Cada familia ha sido afectada por la economía inestable y endeudada, por la pérdida de empleos, de viviendas, de pensiones y jubilaciones, del seguro médico, y por el aumento de los divorcios y la ruptura de hogares. Toda esta inestabilidad está causando desesperación y un alto nivel de conflicto en muchos hogares. Los niños se esconden en su mundo cibernético, y muchos están experimentando trastornos de ansiedad.

Nunca hemos visto un tiempo como este. Nuestro mundo, tal como lo conocemos, pronto dejará de existir. Un sistema mundial

El milagro de la transformación del alma 7

único se está desarrollando con rapidez, y ya está en ciernes una sociedad socialista. Es necesario que el pueblo de Dios se concientice y crea que Dios tiene un plan superior, y que, además ¡Él tiene la última palabra! El justo por la fe vivirá. Tenemos que consagrar nuestras vidas para vivir una vida santa y creer que Dios nos está cuidando activamente. No vamos a fracasar, ni sucumbir, ni morir de inanición, ni arreglárnoslas como podamos. Dios ha prometido que nos mantendrá y nos sostendrá todos los días de nuestras vidas. Debemos creerlo.

Necesitamos una nueva visión

Hoy la iglesia necesita una nueva visión de lo que el Espíritu Santo siempre ha deseado hacer por medio de su pueblo. No podemos seguir siendo independientes del Espíritu de Dios, haciendo la obra del ministerio con el brazo de la carne. Es necesario que tengamos una total dependencia del Espíritu Santo, si queremos ver manifestaciones radicales de sanidades y liberaciones milagrosas.

Me encanta la forma en que F. F. Bosworth explica este tema en su libro, *Christ the Healer* (Cristo el Sanador), publicado en 1924:

> La era en que vivimos fue preparada por nuestro Padre celestial para ser la más milagrosa de todas las dispensaciones. Es la era del Hacedor de Milagros; la dispensación del Espíritu Santo. Durante esta era la gran promesa es que Dios derramará el Espíritu Santo, el Hacedor de Milagros, sobre toda carne. Esta es la única era en que el Hacedor de Milagros se encarnará en nosotros. Esta es la única era en la que los nueve dones del Espíritu, entre ellos los dones de fe, sanidades y milagros, serían distribuidos a cada uno individualmente como Él, el Espíritu Santo, dispusiera. Jesús declaró que las obras que Él hizo continuarían y que aun "obras mayores", serían realizadas por el Espíritu Santo, el Hacedor de Milagros. Esto fue después de que Él tomara su oficio

durante la exaltación de Cristo. Esta es la dispensación del Espíritu.[4]

¡Vaya! Me encanta esta confirmación.

Las cosas que usted lee en este libro tienen el propósito de llevar sentido común, entendimiento y sanidad divina, especialmente a las personas que están pasando por pruebas y tribulaciones. No está pensado como un profundo discurso teológico o una disertación intelectual. Mi deseo es enseñar el ABC del milagroso poder de Dios para sanar, que reside en todos los creyentes en Cristo Jesús. Esta es la extraordinaria verdad e información de la que mucha gente de esta generación carece o a la que malinterpreta. Sí, me doy cuenta de que hay mucha información disponible sobre este tema, pero esta presentación es fácil de entender y con información útil para que usted la ponga en práctica. Estos principios van a cambiar su vida para siempre si usted los comprende y toma seriamente este consejo.

Hay inquietud y agitación en el reino espiritual. Dios está llamando a sus ministros a asumir su responsabilidad. Estamos empezando a ver hambre y sed de la verdad y la transparencia entre los jóvenes de todas partes. Están cansados de la hipocresía, porque cada vez que ponen sus ojos en un héroe cristiano, este puede ser el que caiga en la tentación dejando desolados a su familia y a sus seguidores. La misericordia de Dios se extiende a las personas que sufren ahora. Debemos aprovechar esta ventana de oportunidad y tomar medidas inmediatas para restaurar lo que el enemigo ha robado.

¿Qué tiene que ver todo esto con lo milagroso? ¡Todo! Dios espera pacientemente para derramar el bálsamo su amor y sanidad, y para restaurar a las personas heridas y quebrantadas. Sin sanidad y transformación del espíritu, alma y cuerpo, no podemos esperar vivir en paz y amor incondicional. El conocimiento y la comprensión son los primeros pasos para la sanidad de las emociones dañadas.

El milagro de la transformación del alma 9

¿Tratamiento temporal o sanidad?

Las técnicas y terapias tienen su lugar en el proceso de sanidad del hombre interior, pero si solamente se enfatizan los tratamientos sin el poder de Cristo Jesús para sanar, transformar y liberar al hombre, será solo eso, un tratamiento que puede dar resultados o no.

La sanidad en lo más profundo del hombre es un proceso milagroso que solo Dios, por medio de su Espíritu Santo, puede manifestar. El hombre puede ayudar a que una persona se normalice y sugerir muchas cosas que son útiles y beneficiosas, pero solo Dios puede sanar. Cuando Dios sana, el hombre no tiene que seguir lidiando con eso durante el resto de su vida, sino que se convierte en una persona libre: libre del pasado, de la culpa y de la condenación, y libre de sus temores. Las cicatrices pueden persistir, pero Dios sana las heridas. Y, al igual que Jesús, que lleva sus cicatrices como testimonio del poder libertador de Dios, también todos nosotros tenemos cicatrices que se convierten en nuestro testimonio de sanidad para ayudar a otros en situaciones similares.

El poder transformador de Cristo es completo, liberando al hombre de las ataduras emocionales, del pasado, del abuso, de las ofensas e injusticias. Se centra en las raíces de los problemas sin ahondar en todos los pequeños detalles, sin hipnosis ni imaginarios viajes *allá lejos*.

Un encuentro con el poder liberador de Cristo es impactante y espectacular, y sana el alma del hombre, dejando tras de sí un dulce aroma y avanzando hacia un comienzo totalmente nuevo.

Si usted tiene una carga de ropa para lavar, solo tiene que ponerla en la lavadora, agregar el detergente, ajustar el dial, y dejar que se lave hasta que termine. Usted no extiende la ropa, investiga cada pequeña puntada, mancha, y botón, y luego tratar de decidir si se reducirán o desaparecerán. No, usted tiene la seguridad de que la lavadora va a limpiar la ropa sin romperla ni decolorarla.

Podemos confiar en Dios que nos creó a su imagen, porque Él nos puede liberar sin rompernos ni hacernos sufrir otra vez el dolor de todo el pasado con el fin de facilitar nuestra recuperación. Una vez que una persona recibe ministración y vuelve a sentirse libre, en su interior se despierta un deseo de obedecer a Dios y servirle. Comienza a experimentar una sensación de bienestar, más energía y una mejor disposición. El miedo se va de esa persona, y el deseo de ser positiva toma su lugar. De repente, es capaz de hacer efectivamente las cosas que antes no podía y no tenía deseos de hacer. Un nuevo nivel de entendimiento y el deseo de la Palabra de Dios comienzan a desplegarse mientras la persona sigue caminando en su libertad.

Para disfrutar realmente de la vida en plenitud, libre de un pecado esclavizante o de un patrón establecido de pensamiento negativo y atemorizante, debemos comprender el papel que juegan nuestro espíritu, alma y cuerpo en la restauración y sanidad de nuestro ser. También debemos entender que tenemos un enemigo que constantemente busca destruir nuestra fe. Si el enemigo puede robar su fe, también conquistará su alma.

¿Cuál es el papel de su espíritu?

El *espíritu* es la fuerza vital de una persona. Es el ámbito donde se hallan su voluntad, su disposición, sus sentimientos, fuerza, entusiasmo, actitud, lealtad, influencia, sentido, la perspectiva de la vida, y sus estados de ánimo.

Nuestro espíritu es el área donde se realizan la percepción, las visiones y sueños, y el descubrimiento de la revelación y el conocimiento de Dios. El espíritu es la parte más profunda de nuestro ser. Es el área donde aprendemos a discernir la verdad de Dios y las mentiras del diablo.

El Espíritu Santo de Dios en nuestro espíritu nos enseñará sabiduría: el buen sentido, la sabia toma de decisiones, y la comprensión.

El milagro de la transformación del alma

Nos enseñará conocimiento: la información específica, los hechos y los datos. También nos enseñará entendimiento: la interpretación, la comprensión y la capacidad para entender.

La Biblia menciona espíritus diferentes, muchos de las cuales son un obstáculo para los cristianos que luchan con los conflictos internos y el quebrantamiento. A medida que usted lea esta lista en oración, pídale al Espíritu Santo que le muestre y le ayude a entender si alguno de estos espíritus se han convertido en una fortaleza, que permite la influencia de espíritus demoníacos sobre algún área de su vida.

- *Espíritu de angustia* (atormentado, sufriente, con dolor, afligido, ansioso, desesperado): Job 7:11.
- *Espíritu quebrado* (inoperante, golpeado, fragmentado, destrozado, enfermo, debilitado): Job 17:1.
- *Espíritu compulsivo* (convincente, persuasivo y cautivador, reteniendo la atención): Job 32:18.
- *Espíritu de engaño* (engañoso, mentiroso, fraudulento, deshonesto, ilusorio, simulador, falso): 1 Timoteo 4:1.
- *Espíritu de sueño profundo* (sueño profundo, inactivo, pospone las decisiones, absorto): Isaías 29:10.
- *Espíritu de aflicción* (inestable, preocupado, estresado, doloroso, miserable): 1 Samuel 16:14-16.
- *Espíritu extraviado* (rebelde, pecador, delincuente, antisocial, infractor, negligente): Isaías 29:24.
- *Espíritu de error* (falsa doctrina, falsa suposición): 1 Juan 4:6.
- *Espíritu de fracaso* (deteriorado, debilitado, agonizante, decadente, incompetente): Salmo 143:7.
- *Espíritu de temor* (pavor, terror, ansiedad, preocupación, angustia, ataques de pánico, aprensión): 2 Timoteo 1:7.
- *Espíritu quebrantado* (herido, dolido, lamentable, entristecido, angustiado, dolor intenso): Isaías 65:14.

- *Un espíritu endurecido y obstinado* (terco, se niega al cambio, difícil de controlar, testarudo): Deuteronomio 2:30.
- *Altivez de espíritu* (orgulloso, arrogante, engreído, vanidoso): Proverbios 16:18.
- *Espíritu de pesadumbre* (necesita fuerza, requiere concentración, persistente, opresivo): Isaías 61:3.
- *Espíritu humano* (nuestra carne): Ezequiel 13:3.
- *Espíritu de mala voluntad* (cruel, dañino, desagradable, severo, cruel): Jueces 9:23.
- *Espíritu de celos* (envidia, sospecha, desconfianza, actitud posesiva): Números 5:14.
- *Espíritu desalentado* (abrumado emocionalmente, asediado, dominado, devastado): Salmo 142:3.
- *Espíritu perverso* (obstinado, testarudo, terco, irracional, deliberado, malicioso): Isaías 19:14.
- *Espíritu envenenado* (desilusionado, contaminado, infectado, tóxico, influencia negativa): Job 6:4.
- *Espíritu atribulado* (lastimero, angustiado, descontento, triste, tóxico, lamentable, preocupado): 1 Samuel 1:15.
- *Espíritu de resentimiento* (hostil, aburrido, mal humorado, enojado, lúgubre, deprimido): 1 Reyes 21:5.
- *Espíritu contrario a Dios* (contrario, opuesto, conflicto, en competencia con): Job 15:13.
- *Espíritu infiel* (desleal, falso, mentiroso, adúltero, infiel): Salmos 78:8.
- *Espíritu rebelde* (escandaloso, perturbador, desordenado, desobediente, incontrolable): Proverbios 25:28.
- *Espíritu inmundo* (impuro, contaminado, sucio, lascivo, inmoral, adúltero): Mateo 10:1.

Cualquiera de estos espíritus puede mantener deprimida, temerosa, inestable y sin fruto a una persona. Será beneficioso

El milagro de la transformación del alma 13

para usted hacer un estudio de las referencias escriturales a estos espíritus y buscar al Espíritu Santo para ver si hay espíritus obrando dentro de usted que pudieran ser la causa de los obstáculos y de la falta de paz y gozo en su vida.

El espíritu de una persona es susceptible y puede ser dañado. El trauma, el abuso, la negligencia, la incertidumbre y el sufrimiento intenso pueden quebrar el espíritu de la persona y causarle inestabilidad. Algunas de estas circunstancias adversas, en el curso de la vida de una persona, pueden ocasionar la entrada de espíritus malignos, desaliento, y deseos incontrolables.

La falta de dominio propio

La persona que carece de control sobre su propio espíritu tiene problemas para mantener una vida normal y productiva y es tentada fácilmente a relaciones inmorales y a la impulsividad. La falta de dominio propio también puede hacer que una persona se vuelva desorganizada y dispersa, irascible, fácilmente irritable, e incapaz de ver o disfrutar de su potencial y de sus habilidades dados por Dios.

Resultados del quebrantamiento en el espíritu humano

El sufrimiento es un gran problema hoy en día. Mire bien a su alrededor, y rápidamente notará la ansiedad, la preocupación, los ataques de pánico, la depresión y todo tipo de situaciones agobiantes que afectan a cristianos y a personas que sirven a otros dioses.

Las experiencias traumáticas, la aflicción, la angustia, el abandono y la separación pueden afectar negativamente al espíritu humano. Solo en la presencia de Dios podemos encontrar sanidad y consuelo. El Espíritu Santo está dispuesto a sanar nuestras heridas y puede hacerlo. Nada está demasiado dañado ni es imposible de sanar por la sangre de Jesús. El precio ya ha sido pagado en el Calvario.

El *trauma* se define como un shock, alteración, perturbación, suplicio, sufrimiento, dolor, angustia, daño, y una impresión negativa fuerte y duradera. Su efecto puede ser visto como recuerdos recurrentes, amargura, miedo, ansiedad, una sensación de inutilidad y de miseria. La persona traumatizada está muy necesitada, y desea sinceramente la sanidad y la restauración, y a veces puede volver a su infancia. Solo en la presencia de Dios puede ser sanado un espíritu quebrantado. Será necesario que la persona obtenga ayuda de un guerrero de oración maduro que pueda hacer una poderosa oración de sanidad y liberación, haciendo libre a la persona. Esta entonces debe seguir una oración guiada de liberación y purificación, y un proceso enseñanza, asunción de responsabilidad, y discipulado. Recibir liberación es un proceso que cambia la vida: si es realizado correctamente y por siervos de Dios entendidos, hará libres a los cautivos.

Una persona gravemente traumatizada debería recibir ayuda espiritual de un consejero preparado. He orado por muchas personas quebrantadas y he visto impactantes resultados de liberación y sanidad por el poder del Dios Todopoderoso en el nombre de Jesús. No recomiendo, ni jamás he practicado, el tratar de recuperar todos los recuerdos perdidos o excavar en todos los pequeños detalles del trauma, o el resucitar al niño interior para obtener nuevas pruebas. Usted encontrará modelos de oración y declaraciones útiles y poderosas al final de cada una de las secciones de este libro.

¿Qué papel juega el alma en la vida de una persona?

El *alma* es el ámbito de la voluntad, los sentimientos, las emociones y la percepción espiritual. Es el área donde surge la esencia de los asuntos del corazón y donde se determinan las acciones de la persona. Es en este ámbito que la Biblia dice que se originan y emergen los problemas de la vida: "Sobre toda cosa guardada, guarda tu corazón; porque de él mana la vida" (Proverbios 4:23).

El milagro de la transformación del alma 15

El alma es como un depósito de emociones positivas y negativas. El alma almacena emociones negativas, algunas provocadas por heridas causadas por nuestras propias decisiones y errores, y algunas causadas por otras personas que amamos. Mucha gente puede no ser consciente de la fuente de su tormento.

Prisiones personales

Considero una *prisión espiritual personal* a cualquier cosa negativa del alma que impide que la persona disfrute plenamente de la salvación. Hay muchas razones por las que las emociones negativas pueden mantener a una persona luchando por su libertad:

- La infidelidad de un cónyuge.
- Circunstancias desafortunadas o acontecimientos tales como la muerte de un ser querido, el divorcio, una gran pérdida o decepción, o un suceso trágico.
- El rechazo desde el vientre provocado por una madre que estaba enojada, que no deseaba tener un hijo en ese momento, o que intentó abortar sin éxito.
- Dar a un niño en adopción, o una semilla de rechazo sembrada ya sea desde el seno materno o desde muy pequeño.
- El abuso mental en forma de rechazo personal y ridiculización.
- El abuso sexual, el incesto y abusos deshonestos causados por un ser querido, un familiar o un desconocido, que ahora se ha convertido en un hábito promiscuo o en confusión de la identidad de género.
- Una herida profunda causada por palabras que nunca fueron perdonadas.
- Un ritual satánico en el que una persona o un niño son implicados en una promesa o sacrificio.

- Maldiciones transmitidas en la familia por votos específicos, juramentos y participación en sociedades secretas. Maldiciones transmitidas a través de la participación en sesiones de espiritismo, brujería, quiromancia, involucramiento mediúmnico con demonios, orgías sexuales, maldiciones pronunciadas por un padre o un enemigo, juegos de mesa demoníacos.
- Posesión de amuletos y abalorios, joyas, anillos de sello, colgantes de buena suerte, estatuas de otros dioses, libros y obras de arte de origen demoníaco de países extranjeros, *souvenirs* religiosos, bellas biblias y libros de sociedades secretas transmitidos de una generación a la siguiente.

Intrusión de un espíritu maligno en la casa

Esto me recuerda un pequeño *souvenir* que mi esposo trajo a casa cuando estuvo con el ejército en Vietnam. Era una pequeña caja de madera, de una pulgada por una pulgada, olvidada y guardada en uno de los cajones de la cómoda de mi marido. Un hombre de Dios visitó nuestra casa, y mientras oraba para bendecir nuestro hogar, el Espíritu Santo le reveló que teníamos en la casa algo que había invitado a espíritus malignos a que entraran y salieran a su antojo. Nos miramos unos a otros con asombro, incapaces de imaginar lo que podría ser. Él oró de nuevo y entró en nuestra habitación, abrió el cajón específico, y sacó la cajita de madera. Cuando la abrió, dejó al descubierto una diminuta y meticulosa talla de marfil del dios Buda sentado en el centro de medio carozo de durazno que le daba la apariencia de un trono. Nos sorprendió que el Espíritu Santo descubriera y prestara atención a una cosa tan pequeña.

El verdadero problema no es cuán grande, pequeño u olvidado pueda ser el artículo. Como explicó el hombre de Dios, todo lo que representa otra deidad o falso dios que sea permitido en nuestra casa, nuestra alma y nuestro espacio, tiene el poder de invadir y

El milagro de la transformación del alma   17

perturbar nuestra atmósfera, nuestros pensamientos, y, sí, incluso nuestros sentimientos y emociones. Todo lo que es un ídolo o representa a un demonio, o se utiliza para sustituir al Dios vivo y verdadero mediante reconocimiento o adoración, es una abominación para Dios. Las palabras que salieron de su boca mientras miraba la diminuta talla del dios falso fueron: "Sus pies están en el suelo y la cabeza en las nubes". En otras palabras, este falso dios tiene mucho poder para perturbar la vida de una persona. Es un enemigo y está en oposición al Dios vivo, y es un enemigo del pueblo de Dios.

Gran cantidad de cristianos, incluida yo misma, podemos ser ignorantes de muchas cosas que traemos a nuestros hogares y muchas cosas transmitidas por nuestros antepasados. Pero otro pensamiento atravesó mi mente… ¿a qué le estamos permitiendo que invada nuestra atmósfera y nuestros hogares hoy en día? Este es el moderno mundo global de alta tecnología, en que tenemos acceso a todo lo posible. Podemos pedir casi cualquier cosa a eBay, Craigslist, o Amazon. Todo lo que usted quiera saber está disponible al alcance de la mano con un solo golpe de tecla. Por lo tanto, a la lista de arriba, voy a tener que agregar muchas cosas que nosotros los cristianos permitimos hoy en nuestras vidas, que son inaceptables y abominables a los ojos de Dios. Quizás usted puede pensar en alguna que me falte mencionar.

Las cosas impuras atraen a los espíritus impuros

Películas sucias, reality shows permisivos, videos y juegos que presentan violencia, pornografía, lenguaje obsceno, infidelidad, gente desesperada, lujuria, novelas románticas inmundas, abuso infantil, bisexualidad, etc. ¡*Ouuuch*! "Pero… ¡todo el mundo lo hace!" Solo estos temas, sin entrar en todas las otras cosas en que incursionan los cristianos, constituyen una de las respuestas o razones por las que tenemos un porcentaje tan alto de niños y adolescentes rebeldes, infidelidad desenfrenada, divorcio y personas emocionalmente tensas y deprimidas. Necesitaría un libro entero solo para tratar este tema tabú, extralimitado, y socialmente aceptable y tolerable.

Realmente quiero advertir al pueblo de Dios, como una madre espiritual, que viene el tiempo de la rendición de cuentas cuando Dios separe a las ovejas de las cabras (Mateo 25:31-33). Dios está obligado por su Palabra, y no puede bendecir la impiedad. El tiempo es ahora, aquí, cuando con nuestros propios ojos veremos extenderse la mano misericordiosa de Dios a todo aquel que se atreva a abandonar la iniquidad, y amar a Dios y a otros con un corazón limpio y puro. Los creyentes que conocen la verdad y le dan la espalda por satisfacer los deseos de su carne ya están viendo una disminución en su efectividad y en su sustancia.

Los espíritus inmundos y persistentes de cualquiera de las cuestiones antes mencionadas pueden mantener a una persona prisionera e inestable hasta que esta reconozca de dónde provienen los ataques y las emociones irracionales. Tan pronto como la persona toma medidas para limpiar la casa y desplazar y llevar cautivas a todas las fortalezas demoníacas en el nombre de Jesús, todos los espíritus inmundos que persisten y estorban *deben* dejar al creyente. Una paz reconocible toma el control. El deseo de mantenerse limpio y hacer cambios se convierte en una prioridad. La necesidad de mantener la mente ocupada con la Palabra de Dios y con pensamientos puros es fundamental e imprescindible para obtener la sanidad completa.

Su *prisión* personal puede ser una de las mencionadas anteriormente u otra cosa que sigue arraigada en el centro de su ser. Su *prisión* puede ser que haya sido privado de sus hijos, su respeto y su honor, su lugar en su casa, o su valor. Tal vez usted esté enojado todo el tiempo, despotricando, insultando y maldiciendo todo lo que se siente obligado a hacer. Considero una prisión espiritual a cualquier cosa que una persona ha sufrido o está sufriendo, que

El milagro de la transformación del alma 19

sigue siendo una fuente de preocupación y angustia, y, muchas veces, de tormento.

> Saca mi alma de la cárcel, para que alabe tu nombre; me rodearán los justos, porque tú me serás propicio.
> —Salmos 142:7

Tal vez usted se encuentra aprisionado entre la *espada y la pared*: un lugar miserable y difícil de continuo hostigamiento. Su vida no es lo que deseó ni imaginó. Sus sueños de un matrimonio maravilloso y niños buenos son ahora un *collage* de incertidumbre y desolación. Usted no se ha ido porque no tiene adónde ir ni dinero para vivir por su cuenta, o tal vez sus fuertes y profundas convicciones religiosas lo tienen sin posibilidad de volver atrás. Tal vez tiene todo lo que necesita: una casa maravillosa, coche, ropa, un montón de cosas, pero no tiene libertad para disfrutarlo. Su cónyuge es celoso y desconfiado todo el tiempo. Usted no tiene vida propia, y no está contento. Sinceramente, oro para que usted experimente la salud y la sanidad a medida que aplica los principios y las oraciones de este libro.

Espíritus de ira, de odio, de resentimiento y de condenación

El rey David dijo: "El corazón alegre constituye buen remedio; mas el espíritu triste seca los huesos" (Proverbios 17:22).

Su mente e intelecto pueden tener una influencia intensa y profunda en el espíritu y el cuerpo físico. Su mente (pensamientos y recuerdos) también afectará su conocimiento espiritual y su calidad de vida en general. La mente, el cuerpo y el espíritu están conectados entre sí de una manera única. Cuando uno es afectado, todos son afectados. Podemos vivir un estilo de vida saludable y llevar a cabo nuestras labores espirituales, pero si la mente no está funcionando bien, con el tiempo la persona puede sufrir una crisis nerviosa.

Recuerdo cuando yo estaba en mi propia prisión de odio y falta de perdón. Odiaba tanto a mi padre que todos los días deseaba que muriera. Durante muchos años después del abuso infantil que experimenté, me lo imaginaba muerto en un accidente de auto. Perdonarlo estaba totalmente fuera de consideración. Pocos años después de casarme, recibí valiosa enseñanza acerca de la sanidad y transformación del alma. Aprendí que el odio es una fortaleza que me mantendría en la cárcel tanto tiempo como yo lo permitiera. También aprendí que si dejaba que Dios sanara mi corazón, tendría la capacidad de perdonar a mi padre. Me di cuenta de que era una prisionera, y yo deseaba ser realmente libre. Cuando finalmente entregué mi vida y mis cargas a Dios, y dije una oración pidiendo a Dios que perdonara a mi padre y me perdonara a mí por odiarlo, experimenté una profunda liberación y una sensación de bienestar. ¡Salí de la cárcel! A partir de entonces fui diferente. El cambio y la transformación sanaron mis emociones y abrieron las puertas de bendición, no solo para mí sino también para mi familia.

Los pensamientos y las palabras son poderosos. Cuando salen de su boca, tienen acción en ellos, para bien o para mal. Cuando mi padre maldijo a mi madre y amenazó con asesinarnos a ella y a sus hijos, soltó en la atmósfera poderosas palabras malignas. Satanás las escuchó, y Dios las escuchó. Mamá tenía poder con Dios. Ella es una guerrera de oración, una mujer de Dios. Ese mismo día, un coche atropelló a mi padre al cruzar la calle. Él quedó cuadripléjico durante catorce años antes de morir. Papá tuvo todas las oportunidades de entregar su vida a Dios y recibir la sanidad de su alma y de su espíritu, pero rechazó la sanidad. Un alma que no se rinde está expuesta a toda clase de espíritus malignos.

La acción rápida es necesaria para recibir restauración y purificación de los espíritus inmundos de ira, odio, resentimiento y condenación; de lo contrario van a hacer morada en el alma y harán que las emociones destructivas impidan su caminar con Dios. La liberación de esos espíritus hará que la sanidad física y mental comiencen su obra de restauración. Si no se los trata, estos espíritus son la causa de muchos trastornos de conducta, emocionales y físicos tales como depresión, estrés, frustración, ansiedad, ataques de pánico, fobias, crisis nerviosas, y enfermedades.

Muchos otros trastornos emocionales, tales como adicciones a juegos de azar, codependencia y obsesión compulsiva, infelicidad, abandono, trastornos alimenticios, compras compulsivas y adicción al sexo y la pornografía, pueden ser fomentados por los espíritus malignos que mantienen obsesionada a la persona. Hay mucha investigación que confirma que el estrés emocional, una vez desenfrenado, puede causar enfermedades, incluyendo cáncer y enfermedades del sistema inmunológico.

Salir de una prisión espiritual

Muchas personas andan por la vida con una máscara, dando impresión de éxito, cuando en realidad los muros del espíritu humano están derribados. Algunos pueden haber intentado ya muchas cosas para mejorar, y como la mujer de la Biblia que tenía el problema de la sangre, siguen sufriendo. La única manera de recibir la sanidad duradera está en la presencia de Dios. La sangre de Jesús ya ha comprado nuestra salvación y nuestra sanidad. Lea las escrituras y haga las oraciones que están al final de esta sección. *¡La sanidad de su alma es algo que Dios quiere hacer ya mismo!*

Una vez que una persona sabe en su corazón que ha sido restaurada y renovada y que se le quitó un peso, ha salido de la prisión espiritual. En este punto, dependiendo de la profundidad de la crisis y el sufrimiento experimentado por la persona que recibe la sanidad, el proceso de santificación debe comenzar junto con la formación bíblica para la transformación del carácter. Si es necesario, busque ayuda de un ministro consejero cristiano entendido y ungido con experiencia en el área de la liberación de malos espíritus.

Si el consejo profesional es necesario, la persona nunca debe sentirse controlada ni intimidada por su consejero. He visto varios casos en que la persona experimentaba terror y ataques de pánico cuando el consejero tenía que salir de viaje o de vacaciones. La idea de la separación del consejero causaba que el miedo y la desesperación se acumularan en el aconsejado. Esa definitivamente no es la forma en que el Espíritu Santo sana a una persona. El milagro en todo esto es que la presencia de Dios es el agente invisible que derrama la sanidad en el alma quebrantada. El agua viva de Dios comienza la purificación inmediatamente.

¿QUÉ PAPEL DESEMPEÑA EL CUERPO EN EL ÁMBITO ESPIRITUAL?

El cuerpo es la forma física de un ser humano. Se trata del recipiente donde residen el espíritu y el alma. Si el cuerpo está siempre cansado, enfermo, con demasiadas obligaciones, aletargado y desnutrido, es muy difícil para el espíritu (el ámbito de su voluntad y su alma y el área de los sentimientos y de las cuestiones del corazón), prestar atención o desear servir a un Dios a quien usted no puede ver. Y mucho más, desear hacer lo correcto.

Debemos cuidar nuestro cuerpo o nos hará más débiles y nos quitará la alegría de vivir.

Un cuerpo débil y desnutrido no solo tendrá dificultades para disfrutar y prestar atención a las cosas del espíritu de Dios, sino que también le resultará difícil o imposible repeler los ataques del enemigo.

La sanidad y el cambio radicales solo pueden obtenerse por medio de la gracia salvadora de Jesús. Podemos ayudar a la gente, animándola a arrepentirse y a confesar sus pecados. Podemos enseñarles el perdón y la libertad de vivir una vida sin culpa y sin vergüenza. Podemos ayudarles mediante el aconsejamiento y diferentes tipos de terapias psiquiátricas, pero a menos que tenga lugar la sobrenatural intervención divina, solo será una solución temporal.

Una vez que la persona acepta el nuevo nacimiento en Cristo Jesús y recibe el discipulado y entendimiento del capítulo 6 de Romanos, el Espíritu Santo hace la obra de restauración en ella. Cuanto más entendimiento y práctica reciba una persona sobre el proceso de santificación y abandono de la vieja personalidad y la vieja naturaleza, más fuerte, saludable y contenta se volverá.

Jesús vino a restaurar a hombres y mujeres creados a su imagen, del pecado, de la enfermedad y de los quebrantamientos de corazón. El pecado no declarado ni confesado mantendrá siempre a la persona bajo una inmensa carga de dolor emocional. Demasiadas personas heridas están tan concentradas en sí mismas que son incapaces de ver al Padre Dios que espera sanarlos milagrosamente.

El don del arrepentimiento y el perdón

El arrepentimiento y el perdón son dos dones especiales que Dios ha puesto a nuestro alcance para quebrar el poder de Satanás sobre nosotros. El pecado es una trampa mortal que esclaviza y quita la vida de su víctima. Es una muerte lenta. Cuando me arrepiento de todas las cosas que conscientemente sé que no agradan a Dios, y perdono y recibo perdón, debo creer en lo profundo de mi corazón que Dios me acepta como su hija y que instantáneamente me convierte en limpia y aceptada por el Padre como propia. Debo decidirme a crecer y a seguir adelante con mi vida.

La transformación interior del alma es un proceso paso a paso. La persona no tiene que traer a memoria cada mínimo detalle de su pasado y todas las cosas malas que ocurrieron. Dios estableció el arrepentimiento y el perdón como el proceso necesario para la sanidad del espíritu, el alma y el cuerpo. Dios sabía que sin establecer estas dos prioridades, una persona estaría siempre espiritualmente discapacitada.

El discipulado y la recuperación

Me resulta interesante que muchos de los cristianos aprendan fácilmente de valientes hombres y mujeres de Dios a hacer declaraciones positivas, a decretar abundancia y prosperidad, y a hacer votos y promesas con sacrificio para sellar sus confesiones y palabras proféticas, pero se olviden de buscar ayuda para la sanidad de sus trastornos emocionales y espirituales. Esto también, creo yo, no es tanto su culpa, sino de la falta de discipulado y entendimiento en esta área.

Mi iglesia, Calvary Church de Irving, Texas, tiene un maravilloso programa Celebremos la Recuperación. Yo creo que cada iglesia debe ofrecer clases para la restauración del alma. Muchísimas personas están llegando al cristianismo buscando salvación y ayuda por una vida de abuso y crisis, y no están recibiendo la enseñanza y la orientación suficientes para restaurar lo que el enemigo, la ignorancia y las maldiciones les han robado.

Una visita a la iglesia los domingos, un ocasional concierto inspiracional, o escuchar a un especial orador motivacional, no hará la obra del Espíritu Santo en el corazón de alguien que realmente necesita ayuda para ser sano del trauma emocional que tanta gente arrastra permanentemente.

Para recibir sanidad, una persona debe creer en su corazón que Dios realmente la ama. El amor de Dios es sanador. Satanás obtiene poder sobre un corazón desprotegido influenciando la mente de sus seguidores. El amor incondicional de Dios es capaz de restablecer todo lo que Satanás ha pervertido, y está dispuesto a hacerlo. Cristo Jesús pagó el precio para redimirnos de la maldición de la muerte espiritual y para intercambiar un corazón quebrantado por uno nuevo. (Vea Ezequiel 11:19; 18:31; 36:26; 2 Corintios 3:3).

El milagro de la transformación del alma

¡CIERRE LA PUERTA!

La Palabra de Dios revela la verdad. La sanidad de nuestros cuerpos depende de la sanidad de nuestras almas. Estudios realizados por profesionales de la salud concluyen que la falta de perdón, el resentimiento, el odio y la amargura pueden causar muchas enfermedades. Las actitudes negativas, ya sea en la mente o en las emociones, pueden abrir una puerta y dar derecho al diablo para atacar nuestros cuerpos físicos (Efesios 4:26-27). Una vez que la persona obedece a Dios y perdona a quienes la han herido, le resulta más fácil recibir y mantener la sanidad: todo comienza en el alma. El apóstol Juan escribió: "Amado, yo deseo que tú seas prosperado en todas las cosas y que tengas salud, así como prospera tu alma" (3 Juan 2).

Instrucciones y oraciones para recibir sanidad del alma y transformación

Cuando la verdad penetra en nuestros pensamientos, la fe se manifiesta en nuestro espíritu. La fe libera el poder de Dios para sanar y restaurar nuestras almas.

Vaya a un lugar secreto. Prepárese para desnudar su corazón y entregarse a Dios. Sea transparente. No tenga miedo. Diga: "En el nombre de Jesús, ¡echo fuera de mi corazón al miedo!"

Ahora haga esta oración:

> *Padre Celestial: me entrego a ti ahora mismo. Reconozco que necesito tu ayuda. Lo he echado todo a perder en muchos sentidos, y me arrepiento de toda desobediencia y de todo acto de mi voluntad que me han sacado de tu protección y de tus bendiciones. Te pido perdón humildemente. Límpiame ahora y renueva un espíritu recto dentro de mí. Gracias, Padre Dios, por transformar mi alma y tener misericordia de mí.*

Pero si andamos en luz, como él está en luz, tenemos comunión unos con otros, y la sangre de Jesucristo su Hijo nos limpia de todo pecado. Si decimos que no tenemos pecado, nos engañamos y la verdad no está en nosotros. Si confesamos nuestros pecados, él es fiel y justo para perdonar nuestros pecados y limpiarnos de toda maldad.

—1 Juan 1: 7-9

Oración

> *Querido Señor Jesús: realmente deseo conocerte y conocer la profundidad de tu amor por mí. Hoy abro mi corazón y te doy la bienvenida por completo a mi vida, pidiéndote que sanes todas mis situaciones y recuerdos dolorosos, así como todo el quebrantamiento y las experiencias traumáticas de mi pasado. Solo tú eres la luz del mundo, mi Salvador y Señor. Ten misericordia de*

El milagro de la transformación del alma 27

mí. Te entrego mi vida y mi voluntad. Por favor, límpiame y perdóname todos mis pecados e iniquidades. Sana y santifica todas las áreas de mi espíritu, alma y cuerpo que han sido controladas y atormentadas por espíritus malignos. Declaro que Jesús es mi Señor y mi Sanador. Clamo por la sangre de Jesús sobre mi espíritu, alma y cuerpo.

Ahora renuncio al poder de Satanás sobre mi vida y mi destino. ¡Yo declaro que Jesucristo es mi Señor! ¡Hoy declaro que soy LIBRE! Ninguna arma forjada contra mí prosperará [Isaías 54:17]. El miedo ya no tiene ningún lugar en mí. ¡Echo fuera de mi corazón al miedo! El amor de Dios gobierna ahora mi corazón. Me someteré a Dios. Resistiré al diablo, y él debe huir de mí. Suelto toda la culpa y la condenación que me acusaban. Gracias, mi Señor, porque estoy en Cristo, y voy a caminar según el Espíritu del Señor. En el nombre de Jesucristo, ¡amén!

ORACIONES Y ESCRITURAS PARA SALIR DE PRISIONES ESPIRITUALES

Saca mi alma de la cárcel, para que alabe tu nombre; me rodearán los justos, porque tú me serás propicio.
—SALMOS 142:7

Padre, gracias por sacar mi alma de la cárcel. Gracias por hacerme libre del veneno de la amargura y la iniquidad [Hechos 8:23]. *Padre, sé que me amas entrañablemente, y anhelas verme sano. Tú nos has dado el don de Jesucristo como un pacto para abrir nuestros ojos espirituales y sacar a los presos del tormento y de la oscuridad. Gracias, mi Señor, por darme entendimiento y liberarme de las prisiones personales que me impedían disfrutar de mi salvación* [Isaías 42:6-7]. *Padre Dios, te doy gracias por sanarme y restaurar todo aquello que yo era incapaz de disfrutar. Gracias por sacarme del desierto y bendecir mi vida con tu amor* [Isaías 43:18-19].

Porque no nos ha dado Dios espíritu de cobardía, sino de poder, de amor y de dominio propio.

—2 Timoteo 1:7

Padre, yo me someteré a Dios. Resistiré al diablo, y él tendrá que huir de mí. Gracias por esta promesa [Santiago 4:7]. Te doy gracias, Padre, porque ya no estoy bajo la culpa y la condenación. Por medio de Jesús ¡tengo la justicia de Dios en mí! No estoy esperando ser sano en el futuro, sino que creo la Palabra de Dios que por sus llagas ya he sido sanado [Isaías 53:5]. Cuerpo y alma, ¡alinéense con la Palabra de Dios! Es la voluntad de Dios que yo prospere en todas las cosas y tenga salud, así como prospera mi alma.

Si usted necesita salvación, por favor vaya a la última sección de este libro y confiese la Oración para Salvación.

Capítulo dos

EL MILAGRO DE LA LIBERACIÓN DEL MAL

¿No se dan cuenta de que uno se convierte en esclavo de todo lo que decide obedecer? Uno puede ser esclavo del pecado, lo cual lleva a la muerte, o puede decidir obedecer a Dios, lo cual lleva a una vida recta.

—Romanos 6:16, NTV

Yo creo que una persona, sin saberlo, puede ceder un área de su vida a una fortaleza demoníaca, por ejemplo, las víctimas del abuso sexual. Otros, mediante la repetición, ceden voluntariamente a la tentación. Cuando una persona entrega repetidamente su cuerpo al pecado y a la iniquidad, se convierte en esclava del pecado, lo que conduce a la muerte espiritual. Hay muchas tentaciones y pecados que acosan a los cristianos. Las personas que están en esta condición se preguntan por qué Dios no responde sus oraciones y por qué siguen luchando con los mismos pecados. Esto no quiere decir que estén poseídos por demonios, pero creo que una influencia demoníaca está operando sobre ellos. La persona puede amar y servir a Dios con todo su corazón, pero sigue luchando con algo que desprecia y sabe que no agrada a Dios. Otros han abandonado por completo su pasado, pero todavía se encuentran lidiando con fuerzas invisibles.

Las principales áreas de intervención demoníaca incluyen los siguientes pecados:

- *Pecados sexuales*: tales como el adulterio, la fornicación, la prostitución, la lujuria, el incesto, la violación, el abuso y la perversión conyugales y otros.
- *Pecados del alma*: como la falta de perdón, los celos, la ira, el enojo, el odio y la mentira.
- *Pecados de tolerancia*: como la adicción a las drogas y al alcohol, la gula y los deseos insaciables.

Algunos ejemplos de la vida real sobre la participación demoníaca que destaco aquí, tienen el propósito de comunicar con claridad mi explicación sobre este tema. Es importante que los cristianos comprendan lo fácil y sutil que es llegar a quedar enredado con el enemigo. También quiero exponer algunas de las áreas que pueden estar impidiendo que algunas personas reciban su sanidad y vivan una vida victoriosa, sin importar lo mucho que lo intenten. Al final de esta sección, usted encontrará oraciones, versículos, y declaraciones que le ayudarán a caminar en libertad si usted sinceramente desea ayuda. Hebreos 4:12 declara que: "La Palabra de Dios es viva y eficaz".

LIBERACIÓN DE LA BRUJERÍA Y ADORACIÓN A OTROS DIOSES

No es ningún secreto que México ha sido asediado por una guerra mortal de homicidios generalizados, drogas, secuestros, asesinatos en masa y terribles guerras de pandillas durante muchos años. Hay muchas razones por las que Satanás ha logrado establecerse en ese país y en muchos otros países que están pasando por turbulencias. Una de ellas es la adoración a otros dioses y la práctica de la brujería. A mí me encanta el pueblo mexicano. Mi esposo y yo tenemos muchos ministros cristianos y amigos que viven allí, y ministramos en diferentes lugares por lo menos dos veces al año. Es increíble ver cuán bien que el rápidamente creciente cuerpo de cristianos prospera y mantiene su sensatez en medio de tanto caos y vandalismo. Usted puede vivir en un infierno, pero el amor de Dios y su gracia lo sustentarán. Yo soy un testimonio vivo de su asombroso amor.

Hace unos meses mi esposo estaba ministrando en la asolada Ciudad Juárez, de México, y nuestro pastor anfitrión relató la historia de cómo en 2006 se realizó una celebración en la que muchas personas de las clases más bajas llevaron en procesión abiertamente a un demonio llamado *Santa Muerte*, al que muchas de estas personas aceptan como su santo patrono. Poco después comenzó a tener lugar un alarmante incremento de homicidios. Los líderes de las pandillas comenzaron a incitar a una guerra demoníaca entre unos y otros, tomando control de los vecindarios, asaltando a propietarios de negocios, y asesinando a cualquiera que se cruzara en su camino. El resultado hasta la fecha ha sido una devastación extrema, asesinatos en masa y un temor aterrador. Un gran número de propietarios de negocios han optado por abandonar la ciudad y sus negocios, muchos totalmente desolados y despojados de todos sus bienes y medios de subsistencia. La pobreza, la enfermedad, las dolencias y un miedo increíble han sustituido a la prosperidad que una vez tuvo la ciudad.

Es un hecho conocido que esta entidad demoníaca es una fortaleza en muchas ciudades de México y de otras partes del mundo, especialmente entre los pobres. Su creencia es que ese santo de la muerte es muy poderoso y capaz de protegerlos de todo mal, concederles sus deseos, e incluso repeler los ataques de Satanás. Los seguidores también son convencidos de que si quiebran esa lealtad o tratan de desertar pueden afrontar la muerte, la enfermedad, accidentes, esterilidad y mala suerte, no solo para ellos, sino también para los miembros de su familia. La mayoría de las personas que están bajo esa maldición y esa fortaleza son muy temerosas, y siguen sirviendo a esa fortaleza demoníaca, porque temen a la muerte y a las represalias.

El culto es condenado por la Iglesia Católica de México, pero está firmemente arraigado entre las clases bajas y los círculos criminales mexicanos. El número de creyentes en la Santa Muerte ha crecido en los pasados diez a veinte años, hasta aproximadamente dos millones de seguidores y ha cruzado la frontera hacia las comunidades mexicano-estadounidenses de los Estados Unidos.[1]

Será necesaria la intervención divina para derribar y destronar las fortalezas demoníacas que operan no solo en México, sino también en muchas otras ciudades y países del mundo.

La derrota de una fortaleza demoníaca comienza con el conocimiento

La derrota de este o cualquier otro tipo de fortaleza demoníaca tiene que empezar por la aplicación de sabiduría, conocimiento y comprensión. La gente tiene que ser capacitada y disciplinada acerca del Dios vivo y verdadero, el reino de los cielos y el sacrificio que Jesús pagó en la cruz del Calvario para redimir a la humanidad y derrotar a Satanás. La mentira tiene que ser sustituida por la verdad. *La ignorancia y el miedo activan la influencia de lo demoníaco.*

Tienen que encenderse una enérgica determinación y guerra espiritual en los corazones de todos los creyentes, porque hay muchos encogidos por el miedo. La oración tiene que ser específica, dirigida y constante. Todo lo que representa a otros dioses y prácticas secretas con el mundo de las tinieblas debe ser quemado y se debe renunciar a ello. Salir de la esclavitud demoníaca es un evento milagroso. Solo el Dios Todopoderoso puede librar y libertar a los cautivos.

Una vez que un principado demoníaco se entroniza como una fortaleza en la vida de una persona, familia o grupo de personas, la destrucción y la pestilencia lo siguen rápidamente. Creo que esta es

El milagro de la liberación del mal

una de las razones por las que hoy existen tanta pobreza y hambre en tantas partes del mundo. El culto a otros dioses y la práctica de la brujería, la hechicería, y todo lo que es abominación a Dios siempre mantendrá a las personas, familias, barrios, ciudades y naciones que los practican bajo el peso de la esclavitud, el hambre y el miedo. (Vea Éxodo 20:3-5).

La brujería y la demonología ¿están abiertamente propagadas en el mundo occidental y en otros países progresistas, o esta práctica solo es común en los países en desarrollo? La respuesta es ¡absolutamente sí! De hecho, incursionar en la brujería, ir a los que leen las manos, leer material relacionado con el ocultismo y ver las últimas películas de suspenso sangrientas y demoníacas se está convirtiendo en una tendencia aceptada. Incluso a veces las recientes películas de misterio baratas están más concurridas que las películas más caras y profesionales.

¿Qué causa esta hambre por lo oculto y lo sobrenatural?

Algo oculto es algo secreto, escondido, difícil de ver y mágico. Lo sobrenatural es algo relacionado con la divinidad: no del mundo natural, sino místico, fantasmal, paranormal, raro, extraño y singular. Despierta la curiosidad de la persona. Hace que el corazón corra y la adrenalina lo invada. Muchos miran y participan por temor e ignorancia, pero siguen envueltos en lo desconocido hasta que Satanás logra apresarlos con firmeza y los usa a su antojo.

El hecho es que somos seres espirituales. Cuando nos miramos unos a otros, vemos la vestidura física, pero no podemos ver el espíritu o discernir lo que está en el corazón. Los demonios o espíritus son seres espirituales malignos que no tienen cuerpo. Uno de sus objetivos es tener un anfitrión humano para expresar su voluntad y personalidad en el mundo natural, y utilizar a la persona para dirigir a otras personas a la esclavitud demoníaca. Si no pueden encontrar un anfitrión vivo, pueden adherirse a objetos especialmente dedicados a este fin, tales como ídolos, amuletos, colgantes, fetiches o instrumentos de culto ritual. También pueden habitar en lugares físicos, tales como un edificio, una casa o un área dentro de una casa. Satanás tiene un reino organizado, así como Dios tiene el reino de los cielos.

¿Por qué incluyo este tema de la liberación del mal en este libro sobre el poder milagroso de Dios? Porque Satanás también hace milagros para mantener esclavizadas a las personas en su reino. Y porque muchos cristianos siguen sufriendo los ataques del enemigo y no tienen idea de cómo ser libres. Nuestra teología occidental deja poco espacio para el estudio de la liberación del mal. Mucha gente no quiere mezclarse con nada que tenga que ver con lo demoníaco. La ignorancia mantiene a las personas sufriendo. Para llegar a ser libre, son necesarios la acción, el conocimiento y la fe.

Dios instruyó a su pueblo para que guardaran sus Palabras (enseñanzas, principios, directrices, instrucciones, leyes y decretos) y las estudiaran, leyeran y aplicaran hasta que penetraran profundamente en su corazón y en su alma. Debemos entronizar a Dios en nuestros corazones y en nuestros hogares. Debemos aprender todo sobre el reino de los cielos y enseñar estos principios a nuestros hijos. Si no lo hacemos, crecerán y serán atraídos hacia el reino de Satanás, con todo su boato y seducción misteriosos y demoníacos.

> Por tanto, pondréis estas mis palabras en vuestro corazón y en vuestra alma, y las ataréis como señal en vuestra mano, y serán por frontales entre vuestros ojos. Y las enseñaréis a vuestros hijos, hablando de ellas cuando te sientes en tu casa, cuando andes por el camino, cuando te acuestes, y cuando te levantes, y las escribirás en los postes de tu casa, y en tus puertas; para que sean vuestros días, y los días de vuestros hijos, tan numerosos sobre la tierra que Jehová juró a

El milagro de la liberación del mal 35

vuestros padres que les había de dar, como los días de los cielos sobre la tierra.

—Deuteronomio 11:18-21

El diablo se apodera de un principio espiritual legal y lo transforma y usurpa para engañar y esclavizar a las personas. Él utiliza el engaño en todo lo que hace. Las personas son engañadas porque no tienen conocimiento o comprensión de los principios de Dios.

Sanidad de la esterilidad

Hace unos tres años ministramos en una iglesia hispana llena del Espíritu en Texas. El pastor es uno de nuestros hijos espirituales. Durante la ministración en el altar, muchas personas vinieron por oración. Antes de que mi esposo orara por las personas, las dirigió en una oración de consagración a Dios y de renuncia a todo poder demoníaco heredado o de cualquier cosa de su pasado. Dos mujeres se acercaron pidiendo oración para poder concebir. Habían sido estériles por muchos años, y los médicos no podían explicar por qué no podían tener hijos. Una de ellas tuvo tres abortos involuntarios consecutivos. Hasta consultó con un médico brujo y adivino, pero le dijeron que el espíritu de muerte estaba sobre ella y no la pudieron ayudar. Mi esposo hizo una oración poderosa con autoridad, ordenando a todas las fortalezas demoníacas y maldiciones que soltaran a las dos mujeres, clamando por la sangre de Jesús sobre ellas y pidiendo a Dios que las bendijera con hijos. Unos meses más tarde su pastor llamó con alegría para informarnos que ambas mujeres habían quedado embarazadas. Teníamos mucha fe en que Dios contestaría nuestras oraciones como lo ha hecho tantas veces.

Hace unos tres meses nos invitaron a ministrar en la misma iglesia. El pastor quería que nos reuniéramos con las dos mujeres y sus hijos pequeños. Ellas estaban encantadas y agradecidas de que Dios hubiera intervenido en su situación. Pero esto es lo que realmente quiero recalcarle. La mujer que tenía sobre ella el espíritu de muerte testificó que hacía muchos años había sido influenciada por el espíritu demoníaco de *Santa Muerte*. Recordó que cuando era niña, su madre colocó un pequeño altar de ese demonio en su habitación para protegerla. El temor continuo fue su compañía hasta el día en que aceptó a Jesucristo como su Salvador. Al pasar los años, se dio cuenta de que no podía concebir a pesar de que estaba creciendo en su caminar con Dios. Estas mujeres habían estado recibiendo enseñanza bíblica de su pastor y ahora estaban listas para recibir liberación. Se hizo una poderosa oración de liberación, ordenando a los espíritus malignos que quitaran la esterilidad, y poco después pudieron concebir.

Esa noche nos enteramos de muchos otros testimonios de liberación de la maldición de esa fortaleza demoníaca y de otras formas de brujería. Un hombre testificó que sufría desde hacía varios años un dolor punzante en el costado que lo atacaba por la noche, y cuando su pastor lo guió en una oración de renuncia y liberación, el dolor desapareció totalmente.

Los demonios buscan esclavizar a las personas, así como ellos mismos son esclavos atados a Satanás. Ellos esclavizan a una persona a emociones destructivas como el temor, la ira, el enojo y el odio. Muchas personas bajo influencia demoníaca tienen hábitos destructivos tales como el abuso de drogas, la adicción al alcohol y los pecados sexuales. Los demonios incitan a pensamientos de codicia, envidia, perversión, lujuria y muchos otros. *Los creyentes también tienen que prestar atención a algunas de estas emociones impulsadas por la carne, y que además pueden abrir la puerta a la esclavitud demoníaca.*

> No vamos a engañarnos a nosotros mismos. Whitney Houston no fue la única persona que hablaba de Jesús pero en privado luchaba con las drogas ilegales. Con frecuencia

me encuentro en los altares de las iglesias con hombres y mujeres que nunca han encontrado la fuerza para librarse de su hábito. Incluso sé de pastores, líderes juveniles, líderes de alabanza que viven una doble vida, escondiendo su adicción bajo el manto de religión del domingo por la mañana. Se esconden porque tienen miedo de ser rechazados o avergonzados si alguna vez admiten su problema ante alguien.

Lo que necesitamos es menos juicio y mayor transparencia respecto a este problema. Las drogas, incluyendo el alcohol, son implacables. El crack y la metanfetamina cristalizada son imposibles de superar si no reciben una la intervención seria. Una vez que el cerebro de una persona es alterado por estas sustancias, necesita un milagro. Decirles "Simplemente digan no" no lo va a cortar... Si usted es adicto, por favor, esté dispuesto a buscar ayuda admitiendo su problema ante su pastor o un amigo cristiano de confianza. Si tiene en su familia alguien que es adicto, no espere hasta que sea demasiado tarde para intervenir. Irrumpa en su o sus vidas si es necesario para mostrar verdadero amor... Recuerde: Jesús tiene un mensaje para cualquier persona que lucha con las drogas: "Venid a mí todos los que estáis trabajados y cargados, y yo os haré descansar" (Mateo 11:28). La muerte de Whitney Houston fue trágica, pero tal vez la advertencia que surge de su historia terminará salvando vidas. [2]

Cosas que invitan a espíritus demoníacos

¿Hay en su vida y en su casa algo que invita a los espíritus demoníacos? Hoy en día dejamos entrar tantas cosas impías a nuestros hogares. Nuestras vidas están afectadas por todo lo que es profano, abriendo las puertas a la rebelión, la desobediencia, la promiscuidad y al ámbito de insolentes espíritus malignos. Lamentablemente, no se trata solo de lo que permitimos en nuestros hogares, sino también del modelo que los adultos hacen del hogar cristiano de hoy. Muchos admiten películas violentas y entretenimientos indecentes, diciendo a los niños pequeños que *cubran sus ojos* hasta que el episodio violento o indecente termine. Conozco parejas que pelean constantemente por este tema. El marido quiere ver videos violentos y explícitos, y la mujer no quiere saber nada.

Los efectos de tolerar e invitar a las cosas impías a su casa al principio pueden parecer sutiles, ya que tanto los adultos como los niños comienzan a manifestar un poco de enojo, un poco de fastidio, un poco de rezongo, un poco de impaciencia y molestia, un poco de rebelión, un poco de falta de respeto, y un poco de mentira y probar un poco los límites. Pero a medida que pasa el tiempo, se va desde lo poco a muchos episodios de voluntarismo y manifestaciones emocionales. Cuando se trata de niños, muchos de los padres de hoy están demasiado ocupados y agobiados para tratar con la atención y la responsabilidad necesarias para hacer cumplir las reglas o mantener el control. El amor firme parece ser una cosa del pasado en muchas familias de esta generación.

Uno de los grandes resultados de toda esta permisividad es la desintegración del hogar cristiano. Todos los días recibo correos electrónicos de cónyuges que han leído mis libros *Satanás, ¡mi matrimonio no es tuyo!* y *Satanás, ¡mis hijos no son tuyos!*, y la queja número uno de las esposas es que sus maridos están teniendo aventuras amorosas, o metiéndose en la pornografía. La principal queja de los hombres es que sus esposas son controladoras y manipuladoras, y que no se someten siquiera en las áreas más básicas del respeto y el honor a lo que la Palabra de Dios tan sabiamente instruye que la esposa adhiera.

Estas dos áreas, la *pornografía* y la *manipulación*, son controladas por espíritus malignos. La limpieza espiritual y la liberación son absolutamente necesarias para ser libres de estos espíritus demoníacos que rompen hogares e iglesias. Créase o no, demasiados

El milagro de la liberación del mal 39

cristianos están involucrados en la pornografía, y muchas parejas se manipulan mutuamente sin darse cuenta de los espíritus malignos que acechan detrás de sus acciones. Demasiadas mujeres religiosas se niegan a sujetarse a sus maridos, dándoles órdenes y corrigiendo todo lo que ellos hacen y dicen. Esto también es una raíz de manipulación y control.

Dios quiere sanar a su pueblo para que viva en victoria

La Biblia dice que se nos ha dado "autoridad... sobre toda fuerza del enemigo, y nada os dañará" (Lucas 10:19). La ignorancia de esta enseñanza hará que un cristiano no se percate de las artimañas de Satanás. Cuando usamos nuestra autoridad sobre el enemigo y creemos la Palabra de Dios en obediencia, el poder del Espíritu Santo se encargará de la tarea de limpieza. *No es con ejército ni con fuerza, sino por el Espíritu del Señor* que los demonios tienen que obedecer la orden de un creyente (Zacarías 4:6).

Me gusta la forma en que el pastor Bill Johnson describe las palabras *poder* y *autoridad*.

> La autoridad es bastante diferente del poder. El poder es explosivo y ambiental en el sentido de que es la atmósfera misma del cielo la que cambia la atmósfera de la tierra. La autoridad es una posición dada por Jesús mismo. Un policía lleva un arma de fuego (poder), pero también lleva una insignia (autoridad). La insignia hace mucho más que el arma. El poder es la atmósfera del cielo. Ministrar en poder es como atrapar una ola. La autoridad es como empezar una ola. Las cosas comienzan a suceder por lo que Dios dice que somos y cuáles son nuestras responsabilidades. La fe es lo que nos conecta a este ámbito de autoridad: tenemos que creer lo que Él dice de nosotros y lo que Él nos ha comisionado a hacer.[3]

Satanás ha ideado sus propias estrategias de campaña específicas para cegar a nuestros jóvenes adultos y hacer que se fascinen por el aura y la magia de las tinieblas y del mundo espiritual ocultista, ya que él lleva a nuestros preciosos jóvenes a la muerte espiritual y la incertidumbre. También está cegando a las parejas casadas para que crean que si las cosas se ponen difíciles y el amor se disipa, fácilmente pueden divorciarse y seguir con otra persona. La lujuria está consumiendo a la gente en todos los niveles de la vida, sea casado, soltero o divorciado. La familia combinada de hoy lucha con múltiples problemas imprevisibles. ¿Cómo puede un cristiano vivir en victoria y bajo la bendición de Dios cuando hay tantos problemas del alma no resueltos que esperan ser sanados?

La evidencia de la participación demoníaca

Conozco personalmente a una joven cristiana acusada de asesinato premeditado y condenada a cadena perpetua tras matar por celos a un compañero de la universidad. No es cualquier chica, sino una que creció en un hogar cristiano y que logró excelentes calificaciones y participaba activamente en su educación universitaria. Los celos (la envidia, la sospecha, la restricción, la desconfianza, la posesividad) son un espíritu de tormento que trae destrucción. Una vez que a los espíritus malignos se les permite desarrollar sus raíces en el corazón, la persona oprimida necesita un milagro de intervención divina para expulsarlos. La mente de la persona atribulada debe ser renovada llenándola con la Palabra de Dios y derribando toda fortaleza opuesta a la obediencia a Dios.

Cuando en la mente y el corazón de una persona se permiten muchos pensamientos y fantasías impuros y negativos, el Espíritu de Dios es empujado afuera, y la persona actúa independientemente de la guía y la protección del Espíritu Santo. Espero explicar con claridad este importante punto. Los creyentes que están luchando desesperadamente por mantener una relación con Dios, y al mismo

El milagro de la liberación del mal

tiempo batallan contra hábitos perturbadores que saben que están mal, y se sienten impotentes para superarlos, deben aprender a cooperar con Dios. De lo contrario, su cristianismo siempre se sentirá como una continua batalla desesperada.

Es sorprendente que mientras escribía, tomé un descanso para ver las noticias y me enfrenté con los más alarmantes titulares de hombres y niños que cometen horrendos actos de asesinato.

> Veredicto de Alyssa Bustamante: 'Terrible asesina' recibe cadena perpetua con posibilidad de libertad condicional por matar a Elizabeth Olten, de 9 años de edad.
>
> Jefferson City, Missouri (AP): Una adolescente del centro de Misuri que confesó haber estrangulado, cortado y apuñalado a una niña de 9 años de edad, porque quería saber cómo se sentía el matar a alguien, fue sentenciada el miércoles a cadena perpetua con posibilidad de libertad condicional
>
> "Sé que las palabras", dijo ella, haciendo una pausa para respirar profundamente y luchando por recobrar la compostura, "nunca serán suficientes y nunca podrán describir adecuadamente lo horrible que me siento por todo esto."
>
> Y agregó: "Si yo pudiera dar mi vida para recuperar la de ella lo haría. Lo siento…"
>
> Los abogados de la defensa de la adolescente habían abogado por una pena menor que cadena perpetua, diciendo que el uso de Bustamante del antidepresivo Prozac la había hecho más propensa a la violencia. Dijeron que había sufrido de depresión por años y una vez intentó suicidarse con una sobredosis de analgésicos.
>
> El sargento David Rice, de la patrulla de caminos del estado de Misuri, declaró que la adolescente le dijo que "ella quería saber qué se sentía" al matar a alguien. Los fiscales también mencionaron las notas del diario en que Bustamante describió la excitación de matar a Elizabeth…
>
> "Es asombroso. Tan pronto como vences el sentimiento

de 'Oh mi Dios no puedo hacer esto', es bastante agradable. Aunque estoy un poco nerviosa y temblorosa, ahora. Bien, me tengo que ir a la iglesia ahora... ja, ja, ja."

Bustamante luego se dirigió a un baile de jóvenes de su iglesia, mientras se iniciaba una masiva búsqueda de la niña desaparecida.[4]

Lo que realmente me inquieta es que estas dos jóvenes estaban conectadas a una iglesia y tuvieron la oportunidad de recibir ayuda si la hubieran pedido o si alguien lo hubiera notado. Una persona oprimida por un espíritu maligno hace cosas irracionales cuando fortalezas de necesidades insatisfechas y heridas sin resolver se desencadenan por un evento emocional. Estas jóvenes necesitaban aconsejamiento, capacitación y discipulado. También necesitaban a alguien maduro y valiente en oración que enfrentara a las fortalezas y declarara vida y sanidad en sus vidas.

La liberación significa librar, liberar y rescatar. Cuando una persona acepta a Jesucristo como Señor y Salvador y realmente cree que ha sido trasladada del reino de las tinieblas al reino de la luz, no puede detenerse ahí. Ahora comienza el proceso de transformación y limpieza de todo mal, del pasado, de maldiciones heredadas y de fortalezas, y la renovación de la mente. *Este es un proceso milagroso, ya que solo el Espíritu de Dios puede morar en un hombre o una mujer y realizar esta extraordinaria transformación.* Los espíritus malignos que una vez ocuparon a la persona antes de la salvación tratarán de volver para ver si el alma de ella sigue aún vacía, o si la fe y la Palabra de Dios la están ocupando (Mateo 12:43-45). Las escrituras y declaraciones que hay al final de este capítulo serán de gran ayuda a las personas para fortalecer sus defensas espirituales y llenar su casa espiritual.

El milagro de la liberación de las maldiciones

> Ninguno puede entrar en la casa de un hombre fuerte y saquear sus bienes, si antes no le ata, y entonces podrá saquear su casa.
>
> —Marcos 3:27

La palabra griega para *saquear* en este pasaje es *diarpázo*, que significa "saquear, apoderarse, o arrebatar". La palabra griega para *casa* es *oikía, que* significa "morada". Para revertir la maldición, usted debe aprender cómo saquear la casa del (los) demonio(s) que están implicados en la maldición. Satanás puede pensar que su casa, su cónyuge, sus hijos y sus bienes le pertenecen a él, y puede amenazar con robar, matar y destruir lo que es legalmente suyo, pero Dios ha hecho provisión para librarlo a usted de la destrucción del enemigo.

Después de muchos años de practicar la guerra espiritual, sé que no puedo simplemente *atar* la obra del enemigo y garantizar la victoria absoluta. Usted debe *"saquear"* totalmente su casa, porque él siempre está buscando una manera de volver, especialmente cuando una persona baja la guardia en un área débil.

Dios le dijo al profeta Jeremías: "Mira que te he puesto en este día sobre naciones y sobre reinos, para arrancar y para destruir, para arruinar y para derribar, para edificar y para plantar" (Jeremías 1:10). Jeremías fue instruido para arrancar y destruir todas las raíces de fortalezas malignas y de idolatría cortando y destruyendo su crecimiento y proliferación. Una fortaleza es cualquier área controlada por espíritus malignos, tales como adicciones, hábitos nocivos y emociones fuera de control. Puede ser la tendencia hacia un comportamiento violento o criminal conocido por ser una fortaleza generacional de la familia. Satanás obtiene control de las familias a través del pecado, la iniquidad y las maldiciones generacionales. Solo cuando un creyente nacido de nuevo saquea las fortalezas y arranca las raíces y destruye toda área de influencia demoníaca

Satanás debe quitar su control. *Inmediatamente*, el alma debe ser renovada edificando un nuevo fundamento espiritual y plantando la Palabra de Dios en el corazón.

No tome este tema a la ligera. Las maldiciones son reales y dañan emocionalmente a muchas personas y familias. No son solo arrebatos emocionales, sino también actos insolentes y potentes que afectan cada fibra de la persona. Más y más personas de nuestra cultura están involucradas en prácticas de ocultismo en las que invocan maldiciones y hacen juramentos secretos que puede producir enfermedad, desesperación, esterilidad, fracaso, pérdidas, divorcio y accidentes. Muchas de estas personas, cuando reciben la salvación, continúan experimentando los efectos de sus pasadas participaciones.

Cómo destruir fortalezas y maldiciones

¿Cómo podemos destruir, arruinar y cortar las raíces de fortalezas demoníacas y maldiciones? Nuestro Padre Celestial hizo provisión para todos los que aceptan y creen en el Señor Jesucristo, y que viven bajo la protección de la sangre de Jesús para liberarse y liberar a otros del yugo de maldiciones autoimpuestas y maldiciones generacionales. Para ser libres, son importantes los siguientes pasos:

- *Tener cuidado* (prestar atención a los consejos, tener en cuenta, observar) de hacer conforme a la Palabra de Dios. Vivir una vida moralmente limpia. Permanecer firme, obedeciendo la Palabra de Dios, para que Satanás no pueda cruzar la línea (Salmos 119:9; Proverbios 26:2; Malaquías 4:6)
- *Vestirse todos los días con toda la armadura de Dios.* Mantener su mente centrada en la Palabra de Dios. Hablar, orar, meditar y confesar la Palabra. Mantenerse alejado de los lugares que ofrecen tentación y confusión y de las malas relaciones. Proteger sus pies. Proteger

El milagro de la liberación del mal 45

su boca. Proteger su corazón. La Palabra de Dios es
una espada de fuego para combatir al enemigo (Efesios
6:10-20).

- *Clamar por la sangre de Jesús.* Vencemos por la sangre de
Jesús y la palabra de nuestro testimonio. Cuando Jesús
murió en la cruz del Calvario, nos liberó del dominio del
pecado y del poder del enemigo. Su sangre nos garantiza
el acceso a Dios y nos libera de la esclavitud de Satanás.
Cristo se hizo maldición por nosotros para que pudiéramos
estar libres de todas las maldiciones (Apocalipsis
12:11; Gálatas 3:10-14).

- *No participar en pecados que involucren prácticas ocultistas,*
idolatría, ceremonias, o tradiciones familiares que impliquen
cualquier tipo de adoración satánica. Purificar su
corazón orando que sea limpio por la Palabra de Dios.

- *Destruir y deshacerse de todos los objetos malignos,* amuletos,
colgantes, joyas, recuerdos y obras de arte relacionadas
con cultos paganos y con el ocultismo.

- *Unirse a un grupo de oración y discipulado* en una iglesia
llena del Espíritu Santo y basada en la Biblia. Alimentar
su mente con la Palabra de Dios.

Poder reunir la información para esta sección se logró por intervención divina. No ha sido fácil. Satanás no quiere que esta información se publique. Todas las palabras de este manuscrito han sido cubiertas con mucha oración y vigilancia. Si usted, o alguien que usted conoce, necesita ayuda y sanidad, por favor, siga cuidadosamente las instrucciones y consejos y decida en su corazón permitir que el Espíritu Santo lo libere. Mientras completaba esta sección, un error informático borró todo mi documento, y perdí un tiempo valioso y mucha edición. Pero gracias a Dios, había subido la mayor parte al servicio de almacenamiento en línea. Todo lo bueno le costará algo. Decídase a servir a su Creador con todo su corazón. El

Dios Todopoderoso es el Dios vivo y verdadero, y Él no va a tolerar otros dioses delante de sí. Sus bendiciones y sus tesoros son para sus hijos que le obedecen.

El milagro de la liberación del mal 47

ORACIONES, ESCRITURAS Y DECLARACIONES PARA LIBERARLO DE MALDICIONES, FORTALEZAS DEMONÍACAS, Y ATAQUES DEL ENEMIGO

Padre, tu Palabra declara que Jesús venció a todos los principados y potestades de Satanás, cuando murió voluntariamente en la cruz para redimirnos, y porque Él triunfó sobre ellos, yo ya no soy esclavo de las estratagemas del diablo (Colosenses 2:14-15).

Padre, gracias por la autoridad y la promesa que nos has dado para hollar y derrotar a los espíritus malignos, y sobre toda fuerza del enemigo. Nada nos dañará de ninguna manera. (Lucas 10:19).

Padre, te doy gracias porque en Cristo tenemos redención por su sangre, y el perdón de pecados según las riquezas de su gracia (Efesios 1:7).

Padre, gracias por esta gran promesa de que Cristo nos ha redimido de la maldición de la ley, habiéndose hecho por nosotros maldición, para que nosotros recibiéramos la promesa del Espíritu por medio de la fe (Gálatas 3:13-14).

Disolver acuerdos y maldiciones realizando las siguientes oraciones:

Estas son oraciones simples, victoriosas y directas. No subestime el enorme poder para ser libre mientras hace estas declaraciones. Si usted no está casado, diga "yo" en lugar de "mi matrimonio". No se apresure. He visto a muchas personas sanadas después de seguir estas instrucciones. Repita estas oraciones varias veces, creyendo en su corazón que ya no es un esclavo de Satanás.

Padre celestial, me arrepiento sinceramente de toda participación que pueda haber causado que un espíritu de brujería, maldiciones generacionales, o fortalezas invadan mi vida y la influyan mi vida. Te ruego tu perdón. Lamento las heridas y el dolor que pude haber causado a otros con mis acciones. Padre, también quiero perdonar a los que me han hecho daño y me han atormentado. Hoy tomo la decisión de rendir mi vida a ti y caminar en el amor de Dios. En el nombre de Jesús, ¡amén!

Padre, en el nombre de Jesús, rompo todas las maldiciones de brujería, abuso y perversión en mi carne, y me rindo totalmente a ti. Rompo todas las maldiciones en contra de mi familia en el nombre de Jesús. Rompo todas las maldiciones y cualquier pacto que se hizo contra [mí / mi matrimonio], en el nombre de Jesús. Clamo por la sangre de Jesús. Te doy gracias, Padre Dios, porque tu Palabra declara que me librarás de toda mala obra y me preservarás para tu reino celestial. A Él sea la gloria por los siglos de los siglos (2 Timoteo 4:18) ¡Amén!

Dios Padre, tu Palabra declara que todo lo que yo ate en la tierra será atado en los cielos, y todo lo que desate en la tierra, será desatado en los cielos. Ahora ato a todos los espíritus malignos ligados a las maldiciones y los pactos que afectan mi vida, mi familia y mi matrimonio. Desato a mi familia y a mí mismo, de todas las fortalezas heredadas, las dolencias, las enfermedades y las adicciones. Desato la paz y el poder sanador de Dios para que invada mi vida y sane mi cuerpo, en el nombre de Jesús, ¡amén!

Coloque las manos sobre su cabeza y ombligo y ore:

Espíritu Santo, te doy gracias por el milagro de liberación de todas las maldiciones y fortalezas de mi vida. Espíritu Santo arranca y destruye todo lo que hay en mí que no es tuyo, desde la coronilla hasta las plantas de mis pies, en el nombre de Jesús, ¡amén!

El milagro de la liberación del mal 49

> *Amado Espíritu Santo, limpia mi corazón, mi vientre y todos los órganos de mi cuerpo.*

Concéntrese y mantenga la concentración hasta que la paz de Dios invada su espíritu, alma y cuerpo.

Ahora diga esta oración:

> *Dios Padre, te doy gracias por la sangre de Jesús que mora en mi cuerpo ahora mismo. Señor Jesús, gracias por sacrificar tu vida y derramar tu sangre para que yo pudiera ser redimido de todo pecado, de toda iniquidad y de todas las maldiciones y fortalezas del enemigo.*

Ahora haga esta declaración con suma confianza:

> *En el nombre de Jesucristo, ordeno a todos los espíritus malignos que me dejen ahora. Me desato de todo el control y esclavitud del enemigo, en el nombre de Jesús. Me desato de todas las ligaduras del alma y de las malvadas estrategias del enemigo. Yo renuncio a Satanás y confieso mi lealtad al Señor Jesucristo. Ninguna arma forjada contra mí prosperará, en el nombre de Jesús, ¡amén!*

Ahora levántese y alabe al Señor, agradézcale, y regocíjese en su libertad.

La siguiente instrucción es importante. Pida al Espíritu Santo que more en usted y lo llene. Pida una unción fresca sobre su vida. Alabe al Señor nuevamente.

> *Señor Jesús, rodéame con tu protección y bautízame con el Espíritu Santo y fuego. Cúbreme con la sangre de Jesús y rodéame con tus poderosos ángeles guerreros. Te doy gracias y alabo tu santo nombre.*

Respondió Juan, diciendo a todos: Yo a la verdad os bautizo en agua; pero viene uno más poderoso que yo, de quien no soy digno de desatar la correa de su calzado; él os bautizará en Espíritu Santo y fuego.

—Lucas 3:16

Padre, sinceramente quiero darte gracias por abrirme los ojos espirituales para ver que el ladrón no viene sino para hurtar y matar y destruir. Pero tú, Padre mío, has venido para que yo tenga vida, y para que la tenga en abundancia [Juan 10:10].

Reprenda con firmeza al espíritu de acoso

En el nombre de Jesús, reprendo al demonio que se entromete en mi vida. No hay verdad en ti. Ato toda misión que el enemigo tiene contra mí y mi familia. Y desato la paz de Dios en mi vida.

Dios Padre, te agradezco sinceramente por bendecirme con sabiduría, conocimiento y entendimiento.

Vosotros sois de vuestro padre el diablo, y los deseos de vuestro padre queréis hacer. El ha sido homicida desde el principio, y no ha permanecido en la verdad, porque no hay verdad en él. Cuando habla mentira, de suyo habla; porque es mentiroso, y padre de mentira.

—Juan 8:44

Padre, yo estaré firme en la libertad con que Cristo nos hizo libres. Me niego a estar otra vez sujeto al yugo de esclavitud (Gálatas 5:1).

Capítulo tres

ACCIONES QUE PRODUCEN MILAGROS Y SANIDADES

*Huye el impío sin que nadie lo persiga; mas
el justo está confiado como un león*
—Proverbios 28:1

La sanidad y los milagros son hechos sobrenaturales de Dios. Nuestra participación es necesaria. Nuestra fe debe ponerse en acción y debemos creer que Dios hará su parte.

El justo está confiado como un león

- David fue tras el león y el oso que atacaba a sus ovejas: Dios le dio la fortaleza y la audacia para liberar al cordero y matar al león.
- Josué y sus hombres marcharon alrededor de los muros de Jericó: Dios los derribó.
- Elías construyó un altar y oró para que cayera fuego: Dios consumió el altar con fuego.
- Una viuda obedeció al profeta y juntó todos los recipientes vacíos que pudo conseguir: Dios proveyó y multiplicó el aceite que ella necesitaba.
- El capitán Naamán tenía lepra y se le dijo que se sumergiera siete veces en una laguna sucia: Dios extendió su mano y lo sanó.
- Noé construyó el arca: Dios inundó la tierra y lo salvo a él y a su familia.

- La mujer con flujo de sangre se abrió camino entre la multitud para tocar a Jesús: fue sanada instantáneamente.
- Moisés alzó su vara: Dios abrió el mar.
- David puso una piedra en la honda y la apuntó hacia el gigante: Dios lo mató instantáneamente.
- Un día, después de años de odiar a mi padre, me puse en acción y pedí a gritos a Dios poder perdonarlo: Él instantáneamente sanó mi alma.
- Recientemente me rendí por completo a Dios, dejé de pedirle que me sane y, en cambio, comencé a agradecerle y a alabarlo: ¡Dios estiró su mano y me sanó!

No importa cuánto conozcamos la Palabra, si no ponemos la fe en acción no habrá sanidad ni milagro.

Una *sanidad* es una gradual recuperación o restauración de la salud. Sucede cuando una persona es curada y recobra el vigor y el bienestar, ya sea por tomar medicinas recetadas o remedios homeopáticos o terapéuticos, mediante una cirugía, al hacer cambios nutricionales, al confesar la Palabra de Dios o escrituras específicas de sanidad o mediante la oración.

El tesauro en español describe al *milagro* como: asombro, portento, prodigio, maravilla, fenómeno.[1] Todas estas palabras pueden describir lo milagroso. La intervención divina es necesaria para que ocurra el milagro.

> Los milagros son señales de Dios. Los milagros transmiten mensajes. Precisamente porque son poco comunes o sin precedentes de acuerdo con las leyes empíricas y científicas de la naturaleza, los milagros provocan respeto reverencial y asombro. Los milagros pueden sacudirnos y obligarnos a salir de nuestra complacencia. Pueden incluso despertarnos de nuestro sueño egoísta. Los milagros pueden

> inspirar, enseñar o hacer que reconsideremos los pasos que estamos dando, e incluso transformarnos. A veces, un acontecimiento milagroso coincide con lo peticionado en una oración específica. Muchas veces los milagros implican sucesos de sanidad física. Pero la cuestión crítica para la gente de fe es qué está comunicando Dios por medio de esa situación.[2]

Cuando una persona ha hecho todo lo posible y ha agotado todos los recursos humanos posibles y recibe la sanidad de un mortífero cáncer incurable, ¡verdaderamente podemos decir que eso es definitivamente un milagro de Dios! Cuando sucede algo, como un accidente, y usted sabe que debería haber muerto pero sobrevive, creo que también es un milagro de intervención divina. Cuando lo apuntan con un arma y el atacante lo libera, es porque la misericordia de Dios ha intervenido milagrosamente. Cuando Jesús ordenó que los demonios salieran de la gente, y obedecieron y las personas volvieron a estar sanas y normales, creo que fue un milagro sobrenatural. Cuando un pecador viene a Cristo y su vida es traspasada del reino de las tinieblas al reino de la luz, esto también es un acto sobrenatural de Dios. Cuando una persona es liberada de maldiciones generacionales y su vida es transformada por la Palabra de Dios, ha sucedido un hecho milagroso.

Tanto la sanidad como el milagro necesitan una intervención o participación divina. Nuestra fe *activa* y el poder de Dios para sanar son la combinación necesaria para recibir la sanidad o el milagro.

FE AUDAZ Y ACTITUD OSADA

Mi abuela era conocida como una audaz leona en el mundo espiritual. Ella oraba con autoridad y arrojo temerario por los enfermos y heridos. Un día mi cuñada la llamó desesperada porque su hijo de seis años estaba teniendo un ataque de asma tras otro, lo que debilitaba y consumía al niño. Todas las terapias médicas posibles habían sido infructuosas. El chiquito estaba decaído y no podía dormir tranquilamente.

Mi abuela llegó a la casa del niño una mañana muy temprano. Cuando se abrió la puerta, no saludó a nadie ni preguntó dónde estaba el chico. Sin una palabra, mecánicamente, como un soldado autómata, subió las escaleras directamente hacia la habitación del niño. Ella jamás había entrado antes a esa casa, ni estaba informada de dónde estaba el dormitorio. Al entrar a la habitación llena de vapor, encontró al chiquito luchando para poder respirar, con una tos áspera e incontrolable. Inmediatamente dio una orden audaz y directa: "Espíritu de enfermedad, vete de este niño ahora mismo y no regreses jamás, en el nombre de Jesús". ¡Eso fue todo! No gritó, no se agitó, ni lo ungió con aceite; no suplicó a Dios ni hizo una larga oración, sino que dio una orden directa en el nombre de Jesús. El niño fue sanado instantáneamente. En ese mismo momento tuvo lugar una transformación total.

Él creció; de ser un niño débil, delgado y enfermizo, se transformó en un muchacho robusto y saludable, y jamás volvió a tener asma. Yo era una adolescente, pero lo recuerdo vívidamente. En la actualidad visito con este hombre que está casado y tiene hijos grandes y todavía recordamos aquella maravillosa sanidad sobrenatural y muchas otras intervenciones divinas que Dios ha hecho en nuestra familia.

¿Qué le dio a mi abuela la capacidad para disponer de tal poder con Dios? Creo que fue su obediencia y dependencia de la Palabra de Dios. No solo era consciente de su posición en Cristo y de qué dice la Biblia sobre nuestra autoridad en el nombre de Jesús, sino que también había aprendido a desarrollar intrepidez y a actuar con audacia contra el enemigo. Sabía que el poder de Cristo Jesús en ella era mayor que el poder del enemigo y que Satanás ya fue derrotado en la cruz del Calvario. Cada hogar al que ella entraba ya no era el mismo cuando se iba. La enfermedad, la fiebre, los demonios y la confusión tenían que irse cuando la abuela declaraba la Palabra.

Echar fuera el temor

Jesús nos enseñó a poner las manos sobre los enfermos. No debemos permitir que el temor nos impida obedecer esta orden (Marcos 16:18). Debemos desarrollar una actitud intrépida cuando oramos por milagros de sanidad. La duda debe ser arrastrada hacia afuera como un cadáver. Cuando desarrollemos una actitud positiva y un lenguaje de fe atrevido comenzaremos a ver milagros.

El temor debe ser echado de nuestros corazones. Mucha gente nunca recibe nada porque tiene sentimientos de inferioridad y timidez. El miedo y la fe no pueden actuar al mismo tiempo. Debemos vivir en el Espíritu conscientes de que nuestra fe activa es lo que mueve la mano de Dios. Nuestros temores serán derrotados cuando nuestra alma sea restaurada. Satanás no será capaz de confundirnos ni de evitar que obedezcamos la Palabra Dios. La fe para recibir sanidad viene de la Palabra de Dios.

El rol de la oración apasionada en la sanidad

Nuestro tiempo de oración no debería ser para rogar a Dios algo, sino para expresar nuestra fe en que Él es capaz de cumplir su Palabra. Cuando oramos la Palabra de Dios, nuestra esperanza se transforma en fe. La oración de fe soltará nuestra fe para la *acción* y producirá maravillosos resultados.

El peor enemigo de nuestra fe es una mente no renovada, porque produce incredulidad. La oración de fe es una parte vital del proceso de sanidad. El acuerdo con la Palabra de Dios hará que se muevan enormes montañas de enfermedad y problemas.

Comience la oración con la Palabra de Dios en su boca. Tome su arma, la espada del Espíritu para derrotar a Satanás. Oraciones fervientes y eficaces de acuerdo con la Palabra de Dios ministrarán sanidad a su cuerpo y al enfermo. La fe verdadera es específica: las oraciones poco claras y dubitativas no pueden completar la tarea. Para que sucedan milagros no debemos dudar en nuestros corazones, sino permanecer totalmente concentrados y convencidos de que Dios es capaz de cumplir lo que ha prometido (Romanos 4:20–21). Nuestro deseo de un milagro debe ser tan intenso como para que creamos en nuestros espíritus que ya está hecho (Marcos 11:24).

La ciencia ha probado que, como las huellas digitales, la voz de cada ser humano tiene lo que se llama un *sello*. Su *sello vocal*, como sus huellas digitales, es diferente de todas las demás voces. Dios el Padre conoce su voz y espera oírla cuando usted lo alaba cada día. Si usted cree que Dios lo está oyendo orará con fe y expectativa (Santiago 5:16; Efesios 6:17–18).

Recuerdo que durante muchos años tuve la visión de alcanzar a millones de personas con un mensaje que Dios había puesto en mi corazón: "Satanás, no puedes quitarme mis hijos, ni mi matrimonio, ni mi milagro, ni mi herencia, ni mi cuerpo". Tuve la visión y alabé a Dios por su tiempo y su cumplimiento. Mientras tanto, me preparé y seguí escribiendo y enseñando donde me invitaban. Un día se abrieron las puertas a través de mi primer libro *Satanás, ¡mis hijos no son tuyos!* Mis apasionadas oraciones, mi persistencia y preparación dieron fruto. Muchos están recibiendo aliento, esperanza e instrucción para levantarse y oponer resistencia al enemigo. Sus oraciones poderosas moverán montañas. ¡El milagro está en su boca!

Sanidad de enfermedades incurables y hereditarias

Aunque estoy disfrutando cuarenta y un años de matrimonio, también he estado enfrentando activamente durante diecisiete años una enfermedad desgastante: una enfermedad sin cura médica y por la cual tomo medicación. Muchas veces tuve ganas de dejar todo, retirarme del ministerio y escribir, tener una vida pasiva. En

Acciones que producen milagros y sanidades 57

retrospectiva puedo ver cómo al enemigo le hubiera encantado que yo abandonara todo, me convirtiera en una amargada y me adaptara a una vida de quejas e inestabilidad.

En lugar de ello, elegí creer y aplicar la Palabra de Dios a mi mente y a mi cuerpo. Mi práctica diaria incluye agradecer a Dios por sanarme y declarar que estoy sana por fe, a pesar de que no veo una manifestación completa. Mi búsqueda de sanidad me ha llevado a consultar muchos médicos y diferentes terapias. El dolor de mi cuerpo se ha convertido en un frecuente compañero no bienvenido, al que sujeto con oración y confesión cada noche y cada mañana. ¿Me quejo y mascullo todo el tiempo? Pregúntele a mi esposo y a mis hijas. Ellos le dirán que casi nunca me quejo. Ellos se dan cuenta de que estoy sufriendo cuando ven que trato de alcanzar el medicamento para el dolor. Tengo una tremenda paz y sé que Jesús es el sanador, reciba o no la sanidad total. Mi vida ha llegado a ser para mucha gente un franco testimonio del poder vigorizante de Dios.

Cuando debo hablar frente a una audiencia, el Espíritu Santo me sustenta y me permite hablar sin dolor ni incomodidad. Me siento con vigor. Viajo todo el tiempo; a veces cruzo continentes, y Dios ha sido fiel conmigo. Recuerdo que hace algunas semanas estaba atravesando el aeropuerto tan rápido como me era posible desde una terminal a la otra para hacer una conexión. Al principio creí que me iba a rendir por el dolor y que no lograría llegar a tiempo, pero al saltar de una cinta mecánica a la otra empecé a confesar la escritura una y otra vez: "Todo lo puedo en Cristo que me fortalece" (Filipenses 4:13). Estaba llena de júbilo y exaltada cuando llegué a la compuerta sin nada de dolor en mi cuerpo. El poder sobrenatural de la Palabra de Dios tomó el control cuando confesé y creí que podía correr y saltar y no sentirme cansada ni extenuada. "Contigo desbarataré ejércitos, y con mi Dios asaltaré los muros" (Salmos 18:29).[3]

Mi audaz confesión

Hace varios meses, cuando comencé a escribir este libro sobre el poder milagroso de Dios para sanar, hice una osada afirmación a mi Padre celestial:

> Mi Abba Padre, creo que mientras escribo este libro sobre tu milagroso poder para sanar y transformar las vidas de las personas, recibiré el milagro de la sanidad, ¡porque no hay nada imposible para ti!

Comencé a actuar con atrevimiento, con mi fe en una nueva dimensión. Me emociona tanto poder anunciar que mis últimos estudios de hace algunas semanas fueron los partes médicos más maravillosos que recibí en los últimos dieciocho años. ¡Todo estaba normal! ¡Nada dio negativo! ¡Alabado sea Dios! Mi doctor se niega a reconocer el milagro que ocurrió, pero afirma que he entrado en una repentina remisión, aunque yo elijo creer que mi Dios me ha sanado milagrosamente de lo que los doctores afirmaban que era una enfermedad incurable. Por primera vez en mucho tiempo, los dedos no me duelen cuando tecleo y mis rodillas no duelen si estoy sentada por algunas horas.

El doctor que me atendió durante muchos años me decía que yo necesitaba aumentar la dosis de cortisona y agregar diferentes medicamentos, y lo intenté en diversas ocasiones, pero solo empeoraban mi situación. Él había perdido una hija adulta por la misma enfermedad y era inflexible en cuanto a que debía seguir su consejo. Aunque no le recomiendo a nadie que siga mi ejemplo de no tomar todas las medicinas prescriptas en una situación similar, sí recomiendo que siga mi consejo que está al final de este capítulo: declarar y confesar la Palabra de Dios para edificar su fe y recibir un milagro de sanidad.

Su confesión de la Palabra de Dios no es lo que lo sanará, pero fortalecerá su fe. Su fe y obediencia en acción destronarán todos los

Acciones que producen milagros y sanidades

ataques de Satanás contra usted. No importa con qué enfermedad esté lidiando, o si está luchando contra el cáncer u otra enfermedad incurable, ¡nada es imposible para mi Dios! Jesús dijo:

> Lo que es imposible para los hombres, es posible para Dios.
> —Lucas 18:27

Me gusta tomar la Palabra de Dios literalmente y aplicarla a todas las circunstancias, *especialmente aquellas que un experto dice y cree que son imposibles de superar*. Estoy muy entusiasmada y motivada para hacer llegar este mensaje a millones de personas que sufren en silencio. ¡Yo todavía me estoy deleitando con mi milagro! Puedo dormir en la posición que quiero. Puedo subir y bajar las escaleras corriendo. Puedo teclear con mucha rapidez. ¡Guau! ¡A qué Dios impresionante y milagroso servimos! ¿Qué está esperando usted? Lea este libro varias veces. Márquelo, y agregue sus propias escrituras y oraciones. No olvide sus sacrificios espirituales, como verá al final de este capítulo. Es lo más destacado de mi milagro.

Indispensable: la sangre de Jesús y la ayuda del Espíritu Santo

Después de hacer todas estas cosas que le estoy recomendando, ¡desperté sana! Crea usted en estas cosas o no, de verdad resultan. La sangre de Jesús es el bálsamo, la fuerza, el poder y el medio por el cual la Biblia dice que usted ya ha sido sanado. Alabe a Dios. El Espíritu Santo será su maestro y le revelará la Palabra de Dios. Usted no puede dejar estas dos cosas fuera de la ecuación. Puede ser que se dé por vencido si no toma todo el paquete que Dios le ha concedido para que disfrute, y por el que ha pagado un gran precio. Escribo en español sencillo para que usted entienda el mensaje. Muchos de ustedes sí entienden y probablemente podrían escribir esto con un estilo mucho más bonito que el mío, pero Dios me está usando en este preciso momento para revelar y presentar este mensaje con claridad a millones de personas heridas y desgraciadas que desconocen el don precioso y maravilloso que Dios nos ha conferido, ¡Jesucristo, nuestro Sanador y Redentor!

Estoy aquí escribiendo para abrir sus ojos espirituales para que entienda la dimensión sobrenatural en la que está envuelto, la discierna o no. Quiero interrumpir su pensamiento para que vea nuevas visiones, tenga un nuevo entendimiento y capacidad para conocer la grandeza de Dios, y para ayudarlo a recibir su sanidad y la transformación de su alma.

La Biblia declara que somos un sacerdocio santo. La sanidad y la restauración les pertenecen a los hijos de Dios. Cuando la economía anda mal, nuestra economía debería estar bien. Cuando las tormentas sacuden su barca, Jesús debería estar allí, con usted, aquietando esas tormentas. Cuando los doctores dicen que su diagnóstico es positivo e incurable, la Palabra de Dios dice: "¡No! ¡Créeme! ¡Pídeme que mueva la montaña!" ¡Tenga fe en Dios!

Cultive su grano de mostaza

El ministerio de mi esposo y el mío demandan que viajemos mucho además de largas horas de preparación y enseñanza. Esos viajes nos han llevado a muchas ciudades y países por todo el mundo. Mientras escribo en este momento, estoy sentada en un avión de París a Dallas, Texas, después de haber pasado diez días en Florencia, Italia, donde di varias conferencias para la familia. Dios, en su misericordia, ha cumplido con mis expectativas. Creo que la expectativa es esperanza, perspectiva, confianza, entusiasmo y ganas de algo. La expectativa es una cualidad necesaria para superar las circunstancias adversas. Mi expectativa es que Dios cumpla su Palabra en su cuerpo como lo ha hecho en el mío y en mi vida. Creo que al caminar en fe y en obediencia, la semilla de mostaza de fe que la Biblia declara que podemos poseer comienza a hacerse más

Acciones que producen milagros y sanidades

y más grande, y puedo ver cómo lo milagroso se desarrolla frente a mis propios ojos.

La minúscula semilla crece hasta convertirse en un inmenso árbol con ramas y hojas. Los pájaros disfrutan al posarse y hacer nidos en sus ramas. Así mismo sucede con una persona que desarrolla su fe: crece espiritualmente hasta convertirse en un enorme y fructífero árbol. Las personas se acercarán e irán a usted por ayuda y ministración. Mientras desarrolla y cultiva su fe aprenderá a creer en Dios para lo imposible. Verá y experimentará la intervención divina y milagrosa del Dios todopoderoso en su propia vida.

> Jesús les dijo: Por vuestra poca fe; porque de cierto os digo, que si tuviereis fe como un grano de mostaza, diréis a este monte: Pásate de aquí allá, y se pasará; y nada os será imposible.
> —Mateo 17:20

La Biblia dice que a todos se nos ha dado una medida de fe (Romanos 12:3). ¡Hasta un diminuto trocito de fe del tamaño de un grano de mostaza puede producir una sanidad! Lo desafío a que comience a poner su fe en acción y crea en Dios para los milagros, las sanidades y la restauración de su alma.

Dios quiere sanar a su pueblo y protegerlo de accidentes y de todas las estrategias de Satanás. No permita que sus sentimientos sofoquen su fe. Si la Palabra de Dios dice que por las llagas de Jesús somos sanados, acéptelo. Declare las escrituras y las oraciones que están al final de esta sección para edificar su fe. Comience a cerrar en su vida cada puerta que le haya dado permiso al enemigo para hostigarlo con enfermedades y con problemas.

¿Por qué tantos cristianos están enfermos u oprimidos?

Enfermedades y dolencias tocan a casi todas las familias de la tierra. Muchas personas enfermas gastan toda su fortuna en remedios, dietas, medicaciones y doctores, pero empeoran día a día. Creo que la razón por la que más cristianos no reciben sanidad es por la falta de conocimiento y de obediencia. No saben o no entienden lo que la Palabra de Dios dice que el sacrificio de Jesús en la cruz del Calvario pagó por ellos. Otros cristianos simplemente no saben cómo orar y alabar a Dios. A otros les cuesta obedecer los principios de Dios para la sanidad divina. Se estima que al menos el 80 por ciento de la población de EE. UU. es cristiana. Pero el porcentaje de enfermos es más o menos el mismo que entre los no cristianos, que no creen en Jesús como nuestro sanador.

A menudo oigo personas enfermas que dicen: "No estoy segura de si sanarme será la voluntad de Dios si tan solo pudiera saberlo. Quizás deba permanecer enferma para mantenerme humilde o para edificar mi fe". Cuando la Palabra de Dios promete sanidad en el nuevo pacto, no deberíamos preguntar ni decir: "Si es tu voluntad". Esto implica una falta de fe.

La duda y la incredulidad son mortales: matan su fe, y sin fe usted jamás obtendrá las promesas que son legalmente suyas. Esté atento a su corazón y guarde con diligencia lo que permite que entre a su vida. Cada persona que permite que entre a su vida plantará semillas, como hicieron los fariseos en las vidas de los discípulos. Si Satanás puede hacer que una semilla de duda e incredulidad se plante en usted, estará en camino de robarle su fe. Si el enemigo puede robarle la fe, podrá robarle todo en su vida y todo lo que Dios preparó para usted. Un estilo de vida de duda le dice a Dios que es un mentiroso y que no se puede confiar en Él. La duda y la incredulidad evitan que usted obtenga la prosperidad que Dios declara que es suya. Elija no caer en la trampa del enemigo y escoja creer

Acciones que producen milagros y sanidades 63

en Dios, *sin importar lo que suceda*. Él es su sanador y su libertador (Mateo 21:21; 13:58).

¡Su sanidad está garantizada!

Jesucristo dio su vida en sacrificio. Isaías 53 nos asegura que Cristo llevó nuestros dolores, penas, sufrimientos, aflicciones, transgresiones, iniquidades y todos nuestros pecados. Por su llaga, por sus heridas, por su muerte y su resurrección nosotros somos sanados. En el reino de Dios, todo se recibe por fe. Sin fe no se puede recibir. Usted recibe sanidad de la misma manera en que recibe la salvación. Usted confiesa y cree de corazón. Es nuestro divino nuevo nacimiento (herencia, derecho, legado y privilegio). No se conforme con menos que lo mejor que Dios tiene para usted.

¿Con qué cosa ha estado batallando por tanto tiempo? Tiene que tomar una decisión, o permanece en la misma situación o decide entregársela a Dios y se atreve a creer que Él hará una milagrosa sanidad y transformación. Su fe en acción comenzará a desalojar a los malignos ocupantes. Es su decisión.

Sin importar cuáles sean sus circunstancias, Abba Padre está listo para encontrarse con usted exactamente donde usted esté. Todo lo que Dios necesita es su fe, que usted crea que Él está dispuesto a sanarlo. *La fe es confianza*. Cuando usted confía en alguien, ama y respeta a esa persona. Dios el Padre es igual con nosotros. Él nos ama incondicionalmente. *Cuando nos rendimos a su amor y obedecemos su Palabra, Él hace*. Sus dones son extremadamente valiosos e inestimables.

Usted no tiene que hacer sacrificios ni recitar las escrituras día y noche. La razón por la que le doy una lista de escrituras y declaraciones al final de cada sección es porque ellas fortalecerán su fe y le enseñarán cómo mantenerse en contacto y en relación con su sanador y Salvador. Hay algo único al declarar la Palabra de Dios. Pone a los ángeles en alerta y hace huir a los espíritus malignos. Ellos no pueden traspasar sus fronteras espirituales si están reforzadas con oración y con la Palabra de Dios. Piense en esto. Es algo que transforma su vida. Cuando usted guarda la Palabra de Dios en su corazón y en su mente, se convierte en una cuerda de salvamento y de salud para todo su cuerpo. Tomo y cito literalmente Proverbios 4:20–22 todos los días ¡porque creo que Dios es el Verbo y que Él es vida!

Sus oraciones y declaraciones sobre la Palabra de Dios no son para mover la mano de Dios a su favor sino para fortalecer su hombre interior y acrecentar su fe. Dios se mueve por compasión y amor. Lo único que tenemos que hacer es rendirnos a su voluntad, obedecer su Palabra y amarnos unos a otros.

¿Tenemos que hacer sacrificios para recibir sanidad?

Por favor no salte esta poderosa sección. Los únicos sacrificios mencionados en el Nuevo Testamento son los *sacrificios de alabanza, de acción de gracias y de júbilo.* No sé en su caso, pero para mí esto fue liberador. No tengo que hacer sacrificios con ruegos, ni con confesiones, memorizando oraciones ni ayunando, yendo a todas las reuniones de la iglesia, con cara seria todo el día, ni abstenernos de ciertas cosas. No tengo que realizar sacrificios matando un animal todos los días, como hacía Job por cada uno de los miembros de su familia (Job 1). Dios nos ama y ama nuestra alabanza y nuestra adoración, nuestra acción de gracias y nuestro júbilo.

Sacrificar es ofrecerle algo a Dios. *Sacrificar* significa: "entregar algo de valor, hacer una ofrenda, rendirse, matar, renunciar, dedicar, consagrar y beneficiar". Un sacrificio le costará tiempo, concentración, matar la carne, rendir su voluntad por un motivo superior. El beneficio que recibimos es incalculable. Cada sacrificio que hacemos es compensado y devuelto con todas las promesas y tesoros de Dios.

SACRIFICIOS DE ALABANZA, ACCIÓN DE GRACIAS Y JÚBILO

Cuando llevamos nuestros sacrificios de *alabanza, acción de gracias y júbilo* a Dios le estamos diciendo que quisiéramos morir a nuestros propios deseos y entendimiento y que anhelamos amarlo y confiar en Él completamente.

Los sacrificios de alabanza y acción de gracias

En la atmósfera santa de la alabanza y adoración es donde se comienzan a manifestar las sanidades, los milagros y la transformación del alma, y la gloria de Dios comienza a limpiar y a cambiar nuestra naturaleza carnal en la naturaleza y el carácter de Cristo. Estamos orando literalmente con nuestro corazón, alma y espíritu. El resultado es siempre la transmisión de las infinitas bendiciones de Dios, su sabiduría, conocimiento y entendimiento. Cuando usted realmente entienda la verdad, comenzará a recuperar y restaurar todo lo que Satanás le ha robado. Los demonios no pueden resistir la alabanza de los hijos de Dios. *¡Guau!* ¡Soy una creyente! Disfruto cada momento de mi vida.

Cuando usted se sienta desanimado y un espíritu de confusión trate de invadir su pensamiento, comience a ofrecer sacrificio de alabanza y acción de gracias; encontrará que esa paz de Dios lo cubrirá como un escudo de protección y el ángel del Señor acampará alrededor de usted y lo defenderá (Salmos 34:7). Recuerdo la protección de Dios durante un asalto y cómo tuve que ofrecer un *sacrificio de alabanza y acción de gracias* antes de dejar la habitación del hotel.

Ser víctima de un asalto es una experiencia apabullante. El aturdimiento parece paralizar a la persona y la convierte en una víctima del depredador. Hace dos años estaba en México con mi esposo esperando en un semáforo, cuando de repente la puerta del vehículo se abrió abruptamente y un pistolero apuntó un arma contra la cara del conductor y le exigió que le entregara joyas y efectivo.

Sus ojos se lanzaron rápidamente hacia el asiento trasero en el que estábamos mi esposo y yo. Nos apuntó con su arma y exigió que nos quitáramos todas las joyas y le diéramos el efectivo. La luz todavía seguía en rojo, y él quería que obedeciéramos sus órdenes con rapidez antes de que cambiara a verde. Todo lo que recuerdo de ese rápido momento es que hice una oración en silencio: "Satanás, la sangre de Cristo está contra ti. Ordeno al dedo de este hombre que se congele y él no pueda disparar el gatillo. Gracias, Padre". Se las arregló para largarse con dos relojes y a pesar de que reclamaba que me quitara mis joyas, milagrosamente no pude sacarme los aros de diamantes ni los anillos de matrimonio. Cambió la luz, y el asaltante desapareció. Nuestras vidas habían sido protegidas por la intervención divina. Nos contaron que muchos han muerto en medio del tránsito en situaciones similares. Inmediatamente me di cuenta de que aquella misma mañana había ofrecido un sacrificio de alabanza y acción de gracias y había declarado: "Ningún arma forjada contra nosotros prosperará". Dios protege a sus hijos en toda situación, ataque o accidente. Nunca deberíamos salir de la casa sin haber ofrecido un *sacrificio de alabanza y acción de gracias*. No debemos tener miedo de orar con audacia, aunque nuestras rodillas estén temblando. Nuestras acciones determinan el resultado de cada situación.

El sacrificio de júbilo

Júbilo significa: "deleite, placer, disfrute, dicha, éxtasis, euforia, felicidad, alegría, emoción, asombro, triunfo y gozo". El *sacrificio de júbilo* es el más difícil de ofrecer a Dios. Si usted está deprimido y oprimido por demonios, puede que frunza el ceño ante la palabra *júbilo*. Quizás le sea más fácil alabar a Dios que darle gracias. Pero cuando estamos tristes o afligidos, atravesando tormentas y dificultades en la vida, o cuando la enfermedad aflige nuestros cuerpos, entonces se convierte en un verdadero *sacrificio* levantar nuestra voz y ofrecer un *sacrificio de júbilo*. Pero permítame compartirle un secreto.

La Biblia dice que *el gozo del Señor es nuestra fortaleza* (Nehemías 8:10). La fortaleza es poder. El poder es una actitud de resistencia emocional. La fortaleza en una capacidad defensiva. La fortaleza es eficacia para lograr el éxito. La fortaleza lo hace a usted superarse progresivamente. Ofrecemos este tipo de sacrificio al cantar melodías, danzar, recitar salmos y declarar en voz alta las cosas que no son como si fueran, sonriendo, riendo, batiendo palmas y regocijándonos en lo que el Señor dice de nosotros.

Mi preciosa madre, que tiene ochenta y tres años y está postrada en cama, quizás no pueda sentarse, caminar ni hacer muchas de las cosas que antes hacía, pero usted se sorprendería si la viera demostrar su alabanza, acción de gracias y júbilo. Su hombre interior es fuerte y seguro. Su mente no sufre de Alzheimer. No puede oír muy bien, pero cuando alguien entra a su habitación sus manos se levantan al cielo en sacrificio de júbilo. Todo aquel que la visita recibe una gran sonrisa, una bendición, una palabra de aliento y canciones de hace muchos años.

Todas las mañanas siento la bondad de Dios invadir mi atmósfera. Mi hogar tiene paz. La sanidad recibe a cada visitante. Dios es un Padre misericordioso y desea bendecirlo a usted plenamente. Es por su gracia (amabilidad, bendición, misericordia, generosidad y favor divino) que recibimos todas las cosas buenas. La gracia es un don. Dios desea nuestro amor. Él quiere amarnos apasionadamente. Entre más nos acerquemos al Espíritu Santo, más aprenderemos a amar a Dios con todo nuestro corazón. Dios Padre quiere regarnos con una lluvia de sanidades y bendiciones milagrosas.

Escrituras y oraciones para edificar su fe y recibir sanidad

Sacrificio de alabanza y adoración

Padre celestial, entro a tus atrios con alabanza y adoración, porque solo Tú eres santo y digno de ser alabado. Alzo mis manos en entrega a ti y exalto y glorifico tu nombre. Te alabaré, oh Señor, porque tu misericordia es para siempre. Mi corazón se acerca a ti buscando adorarte en espíritu y en verdad. Tu Palabra declara en 1 Pedro 2:5 que somos sacerdocio santo, para ofrecer sacrificios espirituales aceptables a Dios por medio de Jesucristo. Te glorifico, te honro y magnifico tu santo nombre (Juan 4:23–24).

Así que, ofrezcamos siempre a Dios, por medio de él, sacrificio de alabanza, es decir, fruto de labios que confiesan su nombre.

—Hebreos 13:15

Sacrificio de acción de gracias

Mi Señor y Salvador, te doy gracias por darme vida y por soplar tu Espíritu en mi espíritu. Gracias por salvarme y por transformar mi vida. Gracias por dirigir mis pasos cada día. Gracias porque soy justificado y acepto en Cristo Jesús. Gracias por tu provisión y protección de cada día. Gracias por renovar mi mente cuando estudio tu Palabra. Gracias por bendecir a mi familia y por guardarnos del mal. Gracias por guardarme de toda tentación y decisiones equivocadas. Gracias por sanar mi cuerpo y fortalecer mis huesos. Gracias por el Espíritu de sabiduría y de revelación.

Continúe agregando su agradecimiento a esta oración. Si necesita practicar, comience a recitar algunos de los Salmos de alabanza y acción de gracias.

> *Señor, te ofreceré sacrificio de alabanza y publicaré tus obras con júbilo (Salmos 107:22).*
>
> *Señor, no estaré afanosa por nada, sino que en toda oración y ruego, con acción de gracias, daré a conocer mis peticiones delante de Dios (Filipenses 4:6).*

Te ofreceré sacrificio de alabanza, e invocaré el nombre de Jehová

—Salmos 116:17

Alabaré a Jehová conforme a su justicia, Y cantaré al nombre de Jehová el Altísimo.

—Salmos 7:17

Sacrificio de júbilo

> *Mi Señor, te ofrezco un sacrificio de júbilo. Cantaré alabanzas al Señor, porque Tú eres mi supremo gozo, mi Dios y mi rey. Me regocijo por pertenecerte a ti. Me regocijo porque Cristo murió por nosotros y por el gozo de obtener el precio ante Él, soportando la cruz de manera que pudiéramos ser librados del reino de las tinieblas y devueltos al reino de la luz. Yo también ofrezco sacrificio de júbilo, soportando toda penuria por el gozo de la vida eterna. El gozo del Señor es mi fortaleza (Hebreos 12:2; Nehemías 8:10).*
>
> *Y ahora levanto mi cabeza sobre mis enemigos que me rodean, y ofrezco sacrificios de júbilo a ti, mi Señor. Cantaré, sí. Entonaré alabanzas al Señor (Salmos 27:6).*

Señor, traeré mis alabanzas al altar de Dios, al Dios de la alegría y de mi gozo. Siempre te alabaré, oh Dios, Dios mío (Salmos 43:4).

Mi rey, alabo tu nombre con canciones de júbilo y con danza. Me regocijo porque solo tu puedes llenar mi corazón con alegría (Salmos 149:3).

Oraciones para recibir sanidad

Padre, creo que cuando presto atención a tu Palabra, medito en ella y guardo tus dichos en mi corazón, tus Palabras son vida y salud para mi cuerpo. Te agradezco, Padre, por estas promesas. Aplico esta verdad como medicina ¡y declaro que soy sanada por completo, en el nombre de Jesús!

Hijo mío, está atento a mis palabras;
Inclina tu oído a mis razones.
No se aparten de tus ojos;
Guárdalas en medio de tu corazón;
Porque son vida a los que las hallan,
Y medicina a todo su cuerpo.

—Proverbios 4:20–22

Declaro que el Espíritu de Dios que levantó a Jesús de entre los muertos vive en mí, limpiando cada área de mi cuerpo atacada por la enfermedad. Rechazo todo padecimiento, dolencia, pestilencia y cada cosa maloliente y nauseabunda que haya atacado a mi cuerpo. Me libro ya mismo de su lazo en el nombre de Jesús (Romanos 8:11; Salmos 91:3).

Padre, creo que por las llagas de Jesús yo soy sanado. Me libero de todo espíritu de enfermedad que ataca mi cuerpo, en el nombre de Jesús (Isaías 53:5).

Dolor, inflamación, hinchazón, migrañas, artritis y fibromialgia

> *Echo fuera todo espíritu de dolor, inflamación, hinchazón, migrañas, artritis y fibromialgia causado por herencias, accidentes o maldiciones generacionales. Aplico la sangre de Jesús a mi cuerpo ¡y declaro que soy sanada! Levanto el escudo de la fe y en el nombre de Jesús apago todos los dardos de fuego del maligno (Efesios. 6:16).*

Debilidad, virus

> *Padre, creo que Cristo se llevó nuestras enfermedades (dolencias, discapacidades o falta de fuerza) y declaro que la sangre de Jesús me limpia y me hace nuevo (Mateo 8:17).*

> *En nombre de Jesús ninguna enfermedad maligna se me pegará. Quiebro el poder con que el maligno atormenta mi cuerpo (Salmos 41:8).*

Enfermedad coronaria

> *Maldigo la raíz de toda enfermedad coronaria. Rompo su poder sobre mí y sobre mis hijos y los hijos de mis hijos. Declaro que tengo un corazón sano y larga vida, en el nombre de Jesús (Proverbios 14:30).*

> *Padre, tu Palabra dice que los que buscan a Jehová no tendrán falta de ningún bien. Te agradezco por sanar mi cuerpo (Salmos 34:10).*

Cáncer, fiebre, dolencias, aflicción, enfermedad, desórdenes, sufrimiento

> *Padre, tu Palabra declara que muchas son las aflicciones del justo, pero de todas ellas lo librará el Señor. Gracias por librarme de*

mi aflicción. Maldigo la raíz del cáncer, la fiebre y la pestilencia. ¡Echo fuera estos espíritus torturadores de padecimiento en el nombre de Jesús! No tienen autoridad sobre mi cuerpo. ¡He sido redimido de la maldición de la enfermedad y la dolencia! Le ordeno a cada planta que mi Padre celestial no haya plantado que sea desarraigada, en el nombre de Jesús (Salmos 34:19; Habacuc 3:5; Mateo 15:13).

Diabetes, artritis, dolor en las rodillas, piernas, manos, forúnculos y úlceras

Padre Dios, creo que por medio de Cristo hemos sido redimidos de la maldición de la ley y de todas las maldiciones listadas en Deuteronomio. En el nombre de Jesús, quiebro el poder de toda dolencia que cause diabetes, artritis y dolor en mis rodillas, piernas, manos, forúnculos graves y úlceras que se niegan a ser sanados, y desde las plantas de mis pies hasta la coronilla, le ordeno a mi cuerpo que sea sano por completo, en el nombre de Jesús (Gálatas. 3:13–14; Deuteronomio 28:35; Isaías 35:3; Hebreos 12:12–13).

Padre, tu Palabra declara que todo el que pide, recibe, y aquél que busca, halla, y a aquél que golpea se le abrirá. Yo busco tu rostro y pido en fe. Gracias por tu poder sanador que se lleva toda enfermedad y dolencia de mi cuerpo (Mateo 7:8).

Pestilencia (epidemia, plaga, virus, pandemia, enfermedad mortal, peste bubónica)

Padre, tu Palabra dice que nos librarás del lazo del cazador y de la peste destructora. Creo en tu Palabra. En el nombre de Jesús, resisto al diablo y debe huir de mí. Maldigo toda raíz de enfermedad y pestilencia que ataque mi cuerpo y el de quienes amo. Aplico la sangre de Jesús y decreto que mayor es Cristo en

Acciones que producen milagros y sanidades 73

mí. Ningún arma forjada contra mí prosperará, en el nombre de Jesús (Salmos 91:3, 6; Santiago 4:7; Isaías 54:17).

Sangre y huesos (presión arterial, leucemia, diabetes, anemia, osteoporosis)

Padre, tu palabra declara que por las llagas de Jesús yo soy sanada y que si temo al Señor y me aparto del mal, será medicina a mi cuerpo y refrigerio para mis huesos. Creo que soy el templo de Dios y que el Espíritu de Dios mora en mí. Te agradezco, Padre, por limpiar y restaurar mis frágiles huesos. Tu Palabra dice que guardas mis huesos y que ninguno será quebrado. Creo que tu Palabra penetra hasta mis coyunturas y tuétanos y que camino en salud divina. En el nombre de Jesús, maldigo la raíz de dolencia y enfermedad en mi sangre, mis coyunturas y tuétano. Declaro sanidad total para todo mi cuerpo. Maldigo la raíz de toda enfermedad hereditaria y generacional en mi familia y en mi línea de sangre. En el nombre de Jesús por el poder de su sangre declaro que soy sanado (Proverbios 3:5–8; Hebreos 4:12; Joel 3:21; 1 Corintios 3:16; Salmos 6:2; 34:20; Isaías 58:11).

Estado nervioso

Padre, gracias porque eres mi amparo y fortaleza, mi pronto auxilio en la tribulación. Eres fiel y prometes afirmarme y guardarme del mal. Declaro que eres mi confianza, y preservarás mi pie de quedar preso. Padre, te recuerdo tu Palabra que dice que eche sobre el Señor mi carga y tú me sustentarás. Necesito ayuda. Gracias por darme la fortaleza para vencer el poder del enemigo. Ahora tomo autoridad sobre todo plan y estrategia del enemigo contra mi vida. En el nombre de Jesús, reprendo al enemigo y debe huir de mí. Ato todo espíritu demoníaco que ataque mi sistema nervioso y suelto paz de Dios en mi vida en este momento (Salmos 46:1; 2 Tesalonicenses 3:3; Proverbios 3:26; Salmos 55:22).

Oración sanadora para restaurar el sistema inmunológico, sanar el cansancio y los dolores de las articulaciones

Ordeno a mi sistema inmunológico que sea restaurado. Le ordeno que sea eficaz al detener las enfermedades, gérmenes y virus en mi cuerpo, en el nombre de Jesús. Les ordeno a todas las frecuencias eléctricas y magnéticas de mi cuerpo que regresen a su armonía y equilibrio natural. Ordeno a todos los priones que se disuelvan completamente y sean desechados de mi cuerpo. Ordeno la sanidad de todas las células afectadas por estos priones, en el nombre de Jesús.[4]

Oración de acuerdo para recibir sanidad

Cuando la oración de acuerdo se hace según Mateo 18:18–20, abarcará toda condición y situación que necesite intervención divina.

> De cierto os digo que todo lo que atéis en la tierra, será atado en el cielo; y todo lo que desatéis en la tierra, será desatado en el cielo. Otra vez os digo, que si dos de vosotros se pusieren de acuerdo en la tierra acerca de cualquiera cosa que pidieren, les será hecho por mi Padre que está en los cielos. Porque donde están dos o tres congregados en mi nombre, allí estoy yo en medio de ellos.
>
> —Mateo 18:18–20

Quizás no haya mencionado su problema en esta sección. No importa cuál sea su enfermedad, dolencia o desorden, Cristo Jesús está listo para sanarlo. ¿Ha leído esta sección cuidadosamente? ¿Ha rendido su corazón a Dios? ¿Se ha limpiado de toda influencia maligna? ¿Ha preparado su corazón para recibir? Cuando esté listo, usted puede hacer la oración de acuerdo para recibir sanidad. Ya le he pedido al Espíritu Santo que intervenga a su favor. Crea de corazón que su oración es poderosa y que Dios lo sanará y restaurará. Puede decir esta oración varias veces hasta que tenga confianza en que se está rindiendo de todo corazón.

Oración de acuerdo

Dios Padre, vengo con audacia a tu presencia y me uno en esta oración de acuerdo con Iris Delgado [o con su compañero de oración], y te traigo a memoria Isaías 53:5 y 1 Pedro 2:24: Mas Él herido fue por nuestras rebeliones; el castigo de nuestra paz fue sobre Él y por su llaga fuimos nosotros curados. Padre, creemos y nos ponemos de acuerdo ya que Jesús pagó el precio por mi sanidad y restauración.

Padre, tu Palabra dice que la oración de fe salvará al enfermo, y el Señor lo levantará, y si hubiere cometido pecados, le serán perdonados (Santiago 5:15). También prometes en Éxodo 15:26 que tú eres el Señor nuestro Sanador. ¡Me opongo a las aflicciones y ataques del enemigo contra mi cuerpo, y declaro restauración y sanidad total en mi cuerpo en este momento en el nombre de Jesús! Por fe, ¡declaro que soy sanada!

En el nombre de Jesús, creo que soy sanada. Creo que recibo sanidad de [sea específico: nombre su enfermedad] _____. Establecemos este acuerdo en el nombre de Jesús, ¡amén!

Quizás usted no se atreva a hacer contra los poderes del mal oraciones tales como: "Oh, Señor, por favor ataca a mis enemigos y rómpeles los dientes". Pero David oró con osadía y en forma específica contra sus enemigos. "Levántate, Jehová; sálvame, Dios mío. Porque tú heriste a todos mis enemigos en la mejilla; los dientes de los perversos quebrantaste" (Salmos 3:7). No tenga miedo de ser osado y específico. Satanás no le tiene miedo a usted. Usted no debería tenerle miedo a él. El poder de Dios en usted es más grande que el poder del enemigo. Su fe activa y su participación derribarán los muros del enemigo.

La Palabra de Dios es medicina. Cuando usted ora y obedece a la Palabra de Dios, *es vida a los que la hallan, y medicina a todo su cuerpo* (Proverbios 4:20–22).

Testimonio de los efectos de la oración de acuerdo

Mi esposo y yo hemos aprendido a orar de acuerdo respecto a decisiones importantes y por protección divina para nuestra familia, ministerio y negocios. En una época teníamos una joyería. Todos nuestros empleados eran cristianos, y todas las mañanas hacíamos una oración de acuerdo para ser protegidos del mal. Entró un ladrón vestido con un impermeable y con las manos en los bolsillos. Inmediatamente mi esposo, que estaba en la parte de atrás, lo vio entrar y ordenó a los empleados que estaban allí atrás que oraran e intercedieran, mientras él venía hacia el frente del negocio. Un empleado le estaba preguntando al ladrón si podía ayudarlo en algo, ante lo cual él rápidamente le exigió que vaciara una vitrina en particular y que colocara todas las piezas en una bolsa que le arrojó, mientras al mismo tiempo apuntaba un arma a su estómago. Recuerdo mi oración específica: "Padre mío, gracias por tu protección. Resiste la mano del enemigo. Satanás, ato tu plan y ato a este hombre para que no dañe a nadie aquí, en el nombre de Jesús, amén".

Uno de nuestros empleados armado vio el revólver e inmediatamente apuntó al asaltante, y le dijo que arrojara su arma, pero en lugar de ello el ladrón giró balanceándose y apuntó al empleado con su arma. En segundos el atacante estaba huyendo del negocio con un balazo en la cabeza, y cayó fuera de la puerta de la tienda; murió al instante. Cuando llegó la policía felicitó a nuestro personal por un trabajo bien hecho. El agresor era un exconvicto con un largo historial de asaltos y había estado en otra joyería de esa ciudad de la que salió ileso después de una serie de disparos.

Creo que los ángeles de Dios estaban en el negocio supervisando todo. Nuestra guerra de oraciones de acuerdo instantáneamente pusieron a trabajar a los ángeles guerreros de Dios. "El que habita al abrigo del Altísimo morará bajo la sombra del Omnipotente" (Salmos 91:1). La sombra de Dios siempre está sobre los hijos que viven en su presencia. Si nuestra actitud hubiera sido diferente y hubiésemos mostrado miedo y pánico, nuestra situación podría haber sido muy distinta. Sus oraciones específicas y poderosas realizarán exactamente lo que usted les ordene hacer. Todos estábamos de acuerdo. Dios dice: "Tú haces, y yo haré. Obedece y yo te bendeciré. Envía la Palabra, y ella hará lo que le mando. Cree en fe, y yo haré".

Capítulo Cuatro

ESPERAR Y ORDENAR LO MILAGROSO TODOS LOS DÍAS

*El que habita al abrigo del Altísimo morará
bajo la sombra del Omnipotente.*
—Salmos 91:1

Hace algunos años estaba saliendo de un supermercado del sur de Florida, muy apurada por llegar a casa. Iba caminando con brío hacia mi auto mientras buscaba las llaves, y sentí que alguien me tironeaba el bolso; el atracador me hizo doler mucho el brazo cuando tironeaba de él con toda su fuerza. Mi primer instinto fue aferrarme al bolso y gritar. Era pleno día, y la gente observaba sin poder hacer nada, o sin querer intervenir. Recuerdo haber pedido a gritos ayuda a Dios. Me di cuenta de que el hombre estaba armado y de que mi vida estaba en peligro. Rápidamente solté el bolso y oí la voz del hombre que decía: "Suéltalo o te mato". Y salió corriendo con mi bolso en un auto que lo aguardaba.

Equipada y audaz: milagros de protección angélica

Todos los creyentes tienen una protección angélica a su disposición. Aparte de la hinchazón en el brazo y en la mano, salí ilesa. Creo que el milagro de la intervención sobrenatural de Dios salvó mi vida en ese momento. Mi situación parecía imprevisible, y Satanás tenía toda la intención de hacerme daño. ¡Eso es intervención divina! Esa mañana había cambiado de bolso y había dejado el que tenía joyas valiosas (los aros de diamantes además de las tarjetas de crédito) dentro de mi armario. En verdad no tuve una razón específica para cambiar de bolso, excepto que mis manos estaban adoloridas e hinchadas y el bolso me pesaba. Así que opté por uno más pequeño con lo estrictamente necesario para hacer una rápida compra de comestibles.

El Espíritu de Dios en mí ya estaba consciente de lo que iba a suceder. La sombra del Omnipotente me estaba cubriendo como cubre a cada creyente en Cristo Jesús. Me doy cuenta de que mucha gente tiene una obsesión con los ángeles, pero esto no es una obsesión. Esto se refiere a lo que dice la Palabra sobre los poderosos ángeles mensajeros de Dios; ellos siempre están listos para ayudarnos y defendernos de los ataques del enemigo.

> Pues a sus ángeles mandará acerca de ti, que te guarden en todos tus caminos.
> En las manos te llevarán, para que tu pie no tropiece en piedra.
> —Salmos 91:11–12

El apóstol Ronald Short, nuestro padre espiritual, nos enseñó que cuando hacemos guerra espiritual y ministramos a las personas que sufren tormentos, adicciones o enfermedades, un siervo de Dios debe tener una actitud y una disposición audaces. No puede haber dudas, titubeos, descreimiento o indecisión. Las oraciones deben ser audaces, directas, específicas, definidas y con la expectativa de que los milagros ocurrirán.

Mantener una vida de oración ferviente es absolutamente crítico para fortalecer su espíritu, mente y cuerpo y para convertirlo en alguien intrépido contra el enemigo. Su relación con el Espíritu Santo que le provee guía y sabiduría también depende de un hábito de oración ferviente y poderosa. Si usted es inconstante en esta área experimentará problemas y debilidad. "La oración eficaz del justo puede mucho" (Santiago 5:16).

Mi esposo tuvo un accidente de auto cuando iba a un programa cristiano de televisión con el presidente de la cadena. Justo cuando estaban girando en una curva muy cerrada en la autopista, un camión de dieciocho ruedas no llegó a doblar y chocó con el auto de mi esposo y contra el guardarraíl de cemento. El vehículo era un pequeño coche rentado que inmediatamente quedó aplastado por ambos lados. Tanto mi esposo como su compañero salieron sin un rasguño ni un dolor de cabeza: una intervención divina sobrenatural. ¡Sí! Este fue un milagro sobrenatural, y los mensajeros de Dios fueron veloces para intervenir a su favor.

Cuando respiramos la Palabra de Dios y ella mora en nuestro ser, controla y dirige nuestros pensamientos y nuestras acciones ¡somos renovados, actualizados, nos sentimos satisfechos, dirigidos, determinados, seguros y poderosos! El siguiente Salmo es una oración poderosa que nos recuerda la total atención de Dios hacia sus hijos. Memorice y personalice esta oración y dígala todos los días.

> Bendice, alma mía, a Jehová, y bendiga todo mi ser su santo nombre. Bendice, alma mía, a Jehová, y no olvides ninguno de sus beneficios. Él es quien perdona todas tus iniquidades, el que sana todas tus dolencias; El que rescata del hoyo tu vida, el que te corona de favores y misericordias; El que sacia de bien tu boca de modo que te rejuvenezcas como el águila.
> —Salmos 103:1–5

El milagro de protección de los ataques del enemigo

Mientras era asistente médico en Vietnam en los años más peligrosos de la guerra, 1968-1969, mi esposo estaba rodeado de balas y granadas que pasaban sobre su cabeza y por todos lados; cuidaba a los heridos y sacaba a muchos del peligro. Fue uno de los pocos que sobrevivieron de su batallón: intervención divina sobrenatural.

Los padres que oraban y una congregación de su pueblo le creyeron a Dios y se pararon en la brecha. Esto prueba la eficacia de la intercesión y la oración unida. También es la prueba del poder de nuestras oraciones y de la impresionante misericordia de Dios.

El milagro de la protección en un accidente de auto

Mientras escribía este libro, una preciosa tarde, mi hija estaba conduciendo hacia casa desde su trabajo. Estaba hablando por el teléfono de manos libres con su prima en Florida. Todo parecía normal y el tráfico fluía sin problemas, cuando de repente sintió una inesperada y violenta sacudida contra la parte trasera de su vehículo. En un momento ella estaba sentada, ocupándose de sus asuntos, y en el siguiente escuchó y sintió el ruido del metal triturado que golpeó su cuerpo contra el volante, luego rebotó y rompió el asiento. Desconcertada, trató de levantar la cabeza para ver qué estaba sucediendo, cuando sin poder creerlo vio que su coche era empujado sin control hacia otros dos coches que estaban frente a ella, que se incrustaron a ambos lados del frente de su auto.

Mientras se asombraba por estar en tal aprieto se dio cuenta de que estaba viva y consciente. En minutos llegó un policía para evaluar la situación, y lo primero que le dijo fue: "Tuvo suerte hoy. La mayoría de las personas no salen vivas de accidentes como estos. Usted debería invertir cada centavo que le pague el seguro en otro auto como este, porque le salvó la vida".

Mi hija entonces le dijo: "Este auto no me salvó la vida. ¡Mi Dios me salvó la vida!" El policía la miró y dijo: "¡Usted debe tener un GRAN Dios!"

¡Guau! ¡Seguro que sí! Milagrosamente, mi hija fue ayudada a salir de ese auto ilesa. No se rompió ningún hueso y no derramó ni una gota de sangre.

El ángel del Señor cumplió su misión, porque la Biblia dice: "El ángel de Jehová acampa alrededor de los que le temen, y los defiende" (Salmos 34:7).

El conductor del camión de dieciocho ruedas confesó que iba por otro carril, pero que de repente el chofer que venía adelante se detuvo y se vio forzado a tomar una decisión instantánea: chocar su camión con toda la fuerza contra el auto detenido delante de él y ocasionar un choque en cadena, o pasarse al otro carril con menos tránsito, pero sabiendo que chocaría contra el vehículo que viniera de frente, que justo era el de mi hija. La fuerza del impacto empujó el auto de ella cuarenta pies contra los autos que iban delante, lo que causó un choque múltiple de cuatro autos. Lo único que podemos decir es que Dios protegió su vida milagrosamente. Los rayos X, la resonancia magnética y muchos otros exámenes salieron negativos. Nada estaba fuera de lugar. Unos pequeños moretones en su brazo fueron la única señal reveladora de semejante accidente.

Esa mañana me había levantado más temprano de lo habitual, hice poderosas oraciones por mi familia, esperando y ordenando milagros y rompiendo todas las misiones demoníacas y las interrupciones malignas. Un escudo de protección nos cubrió. Cuando usted se forma el hábito de rendir su vida y la de su familia a Dios cada día, pone a los ángeles guerreros de Dios a cumplir su misión. Ellos son mensajeros que esperan instrucciones no solo de Dios sino también de los hijos de Dios (vea el Salmo 103:20 y Hechos 12:7).

El poder del Espíritu Santo

El Espíritu Santo es poder en el creyente para liberar a los cautivos. Si el Espíritu Santo opera en usted, jugará el rol más importante en la transformación de su alma y sanará más que cualquier otro método, sacrificio, terapia o proceso de cambio que usted pueda realizar. Los discípulos fueron llenos del Espíritu Santo cuando Jesús sopló sobre ellos (Juan 20:22). Pudieron orar por las personas enfermas y atormentadas y se manifestaron milagros.

Esperar y ordenar lo milagroso todos los días 83

El Espíritu Santo mora en cada creyente. Nuestro cuerpo es templo del Espíritu Santo. Pedro le dijo al mendigo en Hechos 3:6: "No tengo plata ni oro, pero lo que tengo te doy; en el nombre de Jesucristo de Nazaret, levántate y anda". Y tomándolo por la mano derecha lo levantó y al momento se le afirmaron los pies y los tobillos. Nosotros también tenemos al Espíritu de Dios en nosotros para sanarnos y transformarnos, y a aquellos por quienes oremos.

Por favor, fíjese cuidadosamente que Jesús sopló sobre sus discípulos y dijo: "Recibid el Espíritu Santo". El Espíritu Santo es en el creyente el *poder* para liberar a los cautivos. Comienza en el corazón del creyente y fluye hacia otros. Cada vez que leemos y estudiamos las Escrituras, estamos respirando en la vida del Espíritu Santo. Dios es el Verbo, y el Verbo es Dios (Juan 1:1). "Y aquel Verbo fue hecho carne, y habitó entre nosotros" (Juan 1:14).

> Entonces Jesús les dijo otra vez: Paz a vosotros. Como me envió el Padre, así también yo os envío. Y habiendo dicho esto, sopló, y les dijo: Recibid el Espíritu Santo. A quienes remitiereis los pecados, les son remitidos; y a quienes se los retuviereis, les son retenidos.
>
> —Juan 20:21–23

Leer y declarar las Escrituras no solo fortalece su espíritu, sino que también se convierte en sanidad y vida cuando usted respira en la vida del Espíritu.

La clave importante aquí en este tema de esperar y ordenar milagros es reconocer la importancia del Espíritu Santo y de la oración específica, ungida y con un objetivo. Todo debe estar basado en la oración. Es una relación con Dios y con su Espíritu que establecemos mediante la oración. Es depender solamente de Dios. Jamás nos arrogamos el crédito por los milagros.

> De cierto, de cierto os digo: El que en mí cree, las obras que yo hago, él las hará también; y aun mayores hará, porque yo

> voy al Padre. Y todo lo que pidiereis al Padre en mi nombre,
> lo haré, para que el Padre sea glorificado en el Hijo.
> —Juan 14:12–13

La mujer con el flujo de sangre había sufrido durante doce años y había gastado todo su dinero y su sustento tratando de encontrar una cura. No tenía una herencia ni una abuela llena del Espíritu ni una mamá de oración que la ayudaran, pero un día con Jesús cambió todo. Hoy es su día. Dios usará sus experiencias y sus problemas pasados, y así como Jesús sanó a esta mujer (Lucas 8:43-47), sanó al hombre endemoniado (Marcos 5:1-20), y sanó al hombre con la mano seca (Lucas 6:6-11), el Señor Jesús sanará también a todo aquel que se atreva a creer que hoy Él sigue siendo el sanador. Cuando el enemigo creyó que había ganado, Dios los restauró. Hoy Dios también lo restaurará a usted.

El poder de Dios obrante en nosotros

El poder de Dios *obrante en nosotros* es una clave vital que abre la puerta a lo milagroso. Abre la puerta a enormes e inimaginables bendiciones. Esto no lo digo yo; Dios nos lo está diciendo a nosotros. Mire detenidamente esta palabra, *obrante*. Significa: "operativo, en funcionamiento, que sirve, que actúa, empleado, en ejecución, y trabajando". La acción y la obediencia a la Palabra de Dios lo mantendrán a la vanguardia de lo milagroso. El Padre Dios hará lo imposible por nosotros, de acuerdo con lo que suceda dentro de nuestros corazones y las cosas que ocupen nuestras mentes. Nuestra vida de oración nos prepara para las tareas del día. Si todavía no lo hace, por favor lea cuidadosamente este libro y propóngase y determine su mente para lavarse y limpiarse y permitir que el poder sanador de Dios invada y transforme su vida.

Esperar y ordenar lo milagroso todos los días

> Y a aquel que es poderoso para hacer todas las cosas mucho más abundantemente de lo que pedimos o entendemos, según el poder que *actúa* en nosotros...
> —Efesios 3:20, énfasis añadido

La Palabra de Dios está llena de ejemplos del poder de Dios en acción en la vida de Jesús y de otros creyentes.

- A Jesús lo seguían a todos lados por las señales, maravillas y milagros que acompañaban sus enseñanzas (Mateo 4:23-25; 14:35-36; Juan 6:2,26; 12:18).
- Jesús reveló que era el Mesías a través de milagros (Mateo 11:4–6).
- Los milagros manifiestan la gloria de Cristo, la gloria de Dios y la obra de Dios (Juan 2:11,9; 11:4).
- Dios "confirmó" su Palabra con las señales y prodigios que les seguían cuando los discípulos predicaban y enseñaban la Palabra (Marcos 16:20).
- Para que haya milagros se necesita fe. Jesús les preguntó a los ciegos si creían antes de sanarlos (Mateo 9:28).
- Mucha gente recibe un milagro y jamás se arrepiente ni vive correctamente. El juicio de Dios está sobre los que reciben sanidades y milagros y no lo reconocen como Dios o viven para Él. (Mateo 11:20-24; Juan 15:24).
- Los milagros también son para los inconversos. Jesús sanó al oficial del rey a la distancia, y el hombre creyó y toda su casa fue salva (Juan 4:48-53).

Oraciones poderosas que activan los milagros

Oración por sabiduría y revelación

Padre, tú dices: "Clama a mí, y yo te responderé, y te enseñaré cosas grandes y ocultas que tú no conoces" (Jeremías 33:3).

Te agradezco, Padre, por concederme el espíritu de sabiduría y revelación en el conocimiento de Cristo para entender las profundidades de la Palabra de Dios (Efesios 1:17).

Oración para superar el engaño

Padre, tu Palabra declara que por tu divino poder nos has dado todas las cosas que necesitamos para vivir una vida santa. Te agradezco por darme el poder para superar todo engaño del enemigo. Satanás no tiene lugar en mí, en el nombre de Jesús (2 Pedro 1:3).

Padre, tu Palabra declara que si permanezco en ti y tu Palabra permanece en mí, puedo pedirte lo que quiero y me será hecho. En el nombre de Jesús, ordeno a todas las interrupciones demoníacas que salgan de mi vida y de las vidas de los miembros de mi familia. Satanás, quita tus manos de mi territorio, de mis hijos, de mi matrimonio y de mis finanzas. Pronuncio bendiciones de salud y abundancia para mi vida. Ningún arma forjada contra mí prosperará y condenarás toda lengua que se levante contra mí para acusarme. Cristo Jesús es mi esperanza de gloria. Echo fuera de mi corazón todo temor, duda y descreimiento. Hoy pongo en acción todas las bendiciones y la protección divina para mi vida y mi hogar. Gracias, Padre mío, en el nombre de Jesús, amén (Juan 15:7; Isaías 54:17; Colosenses 1:27).

Declaración de fe

Reconozco que mi verdadero enemigo es Satanás y que es un enemigo ya derrotado. Gracias, Padre, porque la sangre de Jesús me ha redimido de cada maldición y fortaleza del enemigo. Tomo mi lugar en Cristo Jesús, donde no puede entrar ningún plan ni estrategia de Satanás para robar, matar o destruir. Me pongo toda la armadura de Dios, para derrotar todo espíritu inmundo y maligno del infierno. Tengo dominio sobre el poder del enemigo y nada me dañará. Gracias, Padre, por esta gran promesa, en el nombre de Jesús, amén (Colosenses 2:15; Efesios 1:22; Lucas 10:19; Apocalipsis 12:11; Hebreos 4:2).

Oración para recibir poder

Padre, tu Palabra declara que recibiré poder cuando el Espíritu Santo venga sobre mí. Lléname ahora con tu Espíritu Santo y concédeme poder para conservarme firme y libre y de toda atadura. Me alineo con tu Palabra y me coloco en posición para ser bendecido por ti. Gracias, Padre, por esta maravillosa promesa, en el nombre de Jesús (Hechos 1:8).

Oración por prosperidad financiera

Jehová Yiré, tú eres mi proveedor. Te agradezco porque tú eres el Señor mi Dios que me enseñas provechosamente y me guías en el camino que debo seguir. Gracias por tu sabiduría, porque hace a los que te aman sabios para heredar riquezas. Mientras guardo tu Palabra, tú me prosperas. Todo lo que me proponga hacer de acuerdo con tu voluntad, tú lo prosperarás. Gracias por tu misericordia y tu favor. Gracias por un ingreso fijo. Gracias por abrir las puertas de bendición y cerrar las puertas de escasez. Enséñame a convertirme en alguien fructífero y a invertir con sabiduría. Padre, te honraré con mis diezmos y mis ofrendas. Gracias, Padre, por esta maravillosa promesa. En el nombre de Jesús, amén (Isaías 48:17; Proverbios 8:21, NTV; Josué 1:8).

Capítulo Cinco

ORACIONES Y ESCRITURAS QUE LO LAVARÁN Y DEJARÁN LIMPIO

Lavaos y limpiaos; quitad la iniquidad de vuestras obras de delante de mis ojos; dejad de hacer lo malo; aprended a hacer el bien; buscad el juicio, restituid al agraviado, haced justicia al huérfano, amparad a la viuda.

—Isaías 1:16-17

Usted debe entender que no puede lavarse y limpiarse a sí mismo. El Espíritu Santo lo ayudará. Las escrituras y oraciones de este capítulo también lo ayudarán a recibir limpieza y perdón. Usted no está solo; hasta los ángeles están listos para ayudarlo. Usted debe desear un cambio verdadero. Este libro trata sobre lo milagroso. Debe llegar a un punto en el que ya esté cansado de los ataques del enemigo contra usted y los que ama. Si usted está listo, su Padre celestial también lo está.

¿Cómo puede lavarse y quedar limpio?

Primero, debe desear un cambio radical y arrepentirse de todos sus pecados, hábitos y características que sabe que ofenden a Dios y a otros. Debe volverse de todo lo que sea malo y haga que usted se ofenda y se enoje fácilmente. Debe desear una profunda trasformación. Si lucha constantemente con pensamientos o ideas impuras, si ha sido profundamente lastimado, rechazado, oprimido, abusado o herido, estas escrituras lo ayudarán a recibir restauración y paz de

Oraciones y escrituras que lo lavarán y dejarán limpio

Dios. El resultado final debería ser un profundo gozo y satisfacción en su corazón. Su familia y sus amigos notarán los cambios. Las bendiciones de Dios comenzarán a fluir en su vida.

Dios es santo, y desea honestidad y sinceridad de parte de sus hijos. Cuando usted aplica la Palabra de Dios a su vida —y con esto quiero decir si usted desarrolla fe en Dios y hace todo lo que esté a su alcance para ser obediente, cariñoso, amable y enseñable— inmediatamente comenzará a notar los cambios. Estos incluirán paz, autocontrol, sabiduría para tomar decisiones y cosas buenas que comenzarán a sucederle. Termine cada oración diciendo: "en el nombre de Jesús, amén".

Oraciones y escrituras para perdón y limpieza

Oración para perdón y limpieza

Padre celestial, por favor perdóname y límpiame de todos mis pecados e iniquidades. Lávame y hazme libre de todas las iniquidades y pecados de mis padres y ancestros. Quiero servirte con todo mi corazón. Rindo mi vida a ti.

Lávame más y más de mi maldad, y límpiame de mi pecado.
—Salmos 51:2

Purifícame con hisopo, y seré limpio; lávame, y seré más blanco que la nieve.
—Salmos 51:7

Oración para limpieza y arrepentimiento

El arrepentimiento es necesario para recibir las bendiciones de Dios. Esto es algo que nosotros debemos hacer: Dios no lo hace por nosotros.

Padre celestial, me arrepiento de toda desobediencia y actos de rebelión contra ti. Me doy cuenta de que sin ti estoy abierto a

> los ataques de Satanás. Vuelvo mi corazón hacia ti y rindo mi voluntad a la tuya. Clamo por la sangre de Jesús sobre mi vida, y te doy gracias por lavarme y limpiarme.

> Lava tu corazón de maldad, oh Jerusalén, para que seas salva. ¿Hasta cuándo permitirás en medio de ti los pensamientos de iniquidad?
>
> —Jeremías 4:14

Oración para mantener la pureza y llevar cautivos los pensamientos

> Ayúdame, Padre querido, a mantenerme puro y que mi corazón esté alejado del mal. Llevo cautivo todo argumento y toda altivez que se levanta contra el conocimiento de Cristo e intenta controlar mis pensamientos. ¡No dominarán mi vida, en el nombre de Jesús!

> Derribando argumentos y toda altivez que se levanta contra el conocimiento de Dios, y llevando cautivo todo pensamiento a la obediencia a Cristo.
>
> —2 Corintios 10:5

Este versículo nos habla a todos los creyentes. Para mantenerse limpio, uno debe prestar atención a los pensamientos que invaden la mente cada día y aprender a llevar cautivo cada pensamiento a la obediencia a Cristo.

> Ahora, pues, ¿por qué te detienes? Levántate y bautízate, y lava tus pecados, invocando su nombre.
>
> —Hechos 22:16

El bautismo es considerado un lavamiento o un entierro de nuestros pecados, y una resurrección a la nueva vida en Cristo.

Oración para ser limpiado

Dios Padre, santifícame y lávame mientras estudio y medito en tu Palabra. Gracias, Espíritu Santo, por traer entendimiento a mi mente y el deseo de obedecerte y aplicar tu Palabra a mi vida. Gracias por aceptarme y transformar mi vida para servirte y a otros.

Y esto erais algunos; mas ya habéis sido lavados, ya habéis sido santificados, ya habéis sido justificados en el nombre del Señor Jesús, y por el Espíritu de nuestro Dios.

—1 Corintios 6:11

Oración por misericordia y renovación de la mente

Gracias, Dios Padre, por tener misericordia de mí y por lavarme y dejarme limpio. Gracias, Espíritu Santo, por renovar y regenerar mi mente y por enseñarme a entender y aplicar la Palabra viva a mi vida.

Pero cuando se manifestó la bondad de Dios nuestro Salvador, y su amor para con los hombres, nos salvó, no por obras de justicia que nosotros hubiéramos hecho, sino por su misericordia, por el lavamiento de la regeneración y por la renovación en el Espíritu Santo.

—Tito 3: 4–5

Oración para acercarse más a Dios y limpiarse de una mala conciencia

Mi Padre celestial, me acerco a ti con un corazón sincero. Límpiame y lávame de todo mal y de cualquier cosa en mi conciencia que pueda ser un obstáculo en mi relación y mi andar contigo. Purifica mi corazón con la sangre de Jesús y abre mis ojos espirituales para que pueda discernir las artimañas del enemigo. Te amo, mi Abba Padre.

Acerquémonos con corazón sincero, en plena certidumbre de fe, purificados los corazones de mala conciencia, y lavados los cuerpos con agua pura.

—Hebreos 10:22

Oración para lavarse en la sangre de Jesús

Querido Abba Padre, dame la fortaleza para mantenerme cada día puro y libre de toda tentación. Ayúdame a obedecer tus estatutos y sabio consejo, y a caminar en tu libertad de manera que me encuentres lavado en la sangre del Cordero.

Yo le dije: Señor, tú lo sabes. Y él me dijo: Estos son los que han salido de la gran tribulación, y han lavado sus ropas, y las han emblanquecido en la sangre del Cordero.

—Apocalipsis 7:14

Bienaventurados los que lavan sus ropas, para tener derecho al árbol de la vida, y para entrar por las puertas en la ciudad.

—Apocalipsis 22:14

Oración por limpieza y discernimiento

Padre mío, quiero ser un ejemplo de tu amor para mi familia y para otros. Estoy dispuesto a ser obediente. Abre mis ojos espirituales para discernir las estratagemas del enemigo contra mi vida. Con tu ayuda y con la guía del Espíritu Santo procuraré ayudar a los demás y ser luz en la oscuridad. Lávame y déjame limpio.

Mas sus criados se le acercaron [a Naamán] y le hablaron diciendo: Padre mío, si el profeta te mandara alguna gran cosa, ¿no la harías? ¿Cuánto más, diciéndote: Lávate, y serás limpio?

—2 Reyes 5:13, aclaración entre corchetes añadida.

Lavaos y limpiaos; quitad la iniquidad de vuestras obras de delante de mis ojos; dejad de hacer lo malo; aprended a hacer el bien; buscad el juicio, restituid al agraviado, haced justicia al huérfano, amparad a la viuda. Venid luego, dice Jehová, y estemos a cuenta: si vuestros pecados fueren como la grana, como la nieve serán emblanquecidos; si fueren rojos como el carmesí, vendrán a ser como blanca lana. Si quisiereis y oyereis, comeréis el bien de la tierra.

—Isaías 1:16–19

Oración por restauración y acción de gracias

Padre celestial, estoy tan agradecido de que me hayas escogido y me estés haciendo consciente de tu gran amor por nosotros. Gracias por el don de justicia y de salvación, por limpiarme de todos mis pecados y mi iniquidad. Gracias por derramar tu nueva vida en mí y restaurar mi relación contigo. Gracias por darme una nueva vida en Cristo. Te amo, mi Señor y Salvador.

Porque nosotros también éramos en otro tiempo insensatos, rebeldes, extraviados, esclavos de concupiscencias y deleites diversos, viviendo en malicia y envidia, aborrecibles, y aborreciéndonos unos a otros. Pero cuando se manifestó la bondad de Dios nuestro Salvador, y su amor para con los hombres, nos salvó, no por obras de justicia que nosotros hubiéramos hecho, sino por su misericordia, por el lavamiento de la regeneración y por la renovación en el Espíritu Santo, el cual derramó en nosotros abundantemente por Jesucristo nuestro Salvador, para que justificados por su gracia, viniésemos a ser herederos conforme a la esperanza de la vida eterna.

—Tito 3:3–7

Padre celestial, ayúdame a poner mi mente en las cosas que son puras y no en las que alimentan mi carne. Gracias, Espíritu

Santo, por ayudarme a caminar a la luz de la Palabra de Dios (Romanos 8:5-7).

Mi consejo

Deje de ser una víctima. Si ha sido herido por alguien y sigue acarreando la pena y el dolor, es hora de ponerle un punto final a eso. Mientras usted insista en enfatizar y seguir sintiendo ese dolor del abuso, la herida, el divorcio, el trauma, las palabras negativas, un padre cruel, y cosas por el estilo, no tendrá paz ni victoria en su vida. Debe soltar eso: es como un cáncer que lo carcome. Perdone a la persona o personas que lo hayan herido. Libérese y rompa la maldición del cautiverio sobre su vida. ¡Ponga en acción las bendiciones de Dios! ¡Libérese hoy mismo! Hace años estuve así, pero hoy soy libre. Tuve que tomar decisiones específicas. Una vez dije: "Te perdono, papá". Y fui libre. Las cadenas cayeron. ¡Deje de sentir lástima por usted mismo y supérelo! Lo mejor de su vida todavía está por venir. Sus hijos y su futura descendencia heredarán su libertad y no las maldiciones del dolor y el abuso. ¡Alabado sea Dios!

Capítulo seis

EL MAYOR DE LOS MILAGROS: NUESTRA SALVACIÓN

Cree en el Señor Jesucristo, y serás salvo, tú y tu casa.
—Hechos 16:31

INDEPENDIENTEMENTE DE LO que estemos enfrentando en este momento, Jesús es la respuesta. El Espíritu Santo es quien nos revela a Jesús. La salvación no es solamente una oración. No se trata de un sistema específico. *La salvación es una PERSONA*.

La salvación tiene un corazón compasivo y misericordioso. La salvación tiene ojos atentos, oídos que escuchan, deseos, emociones, y agujeros de clavos en sus manos y pies: es Jesús. No es solamente una oración, sino una persona.

En Jerusalén encontramos un cristiano devoto, llamado Simeón que, bajo el impulso del Espíritu Santo, entró en el templo, y cuando los padres presentaron al niño Jesús, lo tomó en sus brazos y alabó y agradeció a Dios, diciendo: "Porque han visto mis ojos tu salvación" (vea Lucas 2:25-30).

¿Qué tiene que ver la salvación con los milagros?

> Jehová desnudó su santo brazo ante los ojos de todas las naciones, y todos los confines de la tierra verán la salvación del Dios nuestro.
> —Isaías 52:10

Creo que muchas personas piensan que son salvas porque un día dijeron la oración del pecador, pero en realidad, nada ha cambiado para ellos. Siguen haciendo las mismas cosas, tienen los mismos deseos y tentaciones y lidian con los mismos demonios. Ellos realmente necesitan un milagro.

Los milagros son para cada hijo e hija del reino de Dios, pero hay un proceso que conduce a lo milagroso. Han de tener lugar una relación y una transformación: un volverse de los viejos caminos a la nueva persona en que nos convertimos en Cristo. El Padre Dios hará todas las cosas nuevas y significativas cuando aceptemos su amor y creamos en su Palabra.

Necesitamos conciencia y una verdadera comprensión de quién es realmente Jesús para ser capaces de experimentar lo que realmente significa estar en la presencia de Dios. Es esta conciencia la que nos introduce en el reino de lo imposible, donde las enfermedades, adicciones, grilletes, maldiciones, depresión, y relaciones matrimoniales y filiales rotas son sanadas y restauradas por la presencia y el poder del Espíritu Santo.

Dios tiene un propósito y un diseño único para cada uno de nosotros, pero no puede tener comunión con alguien que tiene una naturaleza pecaminosa. Debido a que la naturaleza del hombre es pecadora, debe tener lugar una muerte espiritual, en la cual la naturaleza de pecado muere y el hombre vuelve a nacer en Cristo.

El poder de la sangre de Jesús

> Porque esto es mi sangre del nuevo pacto, que por muchos es derramada para remisión de los pecados.
> —Mateo 26:28

Es solo mediante el poder del pacto de la sangre que la reconciliación (pago, acuerdo) y la restauración son posibles. El hombre recibe la nueva naturaleza de Dios cuando él toma la decisión de "ponerse el ropaje de la nueva naturaleza, creada a imagen de Dios" (Efesios 4:24, NVI). Cristo Jesús ya pagó el precio en la cruz del Calvario.

Sin la experiencia del nuevo nacimiento, la comunión con Dios no es posible. En nuestra propia capacidad, no podemos ser salvados ni perdonados. Solo a través del poder del Espíritu Santo ese cambio es posible. El primer paso es el arrepentimiento (Hechos 3:19-20).

Nuestro Cristo, el Mesías, está vivo hoy. Él quiere volver a cargar contra los efectos del calor y los ataques del enemigo. El refrigerio viene de la presencia del Señor.

El pecado siempre ha separado al hombre de Dios. El pacto de sangre ha dado al hombre una manera de salir de la condenación eterna y una invitación abierta a la vida eterna al aceptar a Cristo Jesús como Salvador. Este maravilloso pacto es la respuesta al sufrimiento del hombre y a todo tipo de abusos. La paga del pecado es muerte, pero la recompensa de la salvación es la vida eterna en el reino de Dios.

Los efectos del arrepentimiento

La decisión de arrepentirse y entrar en una relación de pacto con Dios es una decisión que cada uno de nosotros puede tomar como individuo. No podemos hacer los cambios que se requieren: eso es obra de Dios Espíritu Santo. Cuando elegimos vivir en Cristo, Él hace en nuestras vidas los cambios necesarios que no son capaces de hacer.

Cuando llegamos a estar equipados con el conocimiento y la verdad, somos capaces de caminar en fe y disfrutar de las bendiciones y las promesas ya designadas y predestinadas para nosotros. Inmediatamente, la verdad quita el miedo, la duda y la confusión, mientras que al mismo tiempo, el Espíritu de Dios nos capacita para vivir en libertad del reino de las tinieblas (Juan 8:31-32; 1 Pedro 2:9-10).

Nuestras nuevas ropas

Cuando aceptamos a Jesucristo como nuestro Señor y Salvador, somos bautizados en Cristo y recibimos un nuevo conjunto de ropa. "Y todos los que fueron unidos a Cristo en el bautismo se han puesto a Cristo como si se pusieran ropa nueva" (Gálatas 3:27, NTV, vea también 1 Corintios 15:53, Romanos 13:14, Apocalipsis 3:5).

Este vestido nuevo es el propio Jesucristo, que nos viste de sí mismo, cuando lo aceptamos como nuestro Señor y Salvador. Al entrar en las provisiones del pacto de sangre con Cristo, nuestro Padre celestial nos ve como lo ve a Jesús. Ahora contamos con su victoria, su riqueza y sus derechos. Nos convertimos en una nueva creación en Cristo, perdonados y sin nuestro pasado (2 Corintios 5:17).

En el libro de Colosenses también se nos recuerda nuestro alto estándar de vida y renovación en Cristo, una renovación en la cual no hay distinción de color o raza y en la que Cristo es el todo y en todos (Colosenses 3:10-12).

Cuando aceptamos la salvación, somos vestidos con un seguro de vida eterna. Nos convertimos en nuevos seres santos y en la posición correcta. Poseemos la naturaleza de Cristo, y estamos vestidos con su misericordia, bondad, humildad y todas sus maravillosas cualidades.

La salvación garantiza cosas nuevas

> Por lo tanto, el que está unido [injertado] a Cristo es una nueva persona. Las cosas viejas pasaron; se convirtieron en algo nuevo.
> —2 Corintios 5:17, DHH, aclaración entre corchetes añadida.

Llegar a estar *injertado* en Cristo significa, "convertirse en adjunto, estar unido, fijado, integrado, implantado, unidos longitudinalmente, casados, fusionados e insertados". Todos estos significados son muy importantes y de gran alcance. Denotan posesión, permanencia y propiedad.

Cuando una pareja se casa, hay muchos obstáculos que superar. Los cónyuges tienen que aprender a conocerse entre sí al escucharse, servirse, ser amables, compasivos y tenerse mucha paciencia. A los que son dóciles y permiten que Dios participe activamente en sus vidas, muchas maravillas les esperan.

El Padre Dios hace igual con nosotros. Él nos da un montón de espacio y lugar para conocer nuestros nuevos roles como hijos de Dios. Algunos aprenden rápido, y algunos tardan una eternidad en darse cuenta de que la plenitud y la abundancia están haciendo fila, esperando para unirse a nuestra nueva naturaleza. Mi esposo tiene un dicho: "Mi pastor no tiene problema en alimentar con biberón a un cristiano bebé, pero tiene problema cuando debe separar el bigote para insertar la botella".

El proceso de crecimiento

Nuestra vida sobrenatural no garantiza la transformación o el cambio instantáneos. No nos hacemos santos de la noche a la mañana. Sin embargo, debemos aceptar que Jesucristo ya ha pagado el precio por nosotros para disfrutar de nuestra salvación. Todo lo necesario para que podamos vivir una vida victoriosa y armoniosa ya ha sido provisto. Dios está esperando que tomemos posesión y nos apropiemos de todas las increíbles, transformadoras cosas nuevas que nuestra salvación nos provee.

El crecimiento, la maduración y el desarrollo de nuestros músculos espirituales llevará tiempo, paciencia y mucha práctica. Nuestro Padre sabe que este es un proceso de santificación, pero quiere que usted entienda que ahora tiene una nueva posición como miembro aceptado de la familia de Dios. Usted no es un extraño que mira hacia adentro. Ahora usted tiene acceso legal a todas las bendiciones de Dios. Usted también tiene la Palabra escrita de Dios para guiarlo e instruirlo en todos los aspectos de la vida y de las relaciones. Usted tiene el poder del Espíritu Santo residente en su espíritu para guiar sus pasos y enseñarle toda verdad.

Para que esta gran salvación llegue a ser su mayor alegría y posesión, usted debe cuidar y proteger su relación con el Espíritu Santo. Debe aplicarse cada día a la disciplina de conversar con el Padre Dios y a escuchar y aplicar sus sabios consejos de la Biblia. El alimento espiritual es necesario para sobrevivir a la embestida del enemigo. Sin una dosis diaria de alimento sobrenatural, el cristiano se vuelve anémico y sin fruto. Un árbol seco no es bueno para nadie. Usted no puede ser eficaz sin buscar activamente las cosas de Dios.

Regalos personales de Dios para usted

No importa en cuán mal estado estuviera en su vida de pecado, la salvación lo ha provisto con los dones de la vida eterna y una nueva identificación en Cristo Jesús.

> Porque por gracia sois salvos por medio de la fe; y esto no de vosotros, pues es don de Dios.
>
> —Efesios 2:8

Nuestro Padre Dios nos ha provisto de todas las cosas pertinentes a la vida y a la piedad. Hay tantas bendiciones alistadas en la Santa Biblia que se necesitarían muchos libros para definirlas. Los dones de vida eterna, sanidad, liberación de espíritus malignos y el don de la restauración de nuestras almas son solo algunos de los muchos dones milagrosos provistos por Dios para sus hijos (2 Pedro 1:2-7).

Muchas veces, la duda, el miedo, la ansiedad, el cansancio, las noticias, e incluso la familiaridad, nos pueden volver perezosos y distantes de Dios. Al permitirnos a nosotros mismos ir a la deriva y ser lanzados hacia todas partes por la adversidad, abrimos la puerta para que las *zorras pequeñas* se metan en nuestras vidas. Debemos tener una absoluta conciencia de quién es Dios y quiénes somos nosotros en Cristo Jesús. Sin esta certeza y conocimiento, tendemos a dar por sentada nuestra vida espiritual. Creo que esta es una de las mayores razones por las que tantos cristianos viven en derrota y se quejan de sus constantes debilidades. Ellos se vuelven totalmente inconscientes de los muchos dones y bendiciones que tienen a su disposición. Se sienten abrumados por el ruido y las clamorosas voces del mundo.

Dios Padre no solo nos ha proporcionado muchos dones y bendiciones, también nos resucitó con Él y nos hizo sentar juntos en la esfera celestial (Romanos 8:29-30; Efesios 2:6). Esta es una posición espiritual que tenemos en el reino espiritual. Somos seres espirituales así como Dios Padre, Jesús y el Espíritu Santo son Espíritu. Como creyentes debemos gobernar y reinar con Cristo en lugares celestiales. ¡Guau! Que una comprensión más profunda de esta verdad abra su corazón a desear y recibir todo lo que Dios tiene para usted en esta vida. Nuestras batallas deben ser libradas en el reino espiritual.

La salvación garantiza provisión para la sanidad

En la cruz del Calvario Jesús pagó la pena del pecado para que podamos ser salvos de la condenación eterna. El pacto de sangre que tuvo lugar cuando Jesús voluntariamente dio su vida como el sacrificio definitivo garantiza a todos los hijos de Dios la redención y el perdón de todos sus pecados e iniquidades.

La sanidad de todo dolor y enfermedad está disponible para todos los creyentes en el momento en que reciben la salvación. Jesús fue desfigurado, mutilado, azotado y golpeado brutalmente cuando colgaba en la cruz, llevando nuestros pecados e iniquidades. Su aspecto cambió tan drásticamente que se hizo irreconocible. Su cuerpo fue destrozado y torturado.

La raíz de todos los dolores y de la enfermedad es el pecado. Jesús tomó sobre sí todo dolor desesperante, inflamación, herida, agonía, desesperación, tortura, cicatriz, abuso, insulto, burla, vergüenza y deseo perverso de sus enemigos. Como resultado, Jesús fue desfigurado más que ningún otro ser humano.

> Así como muchos se asombraron de él [el Siervo de Dios],
> al ver su semblante, tan desfigurado que había perdido toda
> apariencia humana,
> —Isaías 52:14, DHH, aclaración entre
> corchetes añadida.

Jesús estuvo dispuesto a pagar el precio por nosotros. Como resultado, la sanidad es el pan de los hijos de Dios. Muchos están enfermos porque no saben o no entienden esta verdad. Al final de este capítulo habrá una oración para recibir sanidad. Mi esposo y yo vamos a ponernos de acuerdo con usted en esta oración. Cuando usted cree en su corazón y confiesa con su boca que *está sanado por las llagas de Jesús*, el Espíritu de Dios comienza a manifestar la sanidad en su cuerpo. Soy una prueba viviente de ello.

También hay una interesante instrucción en la siguiente escritura: "que nosotros podamos estar muertos al pecado y vivir para lo que es recto" (1 Pedro 2:24, NTV). No podemos pasar esto por alto, es demasiado importante y significativo para el Padre Dios. El pecado nos separa de la posición correcta. El pecado nos separa de las bendiciones y de nuestra sanidad. Si hay pecado conocido en su vida, usted puede rogar y orar todo lo que quiera, y su sanidad no se manifestará. Usted debe crucificar ese pecado confesándolo y apartándose de él.

> Él mismo cargó nuestros pecados sobre su cuerpo en la cruz,
> para que nosotros podamos estar muertos al pecado y vivir
> para lo que es recto. Por sus heridas, son sanados.
> —1 Pedro 2:24, NTV

El mayor de los milagros: nuestra salvación 103

¿Por qué confesar nuestros pecados?

> Si confesamos nuestros pecados, Dios, que es fiel y justo, nos los perdonará y nos limpiará de toda maldad.
> —1 Juan 1:9, nvi

Como puede ver en este versículo, cuando admitimos y confesamos nuestros pecados, el perdón y la limpieza tendrán lugar en nuestras vidas. Si la gente entendiera cómo cambiarían sus vidas como consecuencia del perdón y la purificación del pecado, estarían haciendo cola esperando ansiosamente confesar sus pecados.

Perdonar significa dar indulto, misericordia y compasión. La limpieza significa purificación, lavado, depuración, descontaminación y refinación. No es suficiente que un pecador sea perdonado. Mediante la limpieza, no solo son perdonados todos los pecados, la contaminación y los hábitos sucios, sino que también la persona es restaurada en su espíritu, alma y cuerpo. Este es un *milagro* de restauración que solo Dios puede producir efectivamente en el hombre.

¿Qué es la santificación?

Santificación es limpieza. La limpieza es un proceso que desintoxica a una persona de sus pecados e iniquidades. Cuanta mayor limpieza recibimos mediante la aplicación de la Palabra de Dios, más fluirán en nuestras vidas las bendiciones de Dios. La santificación es también un proceso de embellecimiento. La persona se vuelve renovada, él o ella se comprometen y dedican su vida a servir a Dios en Espíritu y en verdad. La limpieza también revela todo el tesoro escondido en nosotros. Usted advertirá el deseo de superarse y utilizar sus talentos y habilidades para complacer a Dios y a otros.

Su cuerpo fue creado con un complejo y maravilloso sistema de limpieza que purifica su sangre. En el ámbito espiritual la sangre de Jesucristo lo limpia de todos los pecados, iniquidades, dolencias, enfermedades y pestilencias.

¿Cómo recibimos limpieza?

Recibimos limpieza leyendo la Palabra de Dios y aplicando los principios a nuestras vidas. Por ejemplo, la Biblia dice en el Salmo 34:13: "Guarda tu lengua del mal y tus labios de hablar engaño". Nosotros aplicamos este consejo aprendiendo y practicando hablar la verdad y palabras de aliento, en vez de palabras malas y negativas. El Espíritu Santo es nuestro ayudador y nuestro maestro, y Él es también el que nos ayuda a entender la Biblia.

Nuestra posición en Cristo

Nuestra salvación y posición en Cristo es segura e irrefutable, porque Dios no puede mentir. Nuestra relación con Cristo está sellada. Él nos soltó y liberó de nuestros pecados con su propia sangre. Él es nuestro refugio, nuestra fortaleza y nuestra protección (Apocalipsis 1:5; Salmos 91).

Nuestra salvación nos da entrada a todos los beneficios y riqueza del Rey de reyes y Señor de señores. Nos convertimos en una estirpe real del reino del Dios todopoderoso. ¡Alabado sea Dios! (Vea Apocalipsis 1:6.)

En el momento en que aceptamos a Jesucristo como nuestro Señor y Salvador, estamos aceptando su vida a cambio de nuestra vida. Ahora estamos en Cristo, y todo lo que le pertenece a Él nos pertenece también a nosotros. Este intercambio espiritual nos garantiza todos los beneficios de la vida resucitada de Cristo. Cuando nos consideramos muertos al pecado, nos volvemos vivos para Dios en Cristo Jesús. La salvación es el comienzo de una comunión perfecta con Cristo Jesús (Romanos 6:11).

Como Marilyn Hickey dice en una de sus enseñanzas:

> Los cristianos con una pobre imagen de sí mismos no conocen su posición en Cristo. Nuestra posición es de victoria. Efesios es el libro de "sentarse, andar y estar firmes".

El mayor de los milagros: nuestra salvación 105

Por medio de Cristo nos sentamos en los lugares celestiales, andamos en victoria y estamos firmes como conquistadores.[1]

Una de las cosas que yo practico en mi vida cristiana diaria es anunciar y declarar lo que soy en Cristo Jesús. Hay algo único e inspirador cuando se escucha a sí mismo declarar una verdad, especialmente acerca de usted mismo. Declaro mi "posición en Cristo" cuando estoy tomando una ducha, conduciendo, meditando, e incluso cuando estoy viendo una película, las noticias, o escuchando música. De alguna manera eso se interpone en mi mente, y me encuentro consciente e inconscientemente prestando atención a algo específico acerca de mi posición en Cristo. Se ha convertido en un hábito tal que la escritura: "Todo lo puedo en Cristo que me fortalece", es la primera cosa que sale de mi boca cada mañana. *¡Haga de esto un hábito y el hábito se convertirá en su identidad!*

Mi identidad y posición en Cristo

- Yo soy un hijo de Dios y soy uno con Cristo (Juan 1:12).
- Soy un vencedor de lo que está en este mundo (1 Juan 4:4).
- La Palabra es medicina y salud para todo mi cuerpo (Proverbios 4:20-22).
- Soy nacido de Dios y el maligno no puede tocarme (1 Juan 5:18)
- Yo soy la sal de la tierra (Mateo 5:13).
- Yo soy la luz del mundo (Mateo 5:14).
- Yo soy una nueva creación (2 Corintios 5:17).
- Estoy unido a Cristo, y soy un espíritu con él (1 Corintios 6:17).
- Soy participante del llamamiento celestial (Hebreos 3:1).
- Puedo hacer todas las cosas en Cristo que me da la fuerza (Filipenses 4:13).

- Soy escogido por Dios para producir fruto (Juan 15:16).
- Soy heredero de Dios y coheredero con Cristo Jesús (Romanos 8:17).
- Soy enemigo del diablo (1 Pedro 5:8).
- Estoy crucificado con Cristo, y el pecado no tiene dominio sobre mí (Romanos 6:1-6).
- Tengo la mente de Cristo (1 Corintios 2.16).
- Estoy curado por las llagas de Jesús (1 Pedro 2.24).
- Soy próspero como prospera mi alma, y gozo de buena salud (3 Juan 2).
- Ninguna arma forjada contra mí prosperará (Isaías 54:17).
- Soy ciudadano de los cielos (Efesios 2:6).
- Soy miembro del cuerpo de Cristo (1 Corintios 12:27).
- Soy el templo de Dios, y el Espíritu Santo habita en mí (1 Corintios 3:16; 6:19).
- Mi vida está escondida en Cristo (Colosenses 3:3).
- Estoy justificado por fe, y tengo paz con Dios (Romanos 5:1).
- La ley del Espíritu de vida en Cristo me ha librado de la ley del pecado y de la muerte (Romanos 8:2).
- Estoy redimido y perdonado por la sangre de Jesús (Efesios 1:6-8).
- Yo no tengo espíritu de cobardía, sino de poder de Dios, de su amor y de dominio propio (2 Timoteo 1:7).
- Estoy completo en Cristo (Colosenses 2:10).
- He sido bendecido con toda bendición espiritual (Efesios 1:3).
- Soy libre para siempre de la condenación (Romanos 8:1).
- Estoy afirmado, ungido y sellado en Cristo (2 Corintios 1:21-22).

- Tengo acceso a mi Padre celestial, por medio de Cristo Jesús (Efesios 2:18).
- Tengo acceso al Padre por la fe en Él (Efesios 3:12).
- Tengo perdón de los pecados mediante la sangre de Cristo (Colosenses 1:14).
- Todas mis necesidades se suplen de acuerdo a sus riquezas en gloria (Filipenses 4:19).[2]

Nuestra identidad

Nuestra posición espiritual e identidad como coherederos con Cristo Jesús son reales y auténticas. Tenemos una posición espiritual sobrenatural, milagrosa, y una identidad que nos califica para disfrutar de todos los beneficios del reino de Dios en la tierra, así como el reino de Dios en el cielo. Nuestra marca de autenticidad es el Espíritu Santo. Fuimos sellados y marcados como posesión de Dios. Cuando recibimos la salvación recibimos una circuncisión espiritual del corazón por el Espíritu Santo, que pone su sello sobre nosotros como una garantía. (Vea Efesios 1:13-14; 4:30; Romanos 2:28-29; 2 Corintios 1:21-22; Romanos 8:16.)

Asegúrese de leer todo este capítulo un par de veces. Nuestra identidad en Cristo es poderosa y eficaz cuando tenemos conocimiento y comprensión de todos sus beneficios y otras condiciones. Los milagros llegarán a ser cosa de todos los días cuando nosotros llegamos a pertenecer por completo al reino de Dios. La mayoría de las veces usted ni siquiera se dará cuenta de que muchos de milagros de protección e intervención divina en accidentes, estafas y flechas enviadas por el enemigo, ya que son sobrenaturales. Los ejércitos de ángeles guerreros de Dios están trabajando constantemente a nuestro favor, en lo invisible y lo visible, ordenando nuestros pasos, cerrando bocas de leones, y asegurándose de que ninguno de nuestros huesos se quiebre (vea Salmos 91:5; 34:20). ¡Alabado sea Dios!

La importancia de leer la Palabra de Dios

> Procura con diligencia presentarte a Dios aprobado, *como* obrero que no tiene de qué avergonzarse, que maneja con precisión la palabra de verdad.
> —2 Timoteo 2:15, LBLA

Para entender y aceptar la Palabra escrita de Dios, es absolutamente necesario estudiar y leer la Biblia de forma coherente y sistemática. Si realmente queremos comprender nuestra nueva relación de alianza con Cristo Jesús, debemos hacer todo lo posible para leer y estudiar la Biblia. Debemos leer la Palabra no solo para conocer nuestros beneficios y aprender todo sobre las promesas de Dios para nosotros, sino también porque produce limpieza cada vez que lo hacemos. La Palabra es el agua viva que purifica nuestra alma, nuestros pensamientos y nuestros hábitos. "Para hacerla santa. Él la purificó, lavándola con agua mediante la palabra" (Efesios 5:26, NVI).

- Leer la Biblia produce sabiduría de Dios que transforma la vida. Dios es la Palabra. Dios es todo sabiduría, conocimiento y entendimiento. "Cristo, en quien están escondidos todos los tesoros de la sabiduría y del conocimiento." (Colosenses 2:2b, 3).
- Leer la Biblia hace que nuestra fe se desarrolle y ejercite (Romanos 10:14-17).
- Leer la Biblia revela la imagen del Señor en nosotros. Cuanto más la leemos, más de su imagen reflejamos (2 Corintios 3:15-18).
- Leer la Biblia nos revela nuestros derechos, responsabilidades y los beneficios del pacto de sangre. Nuestra relación con el Señor se hace más fuerte y más íntima.

Cuanto más leemos la Biblia, nos convertimos en mejores testigos, y adquirimos más discernimiento para derrotar a las fortalezas del

El mayor de los milagros: nuestra salvación 109

enemigo. La Palabra de Dios es descrita como agua viva (Juan 4:10). Limpia y purifica cuando se aplica a nuestro espíritu, alma y cuerpo. Nos convertimos en agentes de cambio y transformación en las vidas de otros, así como en la nuestra.

A medida que aprendemos a leer y entender la Palabra de Dios, más fuerte y más audaz se va haciendo el espíritu del hombre. "Ninguna arma forjada contra ti prosperará" (Isaías 54:17).

Nos convertimos en templo del Espíritu Santo

Una vez que somos salvos, nos convertimos en el *templo del Espíritu Santo*. El Espíritu Santo de Dios ahora reside dentro de nosotros (1 Corintios 6:19-20). Esta es una asombrosa verdad y responsabilidad. Todo lo que hacemos, pensamos y decimos afecta nuestra relación. Ya nunca más somos nuestros. Tenemos que aprender a dar gloria a Dios en nuestro cuerpo. Este es el pacto de Dios con nosotros. Un pacto es un acuerdo legalmente vinculante, un contrato, una promesa mutua, y un compromiso.

El Padre Dios quiere que nuestro entendimiento y nuestro corazón se llenen de luz para que podamos comprender la esperanza a la que fuimos llamados y nuestra herencia gloriosa en Cristo. No hay límite a su poder en nosotros. Su grandeza es inconmensurable e indescriptible (Efesios 1:18-19).

Mi intención era escribir unos pocos párrafos sobre el milagro de la salvación en este capítulo. Pero a medida que profundizaba en el tema, me di cuenta de que no todos los cristianos son conscientes del precioso don del Espíritu Santo, ni de las implicaciones de que un poder tan grande y temible esté en nosotros. Como dije al principio, la salvación es una *Persona*, no solo una oración de compromiso. Cristo se ha intercambiado por nosotros en esta relación de pacto al convertirse en el sacrificio y el don. Nuestra oración invita a la persona de Jesús y a la persona del Espíritu Santo a nuestro corazón. Y claro, ¡eso es formidable!

En el momento en que nos convertimos en hijos e hijas, Dios envía a nuestros corazones su Espíritu Santo, clamando: ¡Abba Padre! Este es un evento sobrenatural, milagroso. (Vea Gálatas 4:6, 1 Juan 3:24, 4:13; 5:6.)

Nuestra obligación

No es raro que muchos cristianos no sean conscientes de que sus éxitos y las puertas de bendición que se les abren son el resultado de su relación de pacto y de estar firmes ante Dios. Muchos consideran que es su propio intelecto, trabajo duro y disciplina personal. Tenemos que alinear nuestro pensamiento con la verdad y creer que Dios dirige los pasos de sus hijos *obedientes* (Salmos 37:23, Proverbios 16:9).

Es nuestra obligación y deber mantenernos todos los días en contacto con el Espíritu Santo y alimentarnos de la Palabra de Dios. No hay otra fuente que pueda compararse con la sabiduría y el poder de sus páginas. Si la Biblia fuera el único libro disponible para leer en todo el mundo, probablemente estaríamos viviendo en un mundo dominado por el amor de Dios, la abundancia y la paz.

> Cada palabra que Dios pronuncia tiene poder y tiene vida. La Palabra de Dios es más cortante que una espada de dos filos, y penetra hasta lo más profundo de nuestro ser. Allí examina nuestros pensamientos y deseos, y deja en claro si son buenos o malos.
>
> —Hebreos 4:12, TLA

Aprendí de memoria esta escritura años atrás, cuando escuché el testimonio de un amigo pastor que vino de visita a nuestro hogar. Él describió cómo le había sido diagnosticado un cáncer en sus pulmones, y su médico le dijo que sería una operación muy delicada y costosa, sin garantía de que se pudiera detener la enfermedad. Cuando compartía su experiencia, su voz se hizo más fuerte y la

El mayor de los milagros: nuestra salvación 111

emoción fue muy evidente en su rostro. Confesó que no tenía seguro médico ni manera de obtener la gran suma de dinero necesaria.

En su noche, de rodillas, desde el fondo de su corazón clamó a Dios por misericordia. Tres días más tarde, después de pasar muchas horas en su oficina privada, abrió la Biblia en Hebreos 4:12. Este versículo se hizo *vivo y lleno de poder* para él. Se tendió en el suelo, tomó su Biblia y la colocó sobre su pecho, declarando: *"Padre Dios, la Biblia declara que tu Palabra es viva y llena de poder y que es más cortante que una espada de dos filos, que penetra en la línea divisoria de mi alma y espíritu, y entre mis coyunturas y mis tuétanos, y examina los pensamientos y propósitos de mi corazón. Ahora me entrego a ti y creo que tu Palabra está entrando entre mis coyunturas y mis tuétanos y sanando mis pulmones, erradicando el cáncer y efectuando un milagro en mi cuerpo, ahora mismo, en el nombre de Jesús, ¡Amén!"*.

Nada sucedió inmediatamente. Se quedó dormido en el suelo, y cuando despertó estaba respirando con normalidad y sin dificultad. Rápidamente se examinó a sí mismo, saltó hacia arriba y abajo, y no sintió el dolor o falta de aliento de costumbre. Corrió sin esfuerzo escaleras arriba y abajo ¡y se dio cuenta que había sido sanado! Inmediatamente se contactó con su médico que, con incredulidad total, lo diagnosticó libre de cáncer. Yo realmente desearía poder documentar este milagro con el informe de un médico y un documento firmado de este hermano. Pero esto ocurrió hace mucho, en mis años de adolescencia, y no tengo ni idea de donde estará hoy este pastor. Él era un amigo de la familia y un hombre muy honorable. Solo su familia y amigos cercanos sabían que tenía cáncer. Todo lo que puedo decir es que eso dejó una impresión duradera en mi mente y espíritu. De inmediato memoricé esta escritura, y hasta el día de hoy, pongo mi Biblia sobre mi pecho y declaro que estoy curada. He visto el poder de Dios liberarme de muchos ataques del enemigo sobre mi vida.

¡Su obligación y la responsabilidad como hijo de Dios es confiar en Dios, creer en su Palabra, y tener fe en que lo que Él promete, lo hará! Debemos aprender a tener absoluta confianza y creer en su poder, sabiduría y bondad. Es solo por medio de su Espíritu que tenemos acceso a todos los beneficios del pacto de sangre (Hebreos 10:15-19).

El poder de Satanás se anula cuando enfrenta a un obediente hijo de Dios. Satanás reconoce el sello del Espíritu Santo sobre una persona. La parte triste de todo esto es que muchos maravillosos cristianos no entienden todas estas verdades. Cuando Satanás viene a disparar un dardo de fuego de duda e incredulidad, un cristiano desinformado puede ser fácilmente derrotado por el enemigo.

La Biblia dice: "Mi pueblo fue destruido porque le faltó conocimiento" (Oseas 4:6). Note que dice "mi pueblo": el pueblo de Dios que acepta ser salvo y confiar en Dios con todo su corazón. Usted tiene la obligación y el deber de alcanzar conocimiento y comprensión de una salvación tan grande y de su relación de pacto. Porque Dios lo amó y apreció a usted tanto que dio a su Hijo Jesús como sacrificio para redimir sus pecados (Efesios 3:15-21; Filipenses 4:13, Juan 3:16).

El poder del Espíritu Santo en nosotros

> Pero cuando venga el Espíritu Santo sobre ustedes, recibirán poder y serán mis testigos tanto en Jerusalén como en toda Judea y Samaria, y hasta los confines de la tierra.
> —Hechos 1:8, nvi

Preste mucha atención a este versículo, porque revela una verdad tremendamente poderosa. Se nos promete que el poder del Espíritu Santo morará en nosotros para ser testigos de Dios en la tierra y tener autoridad sobre toda fuerza del enemigo.

¿Cuál es el poder del Espíritu Santo?

Es el mismo *poder* que moró en Jesucristo como hombre en la tierra. El mismo poder que sanó a los enfermos y operó milagros, echó fuera demonios, y liberó a los cautivos. El mismo poder que resucitó a Cristo Jesús de entre los muertos. Es el mismo poder que convirtió el agua en vino y multiplicó el almuerzo de un niño para alimentar a miles de personas. ¡Alabado sea Dios!

Una de las grandes funciones del Espíritu Santo es enseñarnos todas las cosas pertinentes al reino de Dios y el propósito de nuestra existencia. Él dirige una parte importante de nuestras vidas cuando guardamos los mandamientos de Dios. A través del bautismo del Espíritu Santo Dios nos da el poder para hacer su voluntad y vivir una vida victoriosa.

El bautismo en el Espíritu Santo es el *poder* (*dúnamis*) del cristiano. Es la dinamita que enciende el alma con valentía para guerrear en el reino espiritual.

Las lenguas que se describen en el día de Pentecostés son un lenguaje que el Espíritu Santo entiende. Cuando oramos en el Espíritu, tenemos acceso a Dios en un lenguaje celestial. Satanás no entiende este lenguaje. Nosotros no entendemos este idioma, pero el Espíritu Santo sí. Es el Espíritu de Dios quien ora por nosotros cuando más lo necesitamos. Hay momentos en los que oro y realmente no sé cuál será el resultado de la situación por la que estamos orando. Pero el Espíritu Santo es sabio, y como nuestro ayudador e intercesor, ora a través de nosotros en un lenguaje celestial. Eso es muy reconfortante y tranquilizador. Hay una paz que tomará nuestra mente y nuestro espíritu.

Me encanta la forma en que lo describe la Carta de en el versículo 20:

> Ustedes, en cambio, queridos hermanos, manténganse en el amor de Dios, edificándose sobre la base de su santísima fe

y orando en el Espíritu Santo, mientras esperan que nuestro
Señor Jesucristo, en su misericordia, les conceda vida eterna.

—NVI

Fui bautizada en el Espíritu Santo siendo adolescente y nunca he dejado de orar en el Espíritu. Se ha convertido en un hábito que valoro, protejo y practico, sobre todo cuando necesito ayuda en una situación que está más allá de mi control. Hay una sensación de paz cuando la situación es entregada al Espíritu Santo. Mis preciosas madre y abuela oraban en el Espíritu constantemente. Vieron muchas fortalezas y planes malignos del enemigo ser destruidos ante sus ojos.

Existen muchos atributos del Espíritu Santo. Nuestro conocimiento de ellos nos ayudará a comprender el tremendo rol del Espíritu Santo en nuestras vidas. Usted puede estar seguro de que Él siempre está esperando para ayudarnos. Algunos de los atributos del Espíritu Santo se enumeran aquí:

> Maestro (Lucas 12:12, 1 Juan 2:27)
> Auxiliador (Juan 15:26)[a]
> Guía (Juan 16:13)
> Consolador (Juan 14:26; 15:26)
> Consejero (Juan 14:26; 15:26)[a]
> Intercesor (Juan 14:26; 15:26)[a]
> Abogado (Juan 14:26; 15:26)[a]
> Fortalecedor (Juan 14:26; 15:26)[a]
> Relevo (de Cristo) (Juan 14:26; 15:26)

No debemos descuidar el gran don de Dios del Espíritu Santo para nosotros. Dios está envuelto en cada aspecto de nuestras vidas. Si descuidamos alimentar y proteger esta relación sagrada, el enemigo tomará ventaja de nosotros. En lugar de vivir en absoluta libertad y abundancia, vamos a terminar viviendo en constante falta

El mayor de los milagros: nuestra salvación

El pacto eterno de Dios

El pacto de Dios con nosotros es eterno y absoluto y no puede ser violado (Salmos 89:34). Depende de nosotros entrar en este pacto o rechazarlo. Es solo a través del eterno pacto de sangre como tenemos acceso al trono de Dios. El perdón, la sanidad, la paz, la provisión, el refugio, la sabiduría, el conocimiento, la comprensión, el discernimiento y la vida eterna, son solamente algunos de sus beneficios.

Cuando una persona realmente entiende el significado de nuestra gloriosa y magnífica herencia en Cristo, esa persona nunca dejará de servir y amar al verdadero Dios viviente.

Los demonios no huyen porque gritemos en voz alta el nombre de Jesús. No tiemblan porque movamos los brazos, gritemos o hablemos en lenguas. No es nuestra emoción lo que hace que los demonios huyan, *sino nuestra relación con Jesucristo*.

> Pero respondiendo el espíritu malo, dijo: A Jesús conozco, y sé quién es Pablo; pero vosotros, ¿quiénes sois?
> —Hechos 19:15

Desde el inicio de nuestra relación de alianza, Dios estableció esta promesa: "No importa lo que el enemigo trata de infligirte, yo te protegeré, y seré tu fuerza y tu refugio. Mi mano derecha te librará y te llevará por encima de tus enemigos".

Una y otra vez leemos en la Biblia las promesas de que Dios nos protegerá de todo mal y nos animan a usar nuestra autoridad en el nombre de Jesús.

> Jehová es mi fortaleza y mi escudo;
> En él confió mi corazón, y fui ayudado,

Por lo que se gozó mi corazón,
Y con mi cántico le alabaré.
Jehová es la fortaleza de su pueblo,
Y el refugio salvador de su ungido.
Salva a tu pueblo, y bendice a tu heredad;
Y pastoréales y susténtales para siempre.

—Salmo 28:7-9.

El mayor de los milagros: nuestra salvación 117

Oraciones y declaraciones

El apóstol Pedro dijo:

> Así que, arrepentíos y convertíos, para que sean borrados vuestros pecados; para que vengan de la presencia del Señor tiempos de refrigerio, y él envíe a Jesucristo, que os fue antes anunciado.
>
> —Hechos 3:19-20

Oración de rededicación

Padre celestial, hoy estoy haciendo una sincera decisión de volver a dedicar mi vida a ti. Te entrego mi corazón, todo mi ser y todo lo que soy. Me acerco sinceramente a ti y te doy gracias por haberme aceptado y por ayudarme a recuperar lo que el enemigo me ha robado. Por favor, perdona todos mis pecados e iniquidades. Padre, ahora elijo perdonar a todos los que han pecado contra mí. Recibo tu amor y tu misericordia. Gracias por guiar mis pasos y concederme un nuevo comienzo. Ayúdame a cambiar las cosas que puedo cambiar y a permitirte que transformes lo que no puedo cambiar. Rindo mi vida a ti. Te amo, mi Señor y Salvador. En el nombre de Jesús, amén.

Oración para recibir a Jesucristo como Señor y Salvador

La Biblia dice que si usted confiesa con su boca que "Jesús es el Señor", y cree en su corazón que Dios le levantó de los muertos, será salvo. Porque con el corazón cree para ser justificado, pero es con la boca que confiesa para ser salvo (Romanos 10:9-10).

Para recibir a Jesucristo como Señor y Salvador de su vida, diga de todo corazón esta Oración para Salvación:

Señor Jesús, quiero conocerte personalmente. Gracias por morir por mí en la cruz para redimir mis pecados. Abro la puerta de mi vida y mi corazón y te recibo como mi Señor y Salvador.

Gracias por perdonar todos mis pecados y darme vida eterna. Por favor, toma el control de mi vida y ayúdame a superarme. En el nombre de Jesús, amén.

Oración para ser lleno del Espíritu Santo

Kenneth Copeland lo explica de esta manera:

> Usted recibe el bautismo en el Espíritu Santo por fe. Jesús dijo en Lucas 11:13: "Pues si vosotros, siendo malos, sabéis dar buenas dádivas a vuestros hijos, ¿cuánto más vuestro Padre celestial dará el Espíritu Santo a los que se lo pidan?" Cuando lo pide con fe, el Espíritu Santo viene a morar en usted. Y cuando usted está lleno del Espíritu Santo, como en el libro de los Hechos, habla en lenguas...
>
> El Espíritu Santo fue enviado para ser nuestro Ayudador. Así que cuando usted ora en lenguas, lo que realmente sucede es que el Espíritu Santo busca en su corazón y ora a través de usted la perfecta voluntad de Dios (Romanos 8:26-27). Usted en realidad dice verdades secretas y cosas ocultas que no son evidentes a la comprensión de su mente (1 Corintios 14:2).[3]

Si usted realmente desea recibir el Espíritu Santo como su ayudador en su vida, diga esta oración y créala sinceramente en su corazón:

> "Padre celestial, soy un creyente. Soy tu hijo y tú eres mi Padre. Jesús es mi Señor. Creo con todo mi corazón que tu Palabra es verdad. Tu Palabra dice que si lo pido, voy a recibir el Espíritu Santo. Así, en el nombre de Jesucristo, mi Señor, yo te pido que me llenes a rebosar con tu precioso Espíritu Santo. Jesús, bautízame en el Espíritu Santo.
>
> "Por tu Palabra, yo creo que lo recibo ahora y te doy gracias por ello. Creo que el Espíritu Santo está dentro de mí y, por fe, lo acepto. Ahora, Espíritu Santo, levántate dentro de

mí mientras alabo a Dios. Estoy totalmente expectante de hablar en otras lenguas, como tú me des."

Ahora comience a dar sonido a las expresiones de su corazón. Hable y escuche al Espíritu Santo que habla en usted. ¡Alégrese! Acaba de ser bautizado en el Espíritu Santo! Usted ha sido investido de poder, ¡aleluya![4]

Oración de compromiso

> *Señor, me entrego a ti. Por favor, acepta todas las facetas de mi vida, y úsame para tu honor y tu gloria. Quiero conocerte más íntimamente, amarte y obedecer tu Palabra. Estoy dispuesto a hacer tu voluntad y a dar la espalda a todas las cosas que me roban tiempo de calidad contigo. Hoy ratifico mi amor por ti, mi Dios. Gracias por la sabiduría, el conocimiento y el entendimiento. Hoy me comprometo a servirte con todo mi corazón. En el nombre de Jesús, amén.*

UNA ÚLTIMA ORACIÓN

Padre, apenas me atrevo a orar,
Tan claro veo, ahora ya está hecho,
Que he desperdiciado la mitad de mi día,
Y dejé mi trabajo apenas empezado.
Tan claro veo que cosas que pensé
Ser correctas o inofensivas, eran pecado;
Tan claro veo que he buscado,
Inconscientemente, metas egoístas para ganar.
Tan claro veo que he herido
Las almas que podría haber ayudado a salvar,
Que he sido negligente, inerte,
Sorda a los llamados que tus líderes hicieron.
En las afueras de tu vasto reino,
Padre, dame el más humilde lugar;
Dame la tarea más humilde que tengas;

¡Permítanme, arrepentida, trabajar para ti!⁵
—Helen Hunt Jackson

<u>Nota a la traducción</u>:

a. La palabra que en castellano suele traducirse Consolador (Juan 14:26; 15:26), en el original griego parákletos (Strong G3875), significa *intercesor, consolador, abogado*. Tuggy consigna: *intercesor, auxiliador, consolador*.

NOTAS

Capítulo 1:
El milagro de la transformación del alma

1. Jacqueline Hurtado, "Superintendent: All of L.A. School's Teachers to Be Replaced," *CNN Justice*, 6 de febrero de 2012, http://tinyurl.com/brlnjmj (consulta en línea el 5 de junio 2012).

2. "Authorities: Powell Planned Deadly Fire for Some Time," seattlepi.com, February 6, 2012, http://www.seattlepi.com/local/article/Blast-kills-husband-of-missing-Utah-woman-2-boys-3052040.php (consulta en línea el 5 de junio 2012).

3. Jennifer LeClaire, "Prophetic Word for 2012: Revival Begins With You," Charismamag.com, 29 de diciembre de 2011, http://www.charismamag.com/index.php/blogs/the-plumb-line-by-jennifer-leclaire/32358-prophetic-word-for-2012-revival-begins-with-you (consulta en línea el 5 de junio 2012).

4. F. F. Bosworth, *Christ the Healer* (Cristo el sanador) (Grand Rapids, MI: Baker Publishing Group, 2008), 189.

Capítulo 2:
El milagro de la liberación del mal

1. "Santa Muerte", las estadísticas citadas en Wikipedia provienen de Araujo Peña, Sandra Alejandra, Barbosa Ramírez Marisela, y otros: "El culto a la Santa Muerte: un estudio descriptivo" (en español), *Revista Psicología* (Ciudad de México: Universidad de Londres), http://www.udlondres.com/revista_psicologia/articulos/stamuerte.htm (consulta en línea el 6 de junio 2012).

2. J. Lee Grady, "Whitney Houston and the Silent Shame of Addiction" (Whitney Houston y la callada vergüenza de la adicción), Fire in My Bones, 15 de febrero de 2012, Charismamag.com, http://charismamag.com/index.php/fire-in-my-bones/32479-whitney-houston-and-the-silent-shame-of-addiction (consulta en línea el 6 de junio 2012).

3. Bill Johnson: "You've Got the Power!", (¡Usted tiene el poder), revista *Charisma*, marzo 2012, http://www.charismamag.com/index.php/component/content/article/1622-features/32505-youve-got-the-power (consulta en línea el 6 de junio 2012).

4. "Alyssa Bustamante Verdict: 'Thrill Killer' Gets Life With Possible Parole For Killing 9-Year-Old Elizabeth Olten," *Huff Post Crimen*, 2 de agosto de 2012, http://www.huffingtonpost.com/2012/02/08/alyssa bustamante-verdict_n_1262411.html.

Capítulo 3
Acciones que producen milagros y sanidades

1. Open Thesaurus-es http://openthes-es.berlios.de/synset.php?search=1&word=milagro.

2. Daniel P. Sulmasy: "What Is a Miracle?" (¿Qué es un milagro?), Southern Medical Journal, vol. 100, núm. 12, diciembre de 2007.

3. Esta sección está adaptada de mi testimonio en *Satan, You Can't Have My Marriage* (Lake Mary, FL: Charisma House, 2010), 77–78. (Hay versión castellana: *Satanás, ¡mi matrimonio no es tuyo!*, Ed. Casa Creación, 2011.)

4. Joan Hunter, *Healing for the Whole Man Handbook* (Manual de Sanidad integral para el hombre) (Springdale, Pensilvania: Whitaker House, 2006), 74-75.

Capítulo 6:
El mayor de los milagros: nuestra salvación

1. Marilyn Hickey, "Ephesians: Taking Your Position of Victory," (Efesios: Tomando su posición de victoria), bosquejo de Marilyn Hickey Ministries, 1991.

2. Adaptado de Iris Delgado, *Satan, You Can't Have My Children* (Lake Mary, FL: Charisma House, 2011), 131-134. (Hay versión castellana: *Satanás, ¡mis hijos no son tuyos!*, Edición revisada, Ed. Vida, 2011.)

3. Kenneth Copeland: "How to Receive the Baptism in the Holy Spirit," (¿Cómo recibir el bautismo en el Espíritu Santo?), *Kenneth Copeland Ministries*, http://www.kcm.org/real-help/article/

how-receive-baptism-holy-spirit (consulta en línea el 08 de junio 2012).
4. Ibíd.
5. El último poema de Helen Hunt Jackson citado en *Taking Hold of God* (Apropiándose de Dios), de Samuel M. Zwemer, (Grand Rapids, MI: Zondervan Publishing House, 1936).

DATOS DE CONTACTO

Iris Delgado y su esposo, John Delgado, son oradores y profesores que se especializan en la familia, el matrimonio, la paternidad y el liderazgo en conferencias y seminarios. Puede escribirles por correo electrónico o visitar sus sitios web para más información.

Correo electrónico:
info@crownedwithpurpose.com

Sitios Web
www.crownedwithpurpose.com
www.viu.cc

Libro 2

Satanás, ¡mis promesas no son tuyas!

Iris Delgado

La mayoría de los productos de Casa Creación están disponibles a un precio con descuento en cantidades de mayoreo para promociones de ventas, ofertas especiales, levantar fondos y atender necesidades educativas. Para más información, escriba a Casa Creación, 600 Rinehart Road, Lake Mary, Florida, 32746; o llame al teléfono (407) 333-7117 en Estados Unidos.

Satanás, ¡mis promesas no son tuyas! por Iris Delgado
Publicado por Casa Creación
Una compañía de Charisma Media
600 Rinehart Road
Lake Mary, Florida 32746
www.casacreacion.com

No se autoriza la reproducción de este libro ni de partes del mismo en forma alguna, ni tampoco que sea archivado en un sistema o transmitido de manera alguna ni por ningún medio—electrónico, mecánico, fotocopia, grabación u otro—sin permiso previo escrito de la casa editora, con excepción de lo previsto por las leyes de derechos de autor en los Estados Unidos de América.

A menos que se exprese lo contrario, todas las citas de la Escritura están tomadas de la Santa Biblia Reina Valera Revisión 1960 © Sociedades Bíblicas Unidas, 1960. Usada con permiso.

Las citas de la Escritura marcadas (NVI) corresponden a la Santa Biblia, Nueva Versión Internacional © Sociedad Bíblica Internacional, 1999. Usada con permiso.

Las citas de la Escritura marcadas (NTV) corresponden a la Santa Biblia, Nueva Traducción Viviente, © Tyndale House Foundation, 2010. Usada con permiso de Tyndale House Publishers, Inc., 351 Executive Dr., Carol Stream, IL 60188, Estados Unidos de América. Todos los derechos reservados.

Las citas de la Escritura marcadas (LBLA) corresponden a La Biblia de las Américas, Edición de Texto, © The Lockman Foundation, 1997. Usada con permiso.

Las citas de la Escritura marcadas (DHH) corresponden a la Biblia Dios Habla Hoy, 2ª edición © Sociedades Bíblicas Unidas, 1983.

Las citas de la Escritura marcadas (TLA) corresponden a la Biblia Traducción en Lenguaje Actual, © Sociedades Bíblicas Unidas, 2002. Usada con permiso.

Traducido por: María Mercedes Pérez y María Bettina López.
Revisión de la traducción y edición: María del C. Fabbri Rojas
Director de diseño: Bill Johnson

Originally published in the U.S.A. under the title: *Satan, You Can't Have My Promises*
Published by Charisma House, A Charisma Media Company,
Lake Mary, FL 32746 USA
Copyright © 2013 Iris Delgado
All rights reserved

Visite la página web de la autora: www.crownedwithpurpose.com

Copyright © 2013 por Casa Creación
Todos los derechos reservados

Library of Congress Control Number: 2012951333
ISBN: 978-1-62136-126-8
E-book: 978-1-62136-135-0

Nota de la editorial: Aunque la autora hizo todo lo posible por proveer teléfonos y páginas de Internet correctas al momento de la publicación de este libro, ni la editorial ni la autora se responsabilizan por errores o cambios que puedan surgir luego de haberse publicado.

Impreso en los Estados Unidos de América
13 14 15 16 17 * 7 6 5 4 3 2

RECONOCIMIENTOS

¿**S**E HA PREGUNTADO alguna vez quién es la persona que juega la parte más importante en su desarrollo? ¿O se ha detenido a pensar quién es la persona que ocupa la mayor parte de su tiempo? Yo acabo de pasar algún tiempo pensando en esto. Inmediatamente pensé en mi esposo, mis hijos y mis nietos.

Si bien es cierto que en la mayoría de los casos nuestros seres amados ocupan la mayor parte de nuestro tiempo, debemos reflexionar seriamente sobre la persona que ocupa el rol más importante en nuestro proceso de crecimiento espiritual.

Yo quiero reconocer sinceramente al Espíritu Santo como la persona más importante de mi vida. Él es el que me impacta y me enseña a cada paso. Gracias, Espíritu Santo, por inspirarme y permitirme compartir sabiduría y verdad con mis lectores.

También quiero reconocer a mi hija Kristine, quien ha experimentado gran confusión en su vida, pero se ha transformado en una preciosa joven llena de vida. Las promesas de Dios para mis hijos jamás han fallado.

Quiero reconocer sinceramente a mi hija Kathy, quien se ocupó de que no fuera interrumpida ni cargada con demasiados detalles personales mientras escribía este libro.

He aprendido cómo acceder a las promesas de Dios y también abrir una cuenta para mis hijos y las generaciones por venir. Sin la completa participación del Espíritu Santo en mi vida, no estaríamos leyendo este libro.

CONTENIDO

Introducción ix

1 Promesas absolutamente estupendas 1

2 La promesa de poder 13

3 Barreras que interfieren con las promesas 31

4 La fortaleza que da la bendición 43

5 Promesas que usted puede disfrutar ya mismo 51

6 Cómo romper un legado negativo y comenzar un nuevo legado de promesas de Dios 61

7 Devocional de poder 79

8 El hogar: ¡Donde todo comienza! 107

Apéndice: Un legado de poemas 121

Notas 145

HEREDE LAS PROMESAS

Hay una promesa para los hijos de Dios,
Sellada con poder desde el trono.
Una herencia imperecedera
Que ningún ojo ha visto o conocido.

Oh, que esperanza gloriosa
Contemplar la grandeza del Señor
Cara a cara en toda su gloria
Alabando su majestuoso esplendor.

En el tiempo de la espera
Gozaré de todas las promesas de Dios
Y me aseguraré de que mi familia y mis amigos
Se sigan regocijando.

—Iris Delgado
26 de junio de 2012

INTRODUCCIÓN

Hace dos semanas estaba enseñando en un seminario cómo poseer las promesas de Dios, y utilicé como texto de la Biblia la historia en Números 27 sobre el padre rico que murió sin poder dejar una herencia a sus cinco hijas. En aquellos tiempos solo heredaban los hijos varones; a las mujeres no se les permitía recibir herencias. Zelofehad no tuvo hijos, y sus cinco hijas estaban determinadas a reclamar la herencia de su padre. Estas jóvenes eran persistentes, específicas, centradas e impertérritas. Conocían la ley que establecía que la herencia solo iría a los hijos. Pero estas jóvenes no se inhibían y las leyes terrenales no las convencían. Eran tenaces y estaban dispuestas a aceptar críticas, vergüenza y oposición. Lucharon por la herencia de su padre, y declararon que les correspondía por derecho. Sus acciones declararon: "Satanás, ¡no puedes tener lo que es mío! ¡Mis promesas no son tuyas!"

¿Qué pasa con usted?

¿Qué le ha robado el enemigo? ¿Qué es legítimamente suyo?

¿Quizás su identidad, su salud, su matrimonio, sus hijos, su empleo, su tranquilidad, su honor? ¿Cree que los mejores años de su vida ya han pasado?

¿Se siente estéril, como si Dios se hubiera olvidado de usted?

Si usted es un creyente, Dios lo ha marcado con su sello real. ¡Cada promesa de la Palabra le pertenece! Pero debemos estar constantemente conscientes de que somos posesión de Dios. Debemos desarrollar un profundo *conocimiento* de quiénes somos en Cristo. Nuestra posición en Cristo nos da el derecho legal de entrar en la presencia de Dios con audacia, como un hijo entra a la habitación de sus padres cuando está asustado o cuando quiere algo. No solo nos da acceso a la presencia de Dios, sino que también nos da acceso a todas sus bendiciones y promesas. Así como tocar el piano o tomar lecciones de natación, aprender a vivir bajo las bendiciones de Dios y cómo disfrutar nuestro tiempo aquí en la tierra también requiere de conocimiento y práctica.

Creo que la comprensión y la sabiduría presentadas en este libro le darán herramientas poderosas que no solo lo equiparán para entender cómo disfrutar sus bendiciones y dejar un rico legado aquí en la tierra sino que también lo prepararán para la herencia eterna de las promesas divinas que esperan a todos los hijos de Dios.

Al concluir el seminario, el altar estaba colmado en toda su capacidad con hombres y mujeres de muchas culturas, que tomaron una decisión y le declararon al enemigo: "Satanás, mis promesas no son tuyas". Mi oración es que usted también tome la seria decisión de permitir que el Espíritu Santo de la promesa lo restaure y le revele cómo puede disfrutar abundantemente las bendiciones que Dios ya le ha legado.

> En él también ustedes, cuando oyeron el mensaje de la verdad, el evangelio que les trajo la salvación, y lo creyeron, fueron marcados con el sello que es el Espíritu Santo prometido. Éste garantiza nuestra herencia hasta que llegue la redención final del pueblo adquirido por Dios, para alabanza de su gloria.
> —Efesios 1:13–14, NVI

Capítulo uno

PROMESAS ABSOLUTAMENTE ESTUPENDAS

Mediante su divino poder, Dios nos ha dado todo lo que necesitamos para llevar una vida de rectitud. Todo esto lo recibimos al llegar a conocer a aquel que nos llamó por medio de su maravillosa gloria y excelencia; y debido a su gloria y excelencia, nos ha dado grandes y preciosas promesas. Estas promesas hacen posible que ustedes participen de la naturaleza divina y escapen de la corrupción del mundo, causada por los deseos humanos.

—2 Pedro 1:3-4, NTV, énfasis añadido.

Esta enseñanza es dinámica y transformadora. No permita que el enemigo lo engañe pensando que es solo otro debate sobre las cosas que Dios ha reservado para sus seguidores *después* que muramos y vayamos al cielo.

Hacer la investigación para este libro me ha elevado a otro nivel en mi andar con el Señor. Quiénes somos en Cristo, y las tremendas promesas del pacto de Dios que están a nuestra disposición, deben convertirse en un conocimiento diario consciente y en una realidad tan arraigada en nuestras mentes que sin importar lo que pase a nuestro alrededor, seamos capaces de confiar en que Dios nos dará nuestro próximo aliento, nuestro próximo bocado, nuestra próxima victoria.

Me doy cuenta de que si sacara el nombre de *Satanás* y todas las escrituras de este libro y lo hiciera más genérico y abarcador, si describiera selectivamente todas las bonitas promesas de Dios de manera competente, pero sin llegar al nudo de los problemas ni de las condiciones necesarias para recibirlas, probablemente mucha más gente leería este libro. La verdad es que ya nos queda poco tiempo, y demasiadas personas se preguntan por qué Dios las ha abandonado y por qué no están disfrutando todas estas maravillosas promesas de las que habla la Biblia. Debemos lidiar con la verdad. Disfrutar las promesas de Dios implica un sistema de creencias sobrenatural y una fe segura en un Dios invisible que es santo y que participa activamente en nuestras vidas, así como Satanás también está activamente involucrado en engañar y frustrar las vidas de tantas personas hoy en día. Oro para que usted obtenga un mayor entendimiento de la verdadera batalla en la que se encuentra el creyente todos los días ¡y de todo lo que deberíamos estar disfrutando ya!

A la tierna e inquisitiva edad de trece años, en mi vida ocurrió un suceso terrible que impactó mi mente para siempre en relación con el concepto de una *promesa de pacto*. Mi padre regresó temprano del trabajo una oscura y lúgubre tarde de lunes. Toda la diversión, ruido y charla entre mis hermanos se detuvo casi inmediatamente apenas mi padre entró a la casa. Ese día en particular yo estaba inquieta y más triste que de costumbre. Después de tomar su cena se sentó en su sillón a leer el diario. Todos los niños nos sentamos a su alrededor para hacer la tarea o jugar en silencio. Recuerdo que yo pensaba: "Dios, ¿por qué mi padre es normal un día y al siguiente puede ser tan cruel? ¿Por qué no puede ser como mamá, que siempre está contenta?".

De repente oí a mi padre que pronunciaba mi nombre con un tono malo y chillón. Levanté la mirada y lo vi parado, metiendo el dedo en un pequeño orificio de la pared, nuevo, del tamaño de una cabeza de alfiler, al lado de la puerta. Yo no podía creer lo que le oía decir: me acusaba de haber hecho el hoyo en la pared, sin su permiso, para colgar una de mis pinturas en acuarela. Era una entusiasta pintora porque me ayudaba a mantenerme concentrada en cosas positivas. En realidad, yo no tenía idea de que hubiera un agujero, y no iba a asumir la culpa de algo que no había hecho. Una entidad demoníaca tomó a mi padre, y él insistió en que yo era la que había hecho el agujero.

Nos trenzamos en una discusión: yo me defendía y mi padre exigía agresivamente que confesara la verdad. Finalmente, después de lo que me pareció mucho tiempo, él levantó sus hombros, dio una orden entre dientes, y dijo: "Solo dime que lo hiciste, y te hago una *promesa de pacto* que nunca te voy a lastimar. Por favor, aunque no lo hayas hecho, ¡solo di que sí lo hiciste!".

Totalmente exasperada lo acepté, y me escuché mientras pronunciaba las palabras: *"Está bien, papi, para darte el gusto, y porque me has hecho una promesa de pacto, ¡YO LO HICE!"*. En seguida, mi padre saltó sobre mí y me dio una paliza que casi me mata con un grueso cinto de cuero unido a una enorme hebilla de bronce. Los moretones estaban tan marcados que no pude ir a la escuela por varios días. Jamás volví a confiar en su palabra, y aquella cruel experiencia selló para siempre mi desconfianza hacia mi padre.

La mayoría de los cristianos aceptan la enseñanza de que son herederos con Cristo Jesús, pero no entienden el concepto del pacto que Dios hizo con su pueblo, de una vasta herencia reservada para ellos en el cielo ni de las grandes y preciosas promesas que podemos disfrutar aquí en la tierra.

Nuestro derecho a este tesoro de promesas no está basado en algo que hayamos hecho sino en la verdad de que ahora le pertenecemos a Cristo. Somos justificados por su gracia. Dios el Padre nos ha engendrado y nos ha hecho herederos con Cristo Jesús, y nos da preciosas y grandísimas promesas.

Nuestro Padre celestial no es como nuestro padre terrenal. Lo que el Padre Dios promete, lo cumple, porque Él es un Dios santo (Hebreos 6:17–18).

Me encanta la manera en que Pedro lo explica en este pasaje:

> Dios utilizó su poder para darnos todo lo que necesitamos, y para que vivamos como él quiere. Dios nos dio todo eso cuando nos hizo conocer a Jesucristo. Por medio de él, nos eligió para que seamos parte de su reino maravilloso. Además, nos ha dado todas las cosas importantes y valiosas que nos prometió. Por medio de ellas, ustedes podrán ser como Dios y no como la gente pecadora de este mundo, porque los malos deseos de esa gente destruyen a los demás.
>
> Por eso, mi consejo es que pongan todo su empeño en: Afirmar su confianza en Dios, esforzarse por hacer el bien, procurar conocer mejor a Dios, y dominar sus malos deseos. Además, deben ser pacientes, entregar su vida a Dios, estimar a sus hermanos en Cristo y, sobre todo, amar a todos por igual. Si ustedes conocen a Jesucristo, harán todo eso, y tratarán de hacerlo cada vez mejor. Así, vivirán haciendo el bien. Pero quien no lo hace así es como si estuviera ciego, y olvida que Dios le ha perdonado todo lo malo que hizo.
>
> —2 Pedro 1:3–9, TLA

¿QUÉ ES UNA PROMESA?

- Una promesa es una garantía de que algo determinado será hecho.
- Una promesa es una garantía de seguridad y calidad.
- Una promesa es un acuerdo o un contrato formal.
- Una promesa es una palabra dada como un juramento, compromiso, promesa o maldición.

¿QUÉ ES LA PROMESA DE UNA HERENCIA?

La palabra *herencia* hace pensar en bienes o riqueza entregados por un padre o un benefactor. La mayoría de las personas que reciben una herencia se sienten extremadamente agradecidas, honradas y bendecidas por tal regalo. También he observado a otros receptores que se amargan porque esperaban mucho más de lo que recibieron. No es inusual escuchar las penas de viudos e hijos que han sido ingenuamente engañados por un sistema legal que ha vaciado drásticamente su herencia al cobrar tarifas legales exorbitantes y falsear la herencia. He sido testigo de algunos casos en que se perdió toda la herencia porque jamás hubo un testamento firmado legalmente, porque era antiguo o porque los hijos eran demasiado pequeños para defenderse.

Pocas personas reciben la buena noticia de que han heredado un gran patrimonio. Dios promete a todos los creyentes una herencia de sus vastas riquezas y gracia sin igual. Nada puede igualar o siquiera compararse con lo que Dios ha preparado para sus hijos.

Alguien tuvo que morir antes que la promesa de una herencia se haga efectiva.

La razón por la que podemos disfrutar de nuestra salvación y de las promesas de Dios es porque Jesús murió en la cruz del

Calvario para redimirnos del pecado y la muerte y para restaurar nuestro dominio aquí sobre la tierra. Ahora somos herederos junto con Cristo, y todo lo que le pertenece a Él también nos pertenece a nosotros, ¡alabado sea Dios!

Dios ha garantizado nuestra herencia al sellarnos con su Espíritu Santo: la evidencia de que somos propiedad de Dios y que tiene autoridad sobre nosotros.

Un día estaremos frente a Dios Padre, semejantes a su Hijo, Jesús, y Él revelará gloriosamente la promesa de nuestra herencia eterna (Romanos 8:29; 1 Juan 3:2). Nuestros cuerpos serán transformados, ya no serán débiles ni perecederos, sino que serán transformados en cuerpos gloriosos y sanos, libres de corrupción y pecado (Filipenses 3:20–21).

> Y ahora ustedes, los gentiles, también han oído la verdad, la buena noticia de que Dios los salva. Además, cuando creyeron en Cristo, Dios los identificó como suyos al darles el Espíritu Santo, el cual había prometido tiempo atrás. El Espíritu es la garantía que tenemos de parte de Dios de que nos dará la herencia que nos prometió y de que nos ha comprado para que seamos su pueblo. Dios hizo todo esto para que nosotros le diéramos gloria y alabanza.
>
> —Efesios 1:13–14, ntv

La Biblia solo nos da un pequeño anticipo o indicio del tesoro que nos espera. Nuestras mentes no pueden llegar a comprender o imaginar lo que Dios ha preparado para sus hijos. Las siguientes escrituras nos presentan la promesa de la impresionante y magnífica gloria que nos espera.

- *Una ciudad completamente nueva, magnífica y santa:* "Y yo Juan vi la santa ciudad, la nueva Jerusalén, descender del cielo, de Dios, dispuesta como una esposa ataviada para su marido" (Apocalipsis 21:2).
- *No mas lágrimas, muerte, ni sufrimiento:* "Enjugará Dios toda lágrima de los ojos de ellos; y ya no habrá muerte, ni habrá más llanto, ni clamor, ni dolor; porque las primeras cosas pasaron" (Apocalipsis 21:4).
- *Un tesoro de bendiciones:* "Qué grande es la bondad que has reservado para los que te temen. La derramas en abundancia sobre los que acuden a ti en busca de protección, y los bendices ante la mirada del mundo" (Salmos 31:19, NTV)
- *Cosas que nadie ha visto, oído ni imaginado ya están preparadas para nosotros:* "Antes bien, como está escrito: Cosas que ojo no vio, ni oído oyó, ni han subido en corazón de hombre, son las que Dios ha preparado para los que le aman" (1 Corintios 2:9).
- *Mansiones fuera de serie:* "No se turbe vuestro corazón; creéis en Dios, creed también en mí. En la casa de mi Padre muchas moradas hay; si así no fuera, yo os lo hubiera dicho; voy, pues, a preparar lugar para vosotros. Y si me fuere y os preparare lugar, vendré otra vez, y os tomaré a mí mismo, para que donde yo estoy, vosotros también estéis (Juan 14:1–3).

Como puede ver en estas escrituras, sabemos que la promesa de nuestra herencia eterna será gloriosa, aunque no tengamos un programa o un contrato legal que detalle todas las cosas que implica esa herencia. Sí sabemos que la gloria de Dios será más que suficiente para consumirnos con su amor. Todas las otras cosas serán como la cereza del postre o las melodías de una orquesta.

Mientras tanto, en la herencia espiritual para cada creyente, Dios nos ha dado preciosas y grandísimas promesas que podemos disfrutar aquí y ahora.

Desde luego que Dios nos ha hecho muchas grandes y preciosas promesas, pero sabe que algunas cosas buenas pueden desviar nuestra atención de Él, así como también las riquezas pueden apartar a una persona de las cosas de Dios. Si seguimos el consejo de la Palabra de Dios de buscar primero el reino de Dios y su justicia, seremos capaces de disfrutar "y todas estas cosas os serán añadidas" (Mateo 6:33).

Usted podría disfrutar cada día de una promesa para cada necesidad o emergencia que se presente, pero debe reclamarla audazmente. Estudie las promesas de Dios y sea específico cuando ora. Si necesita sanidad, reclame la promesa de sanidad (1 Pedro 2:24). Si necesita provisión, reclame la promesa de que "mi Dios, pues, suplirá todo lo que os falta conforme a sus riquezas en gloria en Cristo Jesús" (Filipenses 4:19). Si lo reconoce en todos sus caminos, Dios cumplirá sus promesas.

> La gran cantidad de promesas —"ochenta y cinco para cada día del año" según computa un escritor— cubren todas nuestras necesidades, ya sean del cuerpo, el alma o la mente, y para toda la vida, tanto aquí como la venidera. Estas maravillosas promesas se ajustan a nuestras variadas necesidades como la llave al cerrojo, y jamás podremos encontrarnos en una situación para la que no haya una promesa apropiada. Nuestras peticiones de bendiciones temporales, físicas o espirituales

> deberían ser tan detalladas y específicas como lo eran las experiencias de los santos de la antigüedad.[1]

El nuevo pacto nos abrió la puerta para seamos participantes de todas las promesas de Dios, y se hizo posible por medio de la muerte y resurrección de Jesucristo. Ya no dependemos de rituales ni sacrificios de la Ley para el perdón de nuestros pecados. Ahora somos libres para entrar directamente a su presencia. Al leer, estudiar y meditar en su Palabra, somos guiados por el Espíritu Santo, y nos convertimos en beneficiarios de todas las promesas de Dios. ¡Esta es nuestra herencia espiritual!

> Pero este es el pacto que haré con la casa de Israel después de aquellos días, dice Jehová: Daré mi ley en su mente, y la escribiré en su corazón; y yo seré a ellos por Dios, y ellos me serán por pueblo.
> —Jeremías 31:33

Jesús fue a la cruz, murió y resucitó para que pudiéramos convertirnos en sus herederos para recibir su sangre, su Palabra, su sanidad, su dominio y su poder sobre todas las obras del enemigo. Lo que Jesús nos dejó es una herencia que podemos disfrutar ahora mismo y pasarla a otras generaciones.

> Él nos ha capacitado para ser servidores de un nuevo pacto, no el de la letra sino el del Espíritu; porque la letra mata, pero el Espíritu da vida.
> —2 Corintios 3:6, nvi

> De igual manera, después que hubo cenado, tomó la copa, diciendo: Esta copa es el nuevo pacto en mi sangre, que por vosotros se derrama.
> —Lucas 22:20

Unidos a Cristo podemos disfrutar el ejercicio de nuestra fe y hacer realidad todas las promesas de Dios porque todos somos ministros de un nuevo pacto. El poder del Espíritu Santo nos capacita para caminar en autoridad y para gobernar y reinar sobre la tierra, confiando en que el Dios Todopoderoso nos ha prometido que nunca nos abandonará.

> *Padre Dios, gracias porque soy capaz de ir a tu presencia con audacia y recibir tu gracia. Gracias, Espíritu Santo, por capacitarme para moverme en tu autoridad y gobernar y reinar sobre la tierra. Soy heredero junto con Cristo Jesús según la promesa, y ya no ando según la carne sino según el Espíritu. En el nombre de Jesús, amén.*

LAS PROMESAS DE DIOS SOBRE EL NUEVO PACTO

- Dios prometió en Jeremías 31:33 que sus leyes estarían escritas en las *mentes y corazones* de todos sus hijos. No más sacrificios externos.
- El antiguo pacto estaba escrito en tablas de piedra. El nuevo pacto es el Espíritu del mismo Cristo que mora en nuestros corazones.
- El nuevo pacto capacita al creyente para que tenga una relación más íntima con Dios. "Yo seré a ellos por Dios, y ellos me serán por pueblo" (Jeremías 31:33).
- Nos otorga el perdón de los pecados. "Porque seré propicio a sus injusticias, y nunca más me acordaré de sus pecados y de sus iniquidades" (Hebreos 8:12). Cuando Dios perdona nuestros pecados, inmediatamente nos convertimos en sus hijos e hijas.

- El nuevo pacto garantiza que podemos ir directamente a la presencia de Dios por medio de Cristo Jesús. ¡Ya no necesitamos otro mediador!

> Por tanto, Jesús ha llegado a ser el que garantiza un pacto superior.
> —Hebreos 7:22, nvi

El descuido o la falta de atención a la provisión de Dios que está disponible para cada creyente hará que la persona ande en círculos por el desierto, incapaz incluso de oler la fragancia, disfrutar del aire fresco o ser partícipe de la abundancia de la tierra prometida. Estas personas siempre se preguntan por qué fulano de tal se ve tan feliz y parece ser un consentido de Dios, más que ellos mismos. Comience confesando que usted es un heredero junto con Cristo, no un extraño que mira desde fuera.

> Conforme a la fe murieron todos éstos sin haber recibido lo prometido, sino mirándolo de lejos, y creyéndolo, y saludándolo, y confesando que eran extranjeros y peregrinos sobre la tierra.
> —Hebreos 11:13

También es posible que Abraham no entendiera totalmente la promesa que Dios le había hecho.

> De cierto te bendeciré, y multiplicaré tu descendencia como las estrellas del cielo y como la arena que está a la orilla del mar; y tu descendencia poseerá las puertas de sus enemigos.
> —Génesis 22:17

Dios le recordaba constantemente su promesa por medio de las estrellas del cielo y la arena de la orilla del mar: un recordatorio de que la Palabra de Dios se cumpliría en su vida. Cada noche cuando brillaban las estrellas, Abraham pensaba en la promesa de Dios. Los infinitos granos de arena en toda la orilla del mar proclamaban continuamente lo que Dios le había prometido, por imposible o ridículo que pudiera sonar. Las estrellas y la arena daban testimonio de la promesa de Dios a Abraham y a su esposa, Sarah.

Dios ha dado muchas promesas en su Palabra para fortalecer su fe y para recordarle las grandes bendiciones que tiene para usted y su familia. Él llevó a cabo lo imposible para Abraham, ¡y cumplirá lo imposible para usted! Aférrese a estas promesas: ¡son para los hijos de Dios!

> Mantengamos firme, sin fluctuar, la profesión de nuestra esperanza, porque fiel es el que prometió.
> —Hebreos 10:23

Capítulo dos

LA PROMESA DE PODER

Yo les he dado poder... para vencer toda la fuerza del enemigo, sin sufrir ningún daño.

—Lucas 10:19 DHH

Mi esposo y yo fuimos invitados a dar un seminario sobre "Satanás, ¡mis promesas no son tuyas!". Durante la ministración en el altar desafiamos a la gente a que alzara sus manos en fe y declarara que hay poder en la sangre de Jesús, en el nombre de Jesús, y en la Palabra de Dios. También les enseñamos a declarar que tenían poder sobre el enemigo. Sucedió algo maravilloso. El Espíritu Santo invadió el lugar con poder, y muchas personas fueron sanadas milagrosamente de opresión, depresión, enfermedades, confusión y de los efectos del abuso.

Mi esposo notó a un joven acurrucado en un rincón, temeroso de acercarse más o de irse. Mi esposo extendió el brazo y lo señaló con la mano diciendo: "Declaro la sangre, declaro la sangre…". Él repitió esto varias veces. Cada vez que lo decía, el joven se encogía unas pulgadas, hasta que comenzó a arrastrarse por el piso como una serpiente. Mi esposo le ordenó al enemigo que lo soltara en el nombre de Jesús, e inmediatamente volvió en sí, ¡y fue totalmente libre por el poder de la sangre y el nombre de Jesús!

Este libro trata sobre acceder a las promesas de Dios que pertenecen legalmente a cada uno de sus hijos. No se lo pierda.

Desee conocer más la Palabra de Dios y conocer al Padre más íntimamente. Eso le abrirá la puerta a todas las promesas de Dios. Eso puede transformar su vida para siempre y hacerlo libre de las cosas que entorpecen su vida o la de su familia.

La promesa del poder de la sangre de Jesús

Por fe nuestra posición legal en Cristo incluye el derecho a declarar y esparcir la sangre de Jesús, sabiendo que el poder de la sangre vence y derrota todo mal.

Apenas usted declare la sangre de Jesús sobre algo o alguien por fe, Satanás huirá, porque la sangre de Jesús es viva y eficaz. La vida está en la sangre. No debemos subestimar el poder de la sangre de Jesús. En Levítico 17:11 leemos: "Porque la vida de la carne en la sangre está, y yo os la he dado para hacer expiación sobre el altar por vuestras almas; y la misma sangre hará expiación de la persona". El apóstol, por lo tanto, no se equivocó cuando escribió: "Sin derramamiento de sangre no se hace remisión" (Hebreos 9:22).

> Recuerde que la vida de Dios está en la sangre de Jesús; no me sorprenden las reacciones de los espíritus demoníacos fuertes. Apenas un cristiano toma la preciosa sangre de Jesús en su lengua y la canta, la declara o la invoca, el maligno se trastorna terriblemente. El demonio entiende el poder de la sangre de Jesús, y ha hecho todo lo posible para cegar a los cristianos en cuanto a la verdad. Muchas personas que son cristianas solo de nombre no tendrán nada que ver con lo que llamarán "una religión de matadero". Tienen una religión sin la vida de Dios, y el diablo no tiene ninguna objeción en que participen en esta clase de

religión. Pero apenas honremos activamente la sangre de Jesús, despertaremos a los demonios hasta un grado febril. Es como incendiar un nido de avispas.[1]

Gracias a la sangre de Jesús, participamos de muchos beneficios legales y poderosos que son las promesas de Dios para nosotros, y que incluyen nuestra salvación. A medida que busquemos los siguientes atributos y prestemos verdadera atención al significado de cada característica, lograremos un entendimiento mucho más profundo de cuán bien conectados estamos con Cristo.

- *Salvación*: Es el acto de ser nacido de nuevo y salvado de la condenación eterna. "Porque no envió Dios a su Hijo al mundo para condenar al mundo, sino para que el mundo sea salvo por él" (Juan 3:17; vea también Hechos 4:12).
- *Expiación (reconciliación)*: La sangre es la que expía los pecados del hombre. "También nos gloriamos en Dios por el Señor nuestro Jesucristo, por quien hemos recibido ahora la reconciliación" (Romanos 5:11; vea también Levítico 17:11).
- *Redención*: Por medio de la sangre hemos sido redimidos del poder del pecado y la muerte. "En quien tenemos redención por su sangre, el perdón de pecados según las riquezas de su gracia" (Efesios 1:7; vea también Apocalipsis 5:9).
- *Justificación*: Hemos sido absueltos de la culpa y el pecado por la sangre. "Y que de todo aquello de que por la ley de Moisés no pudisteis ser justificados, en él es justificado todo aquel que cree" (Hechos 13:39).

- *Justicia:* Los creyentes ahora pueden tener comunión con Dios. "A quien Dios puso como propiciación por medio de la fe en su sangre, para manifestar su justicia, a causa de haber pasado por alto, en su paciencia, los pecados pasados" (Romanos 3:25).
- *Santificación:* Por medio de la sangre de Jesús somos perfeccionados y apartados para Dios. "Pero Cristo, habiendo ofrecido una vez para siempre un solo sacrificio por los pecados, se ha sentado a la diestra de Dios, de ahí en adelante esperando hasta que sus enemigos sean puestos por estrado de sus pies; porque con una sola ofrenda hizo perfectos para siempre a los santificados" (Hebreos 10:12–14; vea también 1 Corintios 1:30).
- *Remisión:* La carga y la culpa del pecado han sido quitadas. "Siendo justificados gratuitamente por su gracia, mediante la redención que es en Cristo Jesús, a quien Dios puso como propiciación por medio de la fe en su sangre, para manifestar su justicia, a causa de haber pasado por alto, en su paciencia, los pecados pasados" (Romanos 3:24–25).
- *Reconciliados:* Hay un cambio cuando nos convertimos en hijos de Dios, que nos hace aceptos y nos acerca en comunión con Él. "Porque si siendo enemigos, fuimos reconciliados con Dios por la muerte de su Hijo, mucho más, estando reconciliados, seremos salvos por su vida" (Romanos 5:10).
- *Poder para vencer al enemigo:* Cuando aplicamos la sangre de Jesús, vencemos al enemigo. ¡Él tiene que huir! "Y ellos le han vencido por medio de la sangre del Cordero y de la palabra del testimonio

La promesa de poder

de ellos, y menospreciaron sus vidas hasta la muerte" (Apocalipsis 12:11; vea también Lucas 10:19).

- *Liberación:* Hemos sido liberados del reino de las tinieblas al reino de la luz. "El cual nos ha librado de la potestad de las tinieblas, y trasladado al reino de su amado Hijo" (Colosenses 1:13; vea también 2 Corintios 1:10).
- *Perdón:* Jesús dio su vida para redimir a la humanidad y para perdonar todos los pecados e iniquidades del hombre. "Si confesamos nuestros pecados, Él es fiel y justo para perdonar nuestros pecados, y limpiarnos de toda maldad" (1 Juan 1:9; vea también Colosenses 1:14).
- *El don de la gracia:* El don de la gracia está personificado en la sangre de Jesús. La gracia es un precioso tesoro de Dios que no puede ser rechazado. Implica perdón de pecados, aceptación, favor, bendición, dignidad, belleza, misericordia, hermosura, generosidad, libertad y aprecio. La gracia fue extendida a toda la humanidad por la sangre de Jesús. *Es un don y una promesa.* "Porque por gracia sois salvos por medio de la fe; y esto no de vosotros, pues es don de Dios; no por obras, para que nadie se gloríe" (Efesios 2:8–9; vea también Juan 1:17; Romanos 5:17–21; Hebreos 12:28).

Cada vez que un creyente declara o aplica la sangre de Jesús, se transmite poder para que vaya y haga lo que el creyente en comunión con Dios le ordena que haga en el nombre de Jesús. Usted puede declarar la sangre de Jesús no solo sobre usted mismo y sobre los demás, sino también sobre *cosas*, como su hogar y sus posesiones.

He desarrollado el hábito de aplicar, por fe, la sangre de Jesús sobre mi familia y sobre mí misma cada mañana. Cuando salgo de casa también aplico la sangre de Jesús sobre mi auto y mi hogar. Se ha convertido en una cabal concientización y una práctica que automáticamente viene a la mente siempre que estoy despierta y que voy de un lugar a otro. Creo que hay tal poder activo inherente a la sangre de Jesús que me sentiría incompleta si no le pidiera a Dios que me cubra a mí y a mis seres queridos con esa sangre. Le recomiendo especialmente que ponga esto en práctica. Mi familia y yo estamos siendo constantemente protegidos de accidentes, fracasos, enfermedades y malvadas estrategias desconocidas del enemigo.

> Y con la sangre que estará sobre el altar, y el aceite de la unción, rociarás sobre Aarón, sobre sus vestiduras, sobre sus hijos, y sobre las vestiduras de éstos; y él será santificado, y sus vestiduras, y sus hijos, y las vestiduras de sus hijos con él.
> —Éxodo 29:21

> A Jesús el Mediador del nuevo pacto, y a la sangre rociada que habla mejor que la de Abel.
> —Hebreos 12:24

> *Padre Dios, entro en tu presencia en el maravilloso nombre de tu Hijo Jesús, quien derramó su sangre para redimirme de la muerte eterna y del pecado. Ahora declaro la sangre de Jesús sobre mi mente, mi cuerpo, mis seres queridos y sobre toda mi sustancia, creyendo que en Cristo estamos completos, santificados y apartados de las malvadas trampas del enemigo. Aplico*

> *la sangre de Jesús sobre mi hogar y mis negocios,*
> *conociendo que el poder de la sangre derrota todo mal.*
> *Gracias, Padre Dios, por este tremendo regalo de amor.*
> *Oro en el nombre de Jesús.*

La promesa de poder en el nombre de Jesús

El nombre de Jesús es todopoderoso. Cada vez que expresamos el nombre de Jesús, estamos declarando el nombre más alto y eminente que existe. Jesús apareció para destruir las obras del diablo (1 Juan 3:8). Los demonios tiemblan ante el nombre de Jesús. A cada creyente le ha sido delegada autoridad sobre todo el poder del enemigo, en el nombre de Jesús (Lucas 10:19).

> Mas Pedro dijo: No tengo plata ni oro, pero lo que tengo te doy; en el nombre de Jesucristo de Nazaret, levántate y anda.
> —Hechos 3:6

> Y ahora, Señor, mira sus amenazas, y concede a tus siervos que con todo denuedo hablen tu palabra, mientras extiendes tu mano para que se hagan sanidades y señales y prodigios mediante el nombre de tu santo Hijo Jesús.
> —Hechos 4:29–30

La promesa de poder en la Palabra de Dios

Jesús es el Verbo: "Y aquel Verbo fue hecho carne, y habitó entre nosotros (y vimos su gloria, gloria como del unigénito del Padre), lleno de gracia y de verdad" (Juan 1:14). Lea esto cuidadosamente. Jesús es el Verbo que se hizo carne para que usted y yo pudiéramos ser salvos y para garantizarnos una herencia eterna, además de una herencia espiritual, y todas las promesas de Dios que deberíamos estar disfrutando ahora mismo.

> Porque la palabra de Dios es viva y eficaz, y más cortante que toda espada de dos filos; y penetra hasta partir el alma y el espíritu, las coyunturas y los tuétanos, y discierne los pensamientos y las intenciones del corazón.
> —Hebreos 4:12

> Estaba vestido de una ropa teñida en sangre; y su nombre es: EL VERBO DE DIOS.
> —Apocalipsis 19:13

Padre Dios, gracias por enviar tu Palabra y sanarnos y librarnos de la destrucción. Tu Palabra es la lámpara que guía mis pasos, y es una luz que invade las tinieblas. Gracias por ordenar mis pasos cada día y por guardar mi corazón de toda iniquidad. Tu Palabra declara que si ellas moran en mí, puedo pedirte lo que sea, de acuerdo con tu Palabra, y me concederás mis deseos. Gracias, Padre mío, porque tú has prometido que vencerás a Satanás por la sangre de Jesús y la palabra de nuestro testimonio. Soy hecho de nuevo por el poder de resurrección de tu Palabra.

La promesa del poder del Espíritu Santo

El Espíritu Santo es nuestro ayudador. No solo nos ayuda a orar y a entender la Palabra, sino que también nos permite responder eficazmente y resistir al enemigo. El poder del Espíritu Santo en nosotros nos ayuda a conquistar hábitos que no podríamos superar por nosotros mismos. Cuando el Espíritu Santo mora en nosotros,

La promesa de poder

somos poderosos y capaces de derrotar a nuestros enemigos. Él es más que una presencia que mora en nosotros. ¡Es el mismo Dios!

> Pero recibiréis poder, cuando haya venido sobre vosotros el Espíritu Santo.
> —Hechos 1:8

> Y el Dios de esperanza os llene de todo gozo y paz en el creer, para que abundéis en esperanza por el poder del Espíritu Santo.
> —Romanos 15:13

Padre Dios, gracias por el poder del Espíritu Santo que reside en mí para vencer todas las estrategias malignas del enemigo. Gracias, porque me has dado la capacidad de andar en el Espíritu (Gálatas 5:16 y 25). Gracias porque el mismo poder que levantó a Jesús de los muertos mora en mí. No temeré pero seguiré andando en el Espíritu. Porque "No con ejército, ni con fuerza, sino con mi Espíritu, ha dicho Jehová de los ejércitos" (Zacarías 4:6).

La promesa del poder y la autoridad sobre todo poder del enemigo

Autoridad es poder. Es la capacidad de ejercer influencia sobre algo o alguien. Es un permiso para ejecutar una orden. Es confianza para administrar y hacer respetar. Dios el Padre nos ha dado la promesa de respaldarnos cada vez que nos atrevamos a andar en su autoridad y usar el poder que nos ha dado sobre el poder del enemigo. Una vez que usted da el paso de fe y suelta la Palabra de Dios sobre su situación, comenzará a ver cómo los espíritus malignos huyen y las fortalezas caen en el nombre de

Jesús. Aférrese a esta promesa y comience a disfrutar más de las bendiciones de Dios.

> He aquí os doy potestad de hollar serpientes y escorpiones, y sobre toda fuerza del enemigo, y nada os dañará.
> —Lucas 10:19

> Habiendo reunido a sus doce discípulos, les dio poder y autoridad sobre todos los demonios, y para sanar enfermedades.
> —Lucas 9:1

> *Padre Dios, gracias porque me has dado poder y autoridad sobre todo poder del enemigo. Declaro que soy renovado y sanado de toda dolencia y ataque del enemigo. Por fe seguiré andando en tus promesas. En el nombre de Jesús, amén.*

La promesa del poder para mover montañas

¿Está listo para ver cómo Dios mueve sus montañas?

> Jesús les dijo: Por vuestra poca fe; porque de cierto os digo, que si tuviereis fe como un grano de mostaza, diréis a este monte: Pásate de aquí allá, y se pasará; y nada os será imposible.
> —Mateo 17:20

> *Padre Dios, suelto mi fe para mover todas las montañas de trastornos, confusión, enfermedades, carencias, conflictos, adversidad y ataques del enemigo. En el nombre de Jesús ato todo mal y le ordeno que salga de mi vida. Gracias, Padre, porque ningún mal nos*

ocurrirá, ni la destrucción se acercará a mi morada. Mi hogar es bendecido con tu amor, gozo y paz. Proclamo con audacia y fe que cada montaña de adversidad debe someterse ante el nombre de Jesús.

Para ilustrar cuán inactivos pueden estar los cristianos en su fe, el Dr. James S. MacDonald, pastor principal de Harvest Bible Chapel, habló en la conferencia de pastores de la Convención en la Iglesia Bautista del Sur en Nueva Orleans, el 18 de junio de 2012, y leyó el siguiente poema:

Una noche tuve un maravilloso sueño,
Vi unas huellas
Las huellas de mi precioso Señor,
Pero las mías no estaban en la costa.

Pero luego aparecieron unas huellas desconocidas,
Y le pregunté al Señor: "¿Qué es esto?
Esas huellas son grandes, redondas y prolijas,
Pero, Señor, son demasiado grandes para ser de pies".

"Hijo mío, dijo Él en tono sombrío
Por millas te he llevado a ti solo.
Te desafié a que caminaras en fe,
Pero te negaste y me hiciste esperar.

"Desobedeciste, no querías crecer,
Tú no conoces el andar en fe,
Así que me cansé, me harté,
Y te tiré sobre tus nalgas."

"Porque en la vida llega un momento
En que uno debe luchar, y debe escalar.

> Debe levantarse y tomar una decisión,
> O dejar las huellas de sus nalgas en la arena."[2]

No permita que la fe débil lo convierta en un okupa, atormentado por el enemigo. Tome la valiosa decisión de ejercitar su fe y su poder en Cristo. Lo único que necesita es un poquito de fe, del tamaño de una semilla de mostaza—una oración sincera—una verdadera decisión de confiar en Dios. Comience con algo cercano a su corazón, y active su fe con una oración radical y ferviente. Puede ser por un hijo pródigo, para abandonar un mal hábito, un muy necesario logro en una relación, o la oración por un amigo o familiar perdido. Vea cómo Dios interviene de manera sobrenatural. Luego, asuma un desafío mayor en su fe.

¿Qué significa radical? Es orar con tenacidad y fervor. Es recordarle a Dios su Palabra. No flaqueando, sino perseverando y creyendo que Dios es capaz de cumplir su Palabra. Es ir contra la propia voluntad y oponer resistencia a la duda y la incredulidad. La fe radical también es resistir la tentación y decirle que no al pecado. Es mantenerse puro en medio de un mundo promiscuo e impío.

> "Porque yo Jehová hablaré, y se cumplirá la palabra que yo hable... hablaré palabra y la cumpliré", dice Jehová el Señor.
>
> —Ezequiel 12:25

> La oración eficaz del justo puede mucho.
> —Santiago 5:16

Eficaz significa: "real, activo, que produce resultados, en marcha, listo para la acción". Su oración real, honesta, sincera, produce resultados y beneficios, no las *oraciones de autoconmiseración* como "Señor, necesito esto y aquello", sino las que arrancan

La promesa de poder

toda desobediencia de su alma y se niegan a inclinarse o dejarse vencer por el enemigo o por los dioses de este mundo. Esas oraciones radicales son las que obtienen la intensa atención de Dios.

Lo que sigue es una pauta de "Oraciones poderosas" que miles de personas se han comprometido a seguir y han sido inmensamente bendecidas por la inspiración recibida ante las muchas oraciones respondidas. Oro para que también lo bendiga a usted. Puede entrar a mi sitio web y bajarlas.

Oraciones poderosas

Oswald Chambers dijo: "La oración no nos capacita para obras mayores; la oración es la obra mayor".[3]

1. Pida a Dios que perdone todos sus pecados y ofensas y todo lo que usted sabe que no le agrada. Perdone a quienes lo han lastimado u ofendido, y pida al Espíritu Santo que lo ayude a superar las ofensas y el abuso. Este paso es crucial. Aquí usted no puede andar por sentimientos. Simplemente diga de todo corazón: "Padre, perdono a fulano de tal, lo suelto del dolor y el daño que me ha causado".

2. Comience este tiempo de oración diciendo: "Ato toda ansiedad, preocupación, estrés, duda, incredulidad, impaciencia y temor y suelto la paz, el amor, la fortaleza, la sabiduría, el conocimiento y el entendimiento de Dios en mi vida. Declaro que tengo una mente sana y que mi cuerpo es templo del Espíritu Santo".

3. Ahora entre en la presencia de Dios con acción de gracias. Agradézcale por todo lo que se le ocurra.

4. Alábelo. Cante un salmo o una alabanza.

5. Declare:

Querido Dios, te pertenezco. Gracias, Padre, por este privilegio. Declaro que tú eres el único y verdadero Dios viviente: ¡El Dios supremo! Hoy te venero y reconozco que sin ti no podría vivir. Te necesito. Eres digno de ser exaltado, venerado y adorado. Te exalto, Padre. Declaro que Jesús, tu Unigénito, es el Salvador, Señor y Rey y que Él regresará. Declaro que el poder que resucitó a Cristo de los muertos mora en mí y me ha liberado de las tinieblas, el pecado, la iniquidad, la muerte y la enfermedad. Declaro que Cristo está sentado en el trono e intercede continuamente por mí y por mi familia y por todos los hijos de Dios con sus oraciones. Declaro que la sangre de Jesús me limpia y me protege. Aplico la sangre de Jesús a mis pensamientos, mi corazón, mi cuerpo y mi familia.

Te reconozco, Espíritu Santo, como mi guía, mi maestro, mi amigo, mi abogado, mi defensor y mi apoyo. Hoy declaro que nada es imposible para ti, mi Dios y mi Abba Padre. Declaro que todo lo que a mí concierne está en tus manos y en tus tiempos.

Gracias por la sabiduría, la energía, la vitalidad, el discernimiento, los recursos, la salud divina, una sonrisa, el gozo, la capacidad de comprender y de escuchar, la compasión, la misericordia, por una palabra amable, y por una palabra amorosa para todos aquellos que vienen a mí buscando ayuda.

Coloca un bozal en mi boca, para que no diga nada que no provenga de tu sabiduría. Abre mi boca con tu

> *sabiduría, entendimiento y discernimiento para que las personas con las que hable sean libres, transformadas, iluminadas y guiadas a la libertad y victoria en Cristo.*

Siga orando, exponiendo sus peticiones, necesidades y deseos. Sea específico. No se limite a citar ni divague con oraciones memorizadas, habituales y repetidas. No ore únicamente por refugio, trabajo, un auto o alimentos. Dios sabe que usted necesita esas cosas, y ha prometido dárselas.

Ore por amabilidad, misericordia, ideas creativas, poder para enfrentar los ataques del diablo, por poder para orar por los enfermos y verlos sanados. Ore por audacia para hablar la Palabra de Dios y ponerla por obra. Ore por dominio propio. Ore por la capacidad para hacer buenas inversiones y entender la Palabra de Dios.

Ore fervientemente y con pasión para invadir y destruir las tinieblas en su vida y las de sus seres queridos. Ore para tener sabiduría y tomar decisiones prudentes. Ore para que Dios extienda el sitio de su tienda (todo lo que tenga que ver con usted). Ore para romper la cautividad de la pobreza. Ore para liberarse de maldiciones y ataduras familiares negativas. Ore por otros.

¡Sus oraciones poderosas quebrarán los yugos (malos hábitos, opresión, depresión, cargas, ataduras, represión, adicciones y cosas similares)!

Mi consejo

No limite a Dios. No lo ponga en una caja. No le pida pequeñeces. Pídale en grande: sus promesas. Nada es imposible para Él. Asuma su responsabilidad. Sea obediente a la Palabra de Dios. No se quede inactivo. Llene su corazón con cosas buenas, y de su boca saldrán cosas buenas, palabras honestas, consejos sanos e ideas virtuosas. Lo que usted ponga, saldrá. Lea la Biblia todos los días, y pida entendimiento al Espíritu Santo.

Lo que siembre, eso cosechará. Nunca tendrá abundancia ¡a menos que siembre todo el tiempo! Cuanto más dé, más tendrá. Si tiene poco, revise sus hábitos de dar. Siembre en buena tierra. Dé al pobre, a las misiones, al necesitado. Dé su diezmo al granero (donde usted se alimenta espiritualmente). Comience con lo poco que tenga y luego vaya incrementándolo. Es una ley: la ley de la siembra y la cosecha. Como la ley de gravedad, cuando se pone en funcionamiento, nada puede detenerla. Nunca subestime a Dios ni a las preciosas promesas para sus hijos.

El Espíritu Santo siempre lo está observando y escuchando atentamente para ver cómo puede ayudarlo y responder a sus necesidades. Pero solo es motivado y desafiado por la Palabra de Dios y por su obediencia. En el momento en que usted declara la Palabra de Dios, mientras camina en obediencia, ¡el Espíritu Santo actúa sobre la Palabra para ponerla por obra!

Deje de ser una víctima. Si usted ha sido herido por alguien y sigue llevando ese dolor, herida y vergüenza, es tiempo de ponerle freno a eso. Mientras usted insista en revivir y recordar todos esos sentimientos de dolor que le causó el abuso, la herida, el divorcio, el trauma, las palabras negativas, la esterilidad, o un padre cruel y cosas por el estilo, jamás sentirá paz ni victoria en su vida. Debe soltar eso, que es como un cáncer que lo carcome. Perdone a la persona o personas que lo hirieron. Libérese y quiebre la maldición de esclavitud sobre su vida. ¡Ponga en acción las bendiciones de Dios! ¡Suéltese hoy! Yo estaba así hace años, pero hoy soy libre. Tuve que tomar una decisión específica en mi vida. Dije una vez: "Te perdono, papá" y fui libre. Las cadenas cayeron. ¡Deje de sentir lástima por sí mismo y supérelo! Lo mejor de su vida aún está por delante. Sus hijos y los hijos de sus hijos heredarán su libertad y

La promesa de poder 29

las promesas de Dios, y no las maldiciones de abuso y carencias. ¡Alabado sea Dios!

Declaraciones

¡Declare que su pedido es en el nombre de Jesús!

> *Padre Dios, hoy pongo en acción las promesas de tu pacto.*
>
> *Declaro que ningún arma forjada contra mí o mi familia prosperará.*
>
> *Decreto que ningún mal, enfermedades, accidentes, interrupciones, carencias, pobreza, robos, miedo, muerte súbita, pestilencia, ataques a mi mente, mentiras, tentaciones, deseos insaciables (voracidad, insaciabilidad, antojos, deseos adictivos, etc.) se acercarán a mi morada (cuerpo) ni afectarán mi vida ni la de mis seres queridos.*
>
> *Declaro que tengo la justicia de Dios en Cristo Jesús.*
>
> *Declaro que mayor es Cristo en mí que el enemigo que está en el mundo.*
>
> *Declaro que el Espíritu Santo nos guía e instruye, a mí y a mis seres queridos, en todos nuestros caminos.*
>
> *Declaro que mi cónyuge está creciendo en Cristo y él o ella está lleno de sabiduría, conocimiento y entendimiento para ser todo lo que tú lo creaste para que fuera.* (Si es soltero, usted puede decir esto acerca de su futuro esposo/esposa: declare en fe lo que será).
>
> *Declaro que la palabra de Dios es la lámpara que alumbra mis pies y la luz que ilumina mi camino: cada paso que doy* (Proverbios 6:23; Salmos 27:1).

Declaro que hoy ando en tu plenitud, guiado por el Espíritu Santo, cubierto por la protección de tus huestes angélicas. Declaro que tengo la mente de Cristo, y que hoy tomaré decisiones sabias y haré inversiones prósperas.

Gracias, mi Señor, por proveer todo lo que necesito hoy. Gracias, Espíritu Santo, por guiar mi vida y enseñarme la verdad. Guárdame de toda tentación o dilación (holgazanería, dejar las cosas para más tarde, gestiones inconclusas). Te doy toda la gloria, en el nombre de Cristo, ¡amén!

Capítulo Tres

BARRERAS QUE INTERFIEREN CON LAS PROMESAS

*Mantengamos firme, sin fluctuar, la profesión de
nuestra esperanza, porque fiel es el que prometió.*

—Hebreos 10:23

MI ABUELO BOSTEZABA cuando estaba cansado y decía: "No veo la hora de estar en el cielo para poder disfrutar mis tesoros". Él no es el único: aburrido, triste, cansado, quejoso y exasperado por las presiones de la vida, aunque tengan adentro de ellos el tesoro de todas sus promesas, ¡Cristo Jesús en nosotros, nuestra esperanza de gloria! En este capítulo enumero algunas de las cosas que veo como obstáculo y que impiden que muchos creyentes hereden sus promesas.

Falta de conocimiento, de discernimiento y de atención

Cuando terminé la escuela secundaria, a los dieciocho años, recuerdo vívidamente haber huido de mi casa para evitar a mi violento padre. No solo tenía que mantenerme, sino que también tuve que encontrar un lugar donde vivir y hacer a un lado todos mis sueños de una carrera profesional. El ser bilingüe, taquígrafa y una muy veloz mecanógrafa me ayudó a conseguir inmediatamente un trabajo como secretaria en un estudio jurídico. Después de un año ya estaba ansiosa por ascender, así que cambié a otro empleo como secretaria de una fundación. Uno de los beneficios que tenía allí era poder comprar acciones de esa compañía. Pero la ignorancia y la inmadurez solo me llevaron a adquirir algunas acciones con una pequeña suma que retenían de mi sueldo. Después de un tiempo dejé de comprar con esas retenciones y me conformé con la pequeña cantidad que tenía en mi cartera de acciones, que hoy son muy valiosas.

Ahora, casi cuarenta y seis años más tarde, sigo disfrutando los cheques que llegan dos veces al año por la compra de aquellas pocas acciones hace tanto tiempo. Pero en vez de cientos de dólares, yo podría estar recibiendo muchos miles de dólares como jubilación, si hubiera conocido las consecuencias y el gran valor de la compañía y de las acciones cuando todavía era una joven empleada. Incluso después de haber dejado ese trabajo, podría haber seguido haciendo depósitos en mi paquete accionario, pero nunca lo hice. La falta de conocimiento y de discernimiento me mantuvo en la ignorancia.

Esta historia me recuerda nuestras bendiciones espirituales. Si no prestamos atención a la Palabra de Dios y a las promesas del Nuevo Pacto, perderemos los beneficios de nuestras bendiciones. Tenemos una herencia espiritual que acumula interés y valor al pasar de generación en generación. Nosotros también tenemos una herencia eterna que nos garantiza una jubilación de lujo en el cielo. No solo debemos alimentarnos con la Palabra de Dios y aprender a purificar nuestros corazones todos los días, sino que también debemos aprender a cultivar seriamente y a mantener una relación honesta y abierta con nuestro Salvador. En Mateo 6 leemos sobre la importancia de hacer tesoros en el cielo. Cada buena dádiva, oración, ofrenda, sonrisa, gesto amable y cada alma a la que le testificamos son tesoros almacenados en el cielo. Cuantos más tesoros se acumulen en el cielo, más bendiciones disfrutaremos en la tierra y mayores serán nuestras recompensas en el cielo.

Conozco mucha gente que sigue viviendo en la pobreza y la esclavitud aunque vaya a la iglesia, lleve una Biblia, digan una oración a diario, y ande en rectitud moral. No tiene ni idea del tremendo legado y las abundantes promesas que Jesús dejó para todos sus seguidores después de su muerte en la cruz, y su falta de conocimiento le crea una barrera para sus promesas.

Falta de guía, de un mentor y de discipulado

Hoy somos participantes de todas las promesas que nos dejaron nuestros padres espirituales como Abraham, Isaac y Jacob, quienes heredaron las promesas de Dios. Hoy nuestro pastor, maestro, evangelista o ministro debe ser quien nos transmita la Palabra de Dios. La falta de guía y de discipulado levantará una barrera para las promesas que Dios tiene para su vida.

Una herencia espiritual está fundada en el carácter de una persona, su personalidad, pensamientos, palabras, acciones, fe y sistema de creencias. Al ejercitar nuestra fe, obedecer los mandamientos de Dios y producir el fruto del Espíritu, seremos capaces de disfrutar todas las promesas y beneficios de nuestra herencia espiritual, que recibimos como legado por la muerte y resurrección de Jesucristo. Somos una generación escogida. Las promesas que Dios estableció para sus hijos siguen estando vigentes.

Los padres y madres espirituales de hoy

¿Tiene un padre o madre espiritual que sea su mentor y le transfiera una herencia espiritual de bendiciones?

Muchos grandes hombres y mujeres de Dios están pagando hoy un precio muy alto de compromiso sacrificado e intimidad con Dios. Ellos son los que Dios usa para discipular, capacitar, orientar y transferir sus bendiciones y unción espiritual a los hombres y mujeres dispuestos en todos los ámbitos de la vida. Pueden ser apóstoles, maestros, pastores, profetas, evangelistas, intercesores, escritores o consejeros que diligente y desinteresadamente se dedican a impartir conocimiento y a discipular al Cuerpo de Cristo. Ellos literalmente transfieren la gracia de Dios, su unción, revelación, conocimiento, sanidad, entendimiento y el poder de Dios a otros, y los capacitan para que esas personas puedan disfrutar las promesas de Dios. Son personas que heredaron las promesas de Dios. Las bendiciones de su pacto se pusieron en práctica a través de sus siervos y continúan de generación en generación.

> Pero deseamos que cada uno de vosotros muestre la misma solicitud hasta el fin, para plena certeza de la esperanza, a fin de que no os hagáis perezosos, sino imitadores de aquellos que por la fe y la paciencia heredan las promesas.
> —Hebreos 6:11–12

Los creyentes son llamados a imitar a los hombres y mujeres de Dios, escogidos que han heredado las promesas y están pagando un precio para que otros puedan disfrutar las suyas. Es solo por la gracia de Dios que ellos pueden establecer un fundamento sobre el cual otro edifique. En este mismo momento yo estoy actuando como una madre espiritual con este escrito. Oro para que usted tome en serio este consejo y siga creciendo en sabiduría y en amor.

> Conforme a la gracia de Dios que me ha sido dada, yo como perito arquitecto puse el fundamento, y otro edifica encima; pero cada uno mire cómo sobreedifica.
> —1 Corintios 3:10

No hay duda de que algunos de estos hombres y mujeres escogidos en los que hemos depositado nuestra confianza pueden haber tenidos algunos traspiés, dejando tras de sí un gusto amargo y un rebaño disperso. Pero eso no puede borrar el hecho de que la Palabra de Dios que profesaron y enseñaron jamás vuelve vacía.

> Así será mi palabra que sale de mi boca;
> no volverá a mí vacía, sino que hará lo que yo quiero,
> y será prosperada en aquello para que la envié.
> —Isaías 55:11

Mi consejo para muchos de los que han experimentado alguna decepción por parte de un padre o madre espiritual es que tengan mucho cuidado de no criticar ni juzgar, sin importar cuán profundamente haya caído esa persona en pecado. En lugar de ello, aproveche su tiempo en oración y pídale a Dios misericordia. Satanás siempre está tratando de derrotar a los hijos de Dios, especialmente a los escogidos. Sé a ciencia cierta que los hijos conocen muy bien los sentimientos, fracasos y éxitos de sus padres. Un espíritu crítico se transfiere muy fácilmente de una persona a otra. Nuestra generación joven debe aprender sobre el perdón y el amor de Dios y no a etiquetar a un líder caído, ni a ninguna persona, como lo haría un hipócrita. Debemos perdonar para que nosotros también podamos ser perdonados.

Mi esposo tiene un dicho sobre esto: "No toques a los ungidos de Dios, no importa lo que hayan hecho. Dios es el juez" (vea 1 Samuel 26:23; Salmos 105:15).

Para poder disfrutar las promesas de Dios, debemos ser obedientes y dar honor a aquellos que nos imparten conocimiento y entendimiento sobre la Palabra de Dios.

Por tanto, hermanos santos, participantes del llamamiento celestial, considerad al apóstol y sumo sacerdote de nuestra profesión, Cristo Jesús; el cual es fiel al que le constituyó, como también lo fue Moisés en toda la casa de Dios. Porque de tanto mayor gloria que Moisés es estimado digno éste, cuanto tiene mayor honra que la casa el que la hizo.

—Hebreos 3:1–3

Escaso entendimiento de los beneficios de la salvación

Como tan acertadamente lo explica el pastor y autor Bill Johnson:

Comenzamos a entender nuestra herencia cuando descubrimos el propósito más profundo de nuestra salvación. Muchos nuevos creyentes siguen siendo inmaduros porque nunca avanzan en la revelación de que son pecadores salvados por gracia. Por "avanzar" no me refiero a "dejar atrás" sino a "crecer". Quienes avanzan son los que entienden que el propósito supremo de Dios para la cruz no fue solo perdonar nuestro pecado. Fue para que, al perdonarnos basado en la sangre de Cristo, pudiera invitarnos a tener nuevamente una relación familiar con Él, nuestro Padre celestial. Juan 1:12 dice: "Mas a todos los que le recibieron, a los que creen en su nombre, les dio *potestad* de ser hechos hijos de Dios". Esta situación legal de la relación con Dios como sus hijos e hijas es, precisamente, lo que nos da una herencia… por medio de la salvación también se nos restaura nuestro propósito original, el propósito que fluye naturalmente de nuestra identidad y nuestra relación restaurada con Dios. Efesios 2:10 dice: "Porque somos hechura suya, creados en Cristo Jesús para buenas obras, las cuales Dios preparó de antemano para que anduviésemos en ellas". Las obras no pueden salvarnos, pero sin el fruto de las buenas obras en nuestras vidas, no tenemos evidencia alguna que nos identifique como una nueva creación en Cristo.[1]

¿Qué son buenas obras?

La Biblia no da una lista específica. Son todas las cosas buenas que Jesús hizo como ser humano y más. Él es nuestro ejemplo: alimentar al hambriento, enseñar la Palabra de Dios, sanar al enfermo, testificar a los perdidos, ayudar al necesitado, perdonar al pecador, bendecir a los niños, dar aliento a los discípulos, hablar buenas palabras, enseñar y entrenar personas, echar fuera demonios, liberar al oprimido, ayudar a las viudas, dar consejo y asesorar, levantar a los muertos, tener compasión del agobiado y bendecir al cónyuge. Estoy segura de que a usted se le ocurrirán más cosas.

La versión Dios Habla Hoy de la Biblia lo dice así:

> Pues es Dios quien nos ha hecho; él nos ha creado en Cristo Jesús para que hagamos buenas obras, siguiendo el camino que él nos había preparado de antemano.
> —Efesios 2:10, dhh

UNA EPIDEMIA DE ANSIEDAD

La ansiedad es una angustia del alma, es sufrimiento, tormento, agonía, dolor, aflicción, pena, desazón, pesar, aflicción y confusión. Millones de almas caminan con una gran carga de ansiedad todos los días. Es una emoción caracterizada por la preocupación. En muchos casos puede haber cambios físicos, como el incremento de la presión arterial, nerviosismo, mareos, sudor, temblores o ataques de pánico.

En muchos casos la ansiedad lleva a la depresión. A las personas ansiosas muchas veces las obsesiona la incertidumbre del futuro. Los humanos tenemos tendencia a preocuparnos por todo. Por eso nuestro Padre Dios nos reprende con estas palabras:

> No se preocupen por nada; en cambio, oren por todo. Díganle a Dios lo que necesitan y denle gracias por todo lo que Él ha hecho. Así experimentarán la paz de Dios, que supera todo lo que podemos entender. La paz de Dios cuidará su corazón y su mente mientras vivan en Cristo Jesús.
> —Filipenses 4:6–7, ntv

El problema de la ansiedad es que puede paralizar a una persona si esta permite que se infiltre en su mente y controle su vida. Comparo la ansiedad con un hábito. Una vez que hace su debut, si no se lo trata como a un intruso, seguirá viniendo y armando lío. Así como el comerse las uñas se transforma en un hábito, la ansiedad y la preocupación también se pueden convertir en un hábito. Como cristianos tenemos en nosotros el poder de Dios para superar la ansiedad, pero debemos aprender a detener y echar fuera estas emociones que nos atormentan antes de que se conviertan en okupas.

A millones de personas les prescriben psicofármacos para los trastornos de ansiedad, y eso nos da una idea de cuán generalizadamente afecta a nuestra sociedad esta epidemia de ansiedad. El noticiero CBS News dice que en esta era de ansiedad el "Xanax es un solución conveniente para calmar el estrés. Es lo que en los 90 era el Prozac. Es la droga para la salud mental más recetada—se realizaron 46 millones de recetas en 2010—; parecería que todo el mundo lo toma. Pero su popularidad tiene un precio: los informes marcan un crecimiento de la adicción, el abuso y las sobredosis."[2] Los desórdenes de ansiedad pueden surgir en respuesta a situaciones estresantes como preocupaciones financieras o enfermedades crónicas. Jesús sabía que estas preocupaciones conducen a la ansiedad, depresión, enfermedad e infelicidad, pero Él no ofrece Xanax ni ninguna otra clase de psicofármacos; en lugar de ello, ofrece su paz y protección. Sus instrucciones son muy simples: *No se preocupen por nada, díganle lo que necesitan, oren por todo y agradézcanle por todo lo que Él ha hecho*. A cambio, Él nos promete una paz que excede cualquier cosa que podamos entender y protege nuestros corazones y nuestras mentes de los terrores del enemigo. Nosotros lo hacemos difícil. En realidad, es tan sencillo que muchos de nosotros nos perdemos esta enorme promesa de Dios. "Satanás, ¡mis promesas no son tuyas!" es una confesión que debemos hacer cada mañana como un recordatorio de la promesa de Dios contra la ansiedad, la preocupación y el estrés: las emociones que afectan todo lo demás en nuestra vida.

Temor

El temor también puede convertirse en una barrera que impida que una persona disfrute las promesas.

¿Alguna vez usted ha tomado una decisión basándose en el temor? Creo que todos lo hemos hecho. En una ocasión mi esposo y yo tomamos la decisión de permitir que nuestra hija, que entonces tenía unos siete años, aceptara el regalo de un vecino, un perrito de una semana de vida, con las palabras: "Yo no soy responsable por este perro: ¡tú lo eres! ¡No me despiertes en medio de la noche para pedirme ayuda!". No tuvimos misericordia ni compasión. No le dimos ninguna instrucción sobre cómo cuidar a un perrito recién nacido. Con ternura, ella colocó al perrito en una pequeña canasta y lo puso cerca de su cama. El cachorrito aulló toda la noche porque necesitaba la leche y el calor de su madre. Por temor a despertarnos, ella pasó toda la noche llorando y tratando de confortar a la diminuta criatura. A la mañana estaba tan agotada que nos rogó que le devolviéramos el perrito al vecino. Ahora mi hija ya creció y a su familia le encantaría tener un perro, pero ella dice categóricamente: "¡De ninguna manera!". Oculto en esa respuesta reside un recuerdo del temor por las palabras de mi esposo y su amarga experiencia. ¿Soltará ella este recuerdo y le ordenará a ese temor que se aleje? ¿Será capaz de decirles alguna vez a sus hijos: "Sí, pueden ir y escoger un perrito como regalo de Navidad?". Solo si supera el temor y la experiencia negativa que tuvo en su niñez.

Yo solo tenía mis propios pensamientos sobre los perros, y me acordaba de cuando tenía ocho años y estaba jugando a la mancha y corriendo con mis hermanas. Cuando terminó el juego, nos habíamos alejado una calle de nuestra casa. En Brooklyn, Nueva York, las calles eran muy largas, con casas de piedra rojiza de tres pisos. Cuando emprendí el regreso a casa, oí ladrar a un perro. Miré hacia la calle de enfrente y vi a un perro blanco, lanudo, que me ladraba tan fuerte como podía. Me asusté y decidí correr a casa tan rápidamente como pude. Cuando comencé a correr, el pequeño perro malo salió rápidamente detrás de mí y cruzó la calle como si fuera un rayo. Apenas pude reaccionar, el perro me estaba clavando sus dientes en la parte trasera de mi pierna. Llegué a casa asustadísima, con el corazón que me latía con fuerza, llorando, atormentada por la terrible experiencia. ¿Qué marcó esa experiencia en mi tierno y joven corazón? ¡Un tremendo temor a los perros! ¡Cualquier perro! No puedo pasar al lado de alguno sin preocuparme, no les permito que me toquen ni que se me

Barreras que interfieren con las promesas 41

acerquen demasiado. Cuando visito familiares que tienen perros, ellos saben que deben mantenerlos lejos de mí para que no me toquen.

Nuestros temores evitarán que disfrutemos muchas de las promesas de Dios que vemos que otras personas gozan con tanta facilidad. El temor también es un espíritu que se transmite de una generación a otra. Le acabo de decir a mi hija hace algunos días: "Por favor, permite a tus hijos que acepten un perro como regalo de mi parte. Prometo que yo lo cuidaré cuando ustedes tengan que salir de la ciudad". ¡Ella lo está pensando! Será un desafío muy grande para mí, pero estoy dispuesta a desprenderme de ese temor. Debemos actuar y enfrentar nuestros temores y romper el poder con que nos ata. El mal que reside detrás de un temor específico se derrama sobre muchas otras áreas de nuestra vida. La libertad del temor también nos dará acceso a muchas bendiciones que no habíamos podido disfrutar por ese espíritu atormentador.

Nuestra esperanza reside en un Padre compasivo y restaurador, siempre listo a recibir y restaurar nuestras vidas. Los temores de cualquier tipo pueden transmitirse a nuestros seres amados como una herencia espiritual. Debemos elegir romper ese poder del temor y permitir que el Espíritu Santo nos sane por el poder de su Palabra, nuestra confesión y nuestras acciones.

Su cuenta bancaria puede estar en descubierto y le pueden robar sus propiedades. Su fortuna puede desaparecer, pero las promesas de pacto que usted tiene en Cristo Jesús son eternas, no cambian y tienen una grandeza supereminente (Efesios 1:18–20).

Capítulo Cuatro

LA FORTALEZA QUE DA LA BENDICIÓN

Pero la salvación de los justos es de Jehová, y Él es su fortaleza en el tiempo de la angustia.

—Salmos 37:39

La información de este capítulo es muy valiosa. Léala cuidadosamente.

La promesa de la bendición espiritual de Dios

- Un creyente tiene el derecho legal de disfrutar la promesa de la salvación de Dios en Cristo Jesús con todos sus atributos.
- Un creyente tiene el derecho legal de disfrutar las bendiciones alcanzadas por sus padres, madres y mentores espirituales y el quíntuple ministerio, quienes heredaron las promesas.
- Pero, alabado sea Dios, también nosotros tenemos una *promesa de bendición* de Dios de que seremos fructíferos, nos multiplicaremos y tendremos dominio sobre cada ser vivo. Una *bendición* quiere decir: "favor divino, misericordia, beneficio y

autorización". La palabra hebrea para *bendecido* transmite la idea de ser fortalecido, de que nuestra debilidad es compensada con la fortaleza de Dios. Esta bendición para tener dominio, ser fructífero y poder multiplicarse también es parte de la herencia de las promesas de Dios que podemos disfrutar ya mismo.

> Y los bendijo Dios, y les dijo: Fructificad y multiplicaos; llenad la tierra, y sojuzgadla, y señoread en los peces del mar, en las aves de los cielos, y en todas las bestias que se mueven sobre la tierra.
> —Génesis 1:28

Sabemos que Adán y Eva estropearon las cosas y perdieron sus derechos al vasto dominio sobre todo ser viviente en la tierra. Pero también sabemos que Jesucristo dio su vida como sacrificio, no solo para salvarnos del pecado y la condenación sino también para restaurar nuestro dominio sobre la tierra. La bendición de Dios sobre sus hijos les da aprobación y autoridad para vivir bajo la bendición, la abundancia y la protección del Dios Todopoderoso. También es una promesa de bendición que se transfiere como una herencia de generación en generación a los que creen. Estas bendiciones son una promesa de Dios para cada creyente.

Mi esposo es un padre espiritual para jóvenes pastores y ministros. Ora por ellos y los bendice para que sirvan y den fruto. Habla palabras de bendición sobre ellos, los alienta para que sigan siendo responsables ante otro y permanezcan bajo la bendición de Dios. Yo soy una madre espiritual para muchas jóvenes que me buscan para obtener consejo y aliento. Me doy cuenta de que los consejos que doy, incluso a través de mis libros, guiados por el Espíritu Santo, muchas veces conducen a las personas a disfrutar

La fortaleza que da la bendición

las abundantes promesas de Dios. Por esta impartición, somos testigos de la bendición de multiplicación en sus vidas y, como resultado, de las muchas almas que vienen al Salvador.

Dios bendijo a Abraham con un llamado especial para su vida. El pacto de Dios con Abraham es eterno y fue transferido de generación en generación. Abraham bendijo a Isaac, e Isaac bendijo a Jacob. El hermano de Jacob, Esaú, vendió su primogenitura a su hermano menor, Jacob. Esaú no solo renunció a su herencia y la despreció, sino que también rechazó la bendición de su padre.

> Entonces Jacob dio a Esaú pan y del guisado de las lentejas; y él comió y bebió, y se levantó y se fue. Así menospreció Esaú la primogenitura.
> —Génesis 25:34

Muchos cristianos aceptan a Jesucristo como su Salvador, pero en alguna parte del camino el diablo interrumpe sus vidas y ellos deciden perder sus derechos y entregar al enemigo las promesas generacionales de las bendiciones de Dios. *Despreciar* es menospreciar, detestar, rechazar, mirar por encima del hombro y sentir desdén. Al volver al chiquero, muchos creyentes no solo pierden sus bendiciones, sino que también pierden el gozo. Cuando usted pierde el gozo, también pierde las fuerzas: "El gozo de Jehová es vuestra fuerza" (Nehemías 8:10).

Para disfrutar las promesas de Dios usted debe estar bajo su bendición. Comprendo que usted puede haber *renunciado a* su bendición y caído en la trampa del enemigo, ya sea por las presiones de la vida, por grandes tentaciones, tragedias, una molesta enfermedad, un cónyuge adicto, una gran pérdida, humillación, la pérdida de un trabajo, de un negocio o de la casa soñada, o por la insistente persuasión de alguien.

Cualquiera haya sido su razón para *renunciar*, por favor

permítame infundirle algo de esperanza. ¡Esto no ha terminado! ¡Satanás no tiene la última palabra! Ya no vivimos en la ley del Antiguo Testamento. Tenemos un nuevo pacto por el cual podemos ir al Padre por medio de Jesucristo y recibir una nueva impartición de su sanidad y su poder transformador. Usted podrá caer muchas veces, y todas ellas el Espíritu Santo de Dios lo levantará, lo restaurará y lo llenará con su poder.

> Porque siete veces podrá caer el *justo*, pero otras tantas se levantará; los malvados, en cambio, se hundirán en la desgracia.
> —Proverbios 24:16, nvi, énfasis añadido

Una bendición del Padre

La bendición de Abraham a su hijo representó su futuro y su prosperidad. No solo recibió una herencia, sino que también recibió la apreciada bendición de su padre. El padre impartió esa bendición imponiendo sus manos sobre su hijo.

Mi esposo y yo tenemos dos padres espirituales mayores que nos han impartido oralmente su bendición para nuestras vidas y nuestra familia. Los buscamos para pedirles consejo y oración. Pero sobre todo, buscamos a nuestro Padre celestial para obtener sabiduría, conocimiento y entendimiento.

También tenemos muchos hijos e hijas espirituales a quienes amamos y oramos constantemente por sus vidas y consolidación. Muchos de ellos han sufrido grandes pérdidas. Algunos han sido hijos e hijas pródigos. Hemos aprendido la importancia de impartir una bendición espiritual sobre sus vidas. Como resultado, estamos siendo testigos del derramamiento de la fortaleza de Dios sobre ellos. Nosotros mismos debemos tener alguien a quien rendir cuentas y debemos someternos a Dios mientras crecemos en santidad y nos convertimos en testigos ejemplares de sus vidas.

Restauración de las bendiciones que se desmoronaron

Quizá usted esté diciendo: "¿Y qué hay de mí? He estado en el chiquero algunas veces, me he arrepentido, pero no se si Dios puede restaurarme o bendecirme totalmente, y en consecuencia, ¡usarme!".

Observemos a algunas personas de la Biblia que echaron todo a perder pero Dios, en su misericordia, las restauró, las bendijo y las fortaleció. Si lo hizo por ellos, también lo hará por nosotros.

David cayó en tentación y concibió el plan de mandar a matar al esposo de Betsabé y tomarla para sí. Él logró lo que buscó con lujuria, y luego se arrepintió, al darse cuenta de que había entristecido a Dios. Más tarde su hijo murió, y David quedó dolido y arrepentido. Las consecuencias del pecado provocaron la muerte de su hijo. Aún así, David se convirtió en un gran rey, un hombre conforme al corazón de Dios.

El hijo pródigo de Lucas 15 desperdició sus bienes viviendo perdidamente. Cuando hubo malgastado todo, comenzó a pasar necesidades. Como no tenía nada, ni ningún lugar a donde ir, se arrimó a alguien que le diera algo a cambio de apacentar sus cerdos. Tan grande era su necesidad que gustosamente hubiera llenado su estómago con el alimento de los cerdos. Había llegado a ser un indigente.

La Biblia dice en los versículos 17–19 que cuando volvió en sí dijo: "¡Cuántos jornaleros en casa de mi padre tienen abundancia de pan, y yo aquí perezco de hambre! Me levantaré e iré a mi padre, y le diré: Padre, he pecado contra el cielo y contra ti. Ya no soy digno de ser llamado tu hijo; hazme como a uno de tus jornaleros".

¿Cuántos creyentes hacen lo mismo, toman la bendición y las promesas de Dios pero viven en rebeldía? "Yo jamás haría algo así" podría decir usted. El hijo pródigo no tenía intención de abandonar sus bendiciones ni las promesas de su padre. Pero en el momento en que se apartó de la cobertura de su Padre y dejó de rendirle cuentas, abrió la puerta a la tentación y a la destrucción. Nos encontramos con nuestro Papá, nuestro Padre celestial, en nuestro tiempo de oración, adoración y meditación. Apenas desatendemos su presencia, estamos en problemas.

Esta historia tiene un final feliz. El hijo pródigo volvió en sí y regresó con su adinerado padre, que inmediatamente le organizó una bienvenida con un gran banquete y lo reintegró a su posición original. Me encanta lo que dice el padre en el versículo 24: "Porque este mi hijo muerto era, y ha revivido; se había perdido, y es hallado".

Nuestro Padre Dios tiene un corazón compasivo. Él siempre espera que sus hijos e hijas pródigos regresen para poder restaurarlos y bendecirlos como coherederos con Cristo.

Es verdad que nuestros pecados producen consecuencias que desearíamos poder enmendar. Muchas veces nos arrepentimos y buscamos el perdón de Dios con todo nuestro corazón, y somos restaurados, pero igual sufrimos las consecuencias. Cada acción tiene una consecuencia. Cada palabra que pronunciamos da curso a una orden que provoca un sentimiento o una emoción, suelta una bendición o una maldición. Aun nuestros pensamientos producen semillas que hacen brotar fruto según su especie.

El plan de Dios es que nos apropiemos de cada promesa que nos garantiza en su Palabra. Él nos ha prometido que podremos vivir sin temor, preocupación o depresión. Sin embargo, tenemos un enemigo que odia a los hijos de Dios y cuya misión es robar y sabotear lo que por derecho nos pertenece. La estrategia con que nos ataca el enemigo es el engaño, y lo usa con una gran precisión para atacar a los creyentes. Jesús ya venció a Satanás. Las promesas de Dios están a nuestra disposición con solo que las tomemos por la fuerza. *¡Sí, por la fuerza!* Estamos en guerra porque Satanás es nuestro enemigo. Debemos pelear la buena batalla de la fe. Dios ha colocado una fe poderosa en nuestro interior: ¡Cristo Jesús en nosotros! Las armas de nuestra milicia no son naturales sino espirituales, capaces de destruir y derribar toda fortaleza y ataque del enemigo.

> Desde que Juan el Bautista comenzó a predicar hasta ahora, el reino de Dios avanza a pesar de sus enemigos. Sólo la gente valiente y decidida logra formar parte de él.
> —Mateo 11:12, tla

La Palabra de Dios nos alienta constantemente a avanzar a una dimensión más alta de la fe. "La fe es la certeza de lo que se espera, la convicción de lo que no se ve" (Hebreos 11:1). Decida tomar la decisión radical de servir a Dios con todo su ser. Si tiene un pie adentro y otro afuera del reino de Dios hará peligrar su herencia espiritual y el disfrute de sus promesas. Se necesita ardiente celo e intenso esfuerzo para franquear todas las barreras que interfieren con sus bendiciones. Cuando la bendición de Dios está sobre usted, usted se hace fuerte, incluso en su debilidad.

CAPÍTULO CINCO

PROMESAS QUE USTED PUEDE DISFRUTAR YA MISMO

Porque todas las promesas de Dios son en él Sí, y en él Amén, por medio de nosotros, para la gloria de Dios.

—2 CORINTIOS 1:20

HUBO UNA ÉPOCA de mi vida en que me sentí una cristiana deprimida, floja, pobre de espíritu, desanimada y con baja autoestima. Amaba a Dios, pero no estaba disfrutando sus promesas. El conocimiento de la Palabra de Dios empezó a surtir efecto un buen día, y se me encendieron las luces. Dios las reflejaba gráficamente en mi enemigo y exponía sus mentiras. Desde ese momento, me convertí en una creyente exitosa; pienso siempre más allá de mis límites y me determiné a disfrutar cada una de las bendiciones que Dios ha preparado para mí.

Mi mentalidad cambió porque ahora dejo que mi mente sea renovada por la Palabra de Dios. Estoy aprendiendo a pensar como Él, actuar como Él, hablar como Él y oler como Él, y hoy estoy disfrutando muchas de las promesas de Dios. Estoy aprendiendo a caminar en abundancia, nunca en escasez. Satanás no tiene lugar en mí. Me niego a vivir con temor, apatía, descontento o con una actitud negativa. Disfruto sinceramente mis bendiciones espirituales. Amo estudiar continuamente la Palabra de Dios para ver qué hay allí que me esté perdiendo. Cuando le creemos a Dios por su Palabra, a Él le encanta.

Aprenda a extender su fe. Declare y crea algo de la Palabra de Dios que nunca antes haya declarado. ¡Declare que eso le pertenece! Conviértase en un participante activo. Usted debe buscar sus bendiciones para renovar sus fuerzas. ¿Necesita sanidad? Medite y habite en las escrituras sobre sanidad y el sacrificio que Cristo ya hizo por usted. Véalo gráficamente en su mente como hecho. Instruya a su corazón y a su mente para aprender de verdad lo que el Salmo 91 dice sobre usted. Deje que se injerte dentro de usted. Al seguir este consejo, no solo recibirá sanidad sino también provisión y protección, y eso que le ha estado pidiendo a Dios se manifestará en su vida.

¿Hay alguna promesa de la Palabra de Dios que usted no esté disfrutando pero que le encantaría tener? Hágala suya. Viva por el Libro. Vaya por él. Declárelo, confiéselo y crea en él. Obedezca las instrucciones de Dios y viva como si fuera parte de la realeza. Esto no significa que usted vaya a cambiar su apariencia ni que su personalidad se vaya a volver perfecta, o que tendrá un millón de dólares en el banco de la noche a la mañana, sino quiere decir que su mentalidad comenzará a cambiar y también sus deseos. Lo que usted consideraba importante y urgente puede que ya no le parezca tan importante cuando entienda su posición y provisión en Cristo. Esta clase de liberación del estrés y del temor es lo que llamo *disfrutar las promesas del reino de Dios que nos pertenecen legalmente*.

Permítame ahora que le sea completamente honesta. Yo no soy una mujer de Dios maniáticamente perfecta ni superior a usted. Soy una madre, esposa, abuela, amiga y madre espiritual realista, normal, que va envejeciendo con elegancia. He tenido mi cuota de pruebas y tribulaciones, enfermedades y dolores intolerables durante muchos años. De niña fui víctima del abuso de un padre disfuncional, de la timidez y de muchas cosas más, pero todo eso cambió. ¡DECIDÍ QUE MI VIDA TENÍA QUE CAMBIAR! Hice una declaración osada: "Satanás, ¡mis promesas no son tuyas! De hecho, ¡no puedes tener nada que Dios haya creado para que yo lo disfrute!". Sé lo que es vivir con miedo, estresarse, preocuparse por lo que podría pasar en el futuro y dejarme llevar por mis pensamientos. Una vez que me discipliné para vivir por fe y confiar en Dios por su Palabra, debo decir que disfruto mucho más de la vida, y mi familia también. Usted se sorprenderá de cuánto podrá lograr y disfrutar cuando las promesas de Dios se cumplan en su vida. Lo único que necesita es obediencia y dar un paso a la vez.

El cambio comenzó para mí con la primera clase bíblica que tomé cuando vivía en Alabama y trabajaba como directora de un hogar de niños. El tema era "La sangre de Jesús". Cuando entendí la conexión entre el precio que Jesús pagó en la cruz para obtener mi salvación y para bendecirme con toda bendición espiritual, y las promesas de bendiciones terrenales, me di cuenta de cuán importante era para Dios el Padre y de cuánto me estaba perdiendo. *La sangre de Jesús no es solo un líquido rojo llamado sangre. ¡Es vida! Limpia, lava, purifica, redime, perdona, fortalece, protege, hace temblar a los demonios ¡y le provoca a Satanás un ataque al corazón!*

El segundo estudio bíblico que me encaminó en las bendiciones de Dios fue sobre "Mi identidad en Cristo". Quiénes somos en Cristo no es un secreto. La Palabra de Dios está llena de escrituras que nos dicen quiénes somos en Jesucristo. Cada vez que usted decide hacer suya alguna promesa de Dios, crece en su fe. Sus músculos espirituales se desarrollan, y usted gana fortaleza interior para superar la adversidad. Como este tema me gusta tanto, adjunto el siguiente bosquejo escrito por Don Rogers. No se limite a leerlo, estúdielo y medite en él hasta que estos preceptos se adhieran a su ser. Cada una de estas declaraciones es una promesa que usted puede disfrutar ya mismo. Esta es solo una lista parcial. La Palabra está llena de promesas que Dios nos ha hecho.

La identidad del creyente en Cristo

Mi relación

- Soy un hijo de Dios: Él es mi Padre (1 Juan 3:1–2).
- Soy amigo de Cristo (Juan 15:15).
- Soy nacido de Dios (1 Juan 4:7).
- Fui adoptado por Dios (Romanos 8:15).

Mi herencia

- Soy un heredero de Dios (Romanos 8:17).
- Soy coheredero con Cristo (Romanos 8:17; Gálatas 4:7).
- Soy bendecido con toda bendición espiritual (Efesios 1:3).
- Soy hijo según la promesa (Romanos 9:8; Gálatas 3:14).
- Me ha dado preciosas y grandísimas promesas (2 Pedro 1:4).

Mi transformación

- Soy redimido y perdonado (Efesios 1:6–8).
- Fui justificado, hecho justo (Romanos 5:1).
- Tengo vida eterna (Juan 5:24).
- Morí con Cristo al poder del pecado (Romanos 6:1–6).
- Estoy libre de condenación (Romanos 8:1).
- He recibido el Espíritu de Dios (1 Corintios 2:12).
- Me ha sido dada la mente de Cristo (1 Corintios 2:16).
- He sido crucificado con Cristo (Gálatas 2:20).
- Soy una nueva creación (2 Corintios 5:17).

- He recibido vida juntamente con Cristo (Efesios 2:5).
- Soy hechura de Dios (Efesios 2:10).
- Estoy completo en Cristo (Colosenses 2:10).

Mi posición

- Estoy unido a la vid verdadera (Juan 15:1, 5).
- Soy un siervo de la justicia (Romanos 6:18, 22).
- Soy un templo de Dios (1 Corintios 3:16; 6:19).
- Soy un espíritu con el Señor (1 Corintios 6:17).
- Soy un miembro del Cuerpo de Cristo (1 Corintios 12:27).
- Estoy reconciliado con Dios (2 Corintios 5:18).
- Soy un santo (Efesios 1:1; 1 Corintios 1:2; Filipenses 1:1).
- Soy un conciudadano del reino de Dios (Efesios 2:19).
- He sido hecho cercano a Cristo (Efesios 2:13).
- Voy a ser justo y santo como Dios (Efesios 4:24).
- Tengo acceso directo a Dios (Efesios 2:18).
- Soy ciudadano del cielo (Filipenses 3:20).
- He sido rescatado del dominio de Satanás (Colosenses 1:13).
- Estoy escondido con Cristo en Dios (Colosenses 3:3).
- Soy escogido de Dios, santo y amado (Colosenses 3:12).
- Soy hijo de luz, no de tinieblas (1 Tesalonicenses 5:5).
- Soy participante con Cristo (Hebreos 3:14).
- Soy una de las piedras vivas de Dios (1 Pedro 2:5).
- Soy miembro de un real sacerdocio (1 Pedro 2:9).
- Voy a ser un extranjero en este mundo (1 Pedro 2:11).
- Soy enemigo del diablo (1 Pedro 5:8).

Mi llamado

- Existo para ser sal en la tierra (Mateo 5:13).
- Existo para ser luz en el mundo (Mateo 5:14).

- Fui elegido y puesto para llevar fruto (Juan 15:16).
- Estoy llamado a hacer las obras de Cristo (Juan 14:12).
- Hacer lo que Cristo mandó hacer a sus discípulos (Mateo 28:20).
- Me fue dada autoridad espiritual (Lucas 10:19).
- Las señales seguirán mi obra (Marcos 16:17–20).
- Soy un ministro de un nuevo pacto (2 Corintios 3:6).
- Soy un ministro de la reconciliación (2 Corintios 5:18–19).
- Existo para ser una expresión de la vida en Cristo (Colosenses 3:4).
- Soy partícipe de un llamado celestial (Hebreos 3:1).[1]

Promesas de nuestra relación como coherederos con Cristo Jesús

Un maravilloso privilegio y una promesa de salvación es que somos coherederos juntamente con Cristo Jesús. Ser un coheredero junto con Cristo significa que en efecto comenzamos a participar de sus bendiciones en el momento en que nacemos de nuevo. Dios nos ha dado al Espíritu Santo de la promesa como anticipo. Me gustaría agregar una maravillosa y asombrosa lista parcial del propósito, promesa, plan y la cuidadosamente pensada posición en la que Él ha colocado a cada creyente como coheredero con Cristo Jesús. No la lea una sola vez. Léala varias veces, medite en cada preciosa verdad ¡y crea que usted es todo lo que Dios dice que es! ¡Esta es su herencia, y es el derecho legal de cada creyente! Dios es un Dios legal. Su Palabra es un documento legal. Somos participantes de un pacto legal. Las bendiciones fluyen de su posición legal.

- Seremos completamente saciados con la grosura de la casa de Dios (Salmos 36:8).
- Tenemos abundancia de gracia por cada buena obra (2 Corintios 9:8).

Promesas que usted puede disfrutar ya mismo 57

- Tenemos una promesa de todas las cosas que pertenecen a la vida y a la piedad (2 Pedro 1:3).
- Tenemos la promesa de sanidad de toda enfermedad y dolencia (Mateo 8:17).
- Tenemos la promesa de que seremos guiados por el Espíritu de Dios (Romanos 8:14).
- Tenemos una promesa de perdón y limpieza del pecado (Romanos 8:1; 1 Juan 1:9)
- Tenemos justicia, amor, gozo y paz en el Espíritu Santo (Romanos 14:17).
- Somos capaces de vencer en todas las cosas (Romanos 8:37).
- Somos participantes de la naturaleza divina de Cristo (2 Pedro 1:4).
- Tenemos poder y unción en el Espíritu Santo (Hechos 1:8; 1 Juan 2:27).
- Tenemos la promesa de la oración: que seremos prosperados en todas las cosas así como prosperen nuestras almas. (3 Juan 2).
- Estamos a salvo de pestilencias, destrucción, terror y plagas (Salmos 91).
- Tenemos la promesa de que el Espíritu de Jesucristo morará en nosotros (Romanos 8:11).
- Tenemos la promesa de un sueño grato, sin temor (Proverbios 3:24).
- Somos redimidos y llamados por nombre (Isaías 43:1; 1 Tesalonicenses 5:24).
- Somos redimidos por la sangre de Jesús (Romanos 3:24; Efesios 1:7; Colosenses 1:14; 1 Pedro 1:18–19).

- Tenemos la promesa de que estaremos libres de condenación (Juan 3:18; 5:24; Romanos 8:1).
- Resucitamos con Cristo y estamos sentados en los lugares celestiales (Romanos 6:4; Efesios 2:6; Col. 3:1).
- Tenemos la promesa de la libertad de la ley (Romanos 6:14; 7:4, 6; 2 Corintios 3:11; Gálatas 3:25).
- Somos adoptados como hijos (Romanos 8:15, 23; Efesios 1:5).
- Somos justificados y hechos justos (Romanos 3:24; 5:1,9; 8:30; 1 Corintios 6:11; Tito 3:7).
- Somos nacidos de nuevo por el Espíritu (1 Pedro 1:23).
- Somos llamados hijos de Dios (Gálatas 3:26).
- Tenemos la promesa de ser aceptables a Dios (Efesios 1:6; 1 Pedro 2:5).
- Somos hechos justos por Dios (Romanos 3:22; 1 Corintios 1:30; 2 Corintios 5:21; Filipenses 3:9).
- Somos limpiados, santificados y justificados (1 Corintios 1:30; 6:11).
- Estamos calificados para participar de la herencia eterna (Colosenses 1:12).
- Tenemos la promesa de redención y perdón (Efesios 1:7; 4:32; Colosenses 1:14; 2:13; 3:13).
- Somos aceptados por la sangre de Cristo (Efesios 2:13, 19; Filipenses 3:20).
- Fuimos librados de las tinieblas al reino de Dios (Colosenses 1:13; 2:15).

- Somos trasladados al reino de Dios (Col. 1:13).
- Estamos edificados sobre un fundamento seguro (1 Corintios 3:11; 10:4; Efesios 2:20).
- Tenemos la promesa de la liberación del poder de la naturaleza pecaminosa (Colosenses 2:11).
- Tenemos una promesa de redención y vida nueva (Tito 2:14; 1 Pedro 2:9).
- Tenemos acceso directo a Dios (Romanos 5:2; Efesios 2:18; Hebreos 4:14,16; 10:19–20).
- Tenemos la promesa de su amor (Efesios 2:4; 5:2).
- Tenemos la promesa de su gracia para salvación (Efesios 2:8–9) y de que permaneceremos (Romanos 5:2).
- Tenemos una promesa de su poder (Efesios 1:19; Filipenses 2:13).
- Tenemos la promesa de su paz (Juan 14:27).
- Somos herederos de Dios y coherederos con Jesucristo (Romanos 8:17; Efesios 1:14; Colosenses 3:24; Hebreos 9:15; 1 Pedro 1:4).
- Tenemos la promesa de una nueva posición en Cristo (1 Corintios 1:9; 3:9; 2 Corintios 3:3, 6; 5:20; 6:1, 4; Efesios 2:6; Colosenses 3:4).
- Tenemos una promesa de vida eterna (Juan 3:15; 10:28; 20:31; 1 Juan 5:11–12).
- Somos miembros de la familia de Dios (Gálatas 6:10; Efesios 2:19).
- Somos uno con el Padre (Efesios 4:6; 1 Tesalonicenses 1:1).

- Somos hechos uno con Cristo (Juan 14:20; Colosenses 1:27).
- Somos nacidos del Espíritu de Dios (Juan 3:6).
- Somos bautizados por el Espíritu (1 Corintios 12:13).
- Somos morada del Espíritu (Juan 7:39; Romanos 5:5; 8:9; 1 Corintios 3:16; 6:19; Gálatas 4:6; 1 Juan 3:24).
- Somos sellados por el Espíritu Santo (2 Corintios 1:22; Efesios 4:30).
- Tenemos la promesa de los dones espirituales (1 Corintios 12:11, 27–31).
- Estamos completos en Cristo (Colosenses 2:10).
- Somos parte de su gloriosa esposa (Efesios 5:25–27).

¡Guau! ¿No se siente bendecido y honrado por semejantes promesas, tan grandes y maravillosas?

Capítulo seis

CÓMO ROMPER UN LEGADO NEGATIVO Y COMENZAR UN NUEVO LEGADO DE PROMESAS DE DIOS

Escuchen, mis queridos hermanos: ¿No ha escogido Dios a los que son pobres según el mundo para que sean ricos en la fe y hereden el reino que prometió a quienes lo aman?

—Santiago 2:5, NVI

¿Alguna vez ha pensado seriamente en cómo será recordado cuando su vida aquí en la tierra haya terminado? ¿Cómo describirán su familia y sus amigos la manera en que usted influyó en sus vidas? ¿Hay cosas significativas para recordar y rememorar? ¿Puede usted decir que ha dejado atrás una maravillosa cesta de amor, gozo, paz, benignidad, longanimidad, bondad, fidelidad, mansedumbre y templanza (Gálatas 5:22-23)?

La Biblia dice que somos conocidos por nuestros frutos: los resultados de nuestros pensamientos, palabras y acciones. "Así que, por sus frutos los conoceréis" (Mateo 7:20). El fruto del Espíritu es la prueba o la evidencia de todo cristiano fiel y comprometido.

Tal vez se haya preguntado cómo cuidaría de sí misma su familia si usted ya no pudiera hacerlo. Para serle sincera, la mayoría de los cristianos no está prestando atención a la calidad de su estilo de vida o al efecto que tiene y tendrá sobre sus seres queridos y sus amigos. El tesoro más valioso que un cristiano puede dejar a su familia es un legado perdurable de fidelidad, dependencia de Dios, verdad, y amor de Dios.

Un buen ejemplo de cómo todo lo que depositamos en nuestros hijos puede convertirse en un legado espiritual de bendición se expresa hermosamente en este comentario de Facebook que leí hace poco, escrito por mi querida prima acerca de su hija.

> Anoche mi hija fue bautizada en agua. Ella asumió un compromiso personal y escribió su propio discurso: "Desde que era niña, me enseñaron los frutos del Espíritu, que son: amor, gozo, paz, ser paciente y buena, bondad, fidelidad, amabilidad y dominio propio. Me enseñaron a pedir, porque se nos dará; a buscar y encontraremos, y a llamar porque la puerta siempre se abrirá. Me enseñaron a evitar la tentación y a amar a mis enemigos, a no juzgar a los demás, porque seré juzgada con la misma medida. (En este punto ella estaba sollozando y la iglesia también.) Por último, me enseñaron que en todos mis caminos debo reconocerlo a Él, y Él enderezará mis sendas. Después de llegar a un pleno entendimiento de las enseñanzas del Señor, he decidido ser bautizada. Sé por mí misma que esta transición no consiste en convertirme en alguien mejor, sino en permitirme a mí misma, al fin, convertirme en quien siempre he sido".

¿Está pensando: "Pero usted no entiende: he heredado algo malo y lo he estado pasando a mi familia y a mis amigos"? Usted no está solo. Multitudes de personas que vienen a Jesús y aceptan el regalo de la salvación están quebrantadas y desesperadas por cambiar. Tal vez esté pensando: "No soy constante en mi caminar cristiano. Sigo cediendo a la tentación y tomando decisiones equivocadas. Mis hijos han visto demasiadas contradicciones en mi comportamiento. No sé si voy a ser capaz de deshacer las cosas negativas que ya he inculcado y reafirmado en los corazones de mis seres queridos". La madre que publicó el comentario anterior acerca de su hija pasó por un divorcio traumático y años de inestabilidad, remordimiento y temor. Su decisión de permitir que Dios dirija, transforme y restaure su vida le ha dado frutos con grandes dividendos.

> Yo restauro todas las cosas sin importar cuánto se hizo en tu línea generacional...en tu ascendencia sin consideración ni sumisión a mi Palabra. Yo no estoy limitado por los fracasos del hombre, por actos de omisión o de obra. Simplemente soy Dios, y eso es todo...fin...no hace falta decir más...no hay más que discutir...no se puede cuestionar...no puede frustrarse...y, sobre todo...no se puede evitar que yo haga nuevas todas las cosas. De hecho, hago un camino donde antes no había ninguno. En otras palabras, yo algo de la nada. No tengo límites ni limitaciones. Por lo tanto, lo que necesito es que tú estés de acuerdo conmigo y no desmayes. Desmayar es contrario a vivir como el vencedor que Yo ya he hecho de ti. (Gálatas 6:9).[1]

Usted puede optar por continuar en la misma posición en que se encuentra hoy, o poseer las promesas que Dios tiene para usted. Tendrá que tomar esa decisión.

Hacer los cambios necesarios

¡Se necesitan cambios profundos para impedir que el enemigo robe sus bendiciones y sus promesas!

Cuando algo anda mal con uno de sus hijos...cuando su matrimonio parece estar inestable o pendiente de un hilo...cuando se siente oprimido, deprimido, estresado o infeliz, ¡es hora de hacer cambios enérgicos!

¿Cuánto tiempo esperamos para hacer un cambio valioso y transformador de vidas? ¿Esperamos y posponemos las cosas y jugamos al juego de víctima y culpable hasta que el cambio se convierte en una situación muy difícil, casi inmanejable? Si usted es un creyente en Cristo, tiene a su disposición la sabiduría, el conocimiento y la comprensión de la Palabra de Dios. Un cristiano no puede funcionar y tener paz en su mente sin que estos atributos sean parte de su vida diaria. Una porción diaria de las Escrituras y oración deben llegar a ser una práctica habitual. La alimentación espiritual es tan importante como la comida y el agua.

Cuando el enemigo se levanta y toca su vida con conflictos, pobreza, enfermedad, pleitos, tentaciones, y tantas otras cosas que invaden a la humanidad, usted, como hijo o hija de Dios, tiene la capacidad de afirmarse y resistir al enemigo. Si usted no resiste al diablo, él se impondrá en todos sus asuntos. "Someteos, pues, a Dios; resistid al diablo, y huirá de vosotros" (Santiago 4:7).

Usted nunca tendrá victoria en su vida hasta que tome la decisión de confiar en Dios, creer en su Palabra, y servirlo de todo corazón. Los que permanecen firmes, bajo la cobertura del Todopoderoso, tendrán nuevas fuerzas y juventud, ya que Dios les renueva las fuerzas y los rejuvenece como las águilas. Me encanta esta escritura: "Colma mi vida de cosas buenas; ¡mi juventud se renueva como la del águila!" (Salmo 103:5, NTV).

La vida no es un juego de Monopolio. Solo existen el bien y el mal, Dios y Satanás, la luz y la oscuridad. Usted elige su camino cada día. Usted elige el resultado de su vida con cada acción que realiza y cada palabra que dice. Su legado espiritual dependerá de su curso de acción. Todo lo que usted haga y diga dejará una huella en la próxima generación.

Dios no puede promover las cosas que no son correctas. Debemos hacer nuestra parte. Dios continuamente nos está dando la oportunidad de hacer lo correcto. Debemos proteger nuestras bendiciones y poseer las promesas de Dios. Dios ha dado una gran cantidad de promesas para nosotros. Si aprendiéramos a disfrutar de algunas de ellas cada día, muchos de nosotros estaríamos en una posición mucho mejor que en la que nos encontramos hoy.

Si usted tiene hijos rebeldes o desanimados, tome una posición deliberadamente invasiva contra las asechanzas del enemigo que vienen contra su familia. Aprenda a orar oraciones específicas y fervientes al mismo tiempo que pone en práctica el amor incondicional. Si no lo está haciendo ya, invada las fortalezas del enemigo y alcance el cielo, orando las Escrituras y haciendo las declaraciones que a propósito he compilado en mi manual de guerra espiritual por los hijos, *Satanás mis hijos no son tuyos*.[2]

Si usted tiene un matrimonio en problemas, debe conducir su barca contra la corriente del enemigo. El volverse hacia las promesas de Dios tiene que ser una fuerza impulsora en su corazón. Se requerirán cambios específicos centrados en Cristo para rescatar su matrimonio. Dios me ha enseñado principios y consejos específicos que le serán de gran ayuda para restaurar su matrimonio. *Satanás, mi matrimonio no es tuyo* le ayudará a recuperar la esperanza y lo instruirá sobre cómo hacer guerra espiritual.[3]

Si usted deprimido, confundido y frustrado con su vida, debe estar dispuesto a abordar la raíz del problema que controla su vida y a empezar a hacer algunos cambios radicales. Mi libro *Satanás, no puedes quitarme mi milagro* le será de gran ayuda para recuperarse a medida que confiesa las oraciones y confía en Dios para un milagro.[4]

Dios me ha elegido en este tiempo para tender una mano a los cristianos que están sufriendo derrotas en muchas áreas de sus vidas y que sinceramente aman a Dios de todo su corazón y desean ser libres de los ataques del enemigo. Cada precepto y consejo que usted encuentra en mis libros proviene de la Palabra de Dios y de mis propias experiencias personales, así como de presenciar el poder de Dios transformando las vidas de muchas personas a quienes mi esposo y yo ministramos, aconsejamos y por quienes oramos. A menos que la guerra espiritual se convierta en parte de su rutina diaria, usted no podrá experimentar la victoria en todas sus relaciones personales e interpersonales.

Dios obra a través de su Espíritu en nuestro espíritu. Tiene que haber una conexión espiritual y una asociación. Dios no toma todo a su cargo y resuelve nuestros problemas. Él obra a través de nosotros, a través de nuestras mentes, corazones y espíritus. Usted debe comprender la batalla espiritual en la que se encuentra en cada momento del día. Su lucha no es contra carne y sangre (los miembros de su familia, su jefe o sus amigos). Su batalla es contra Satanás y todo su reino de obreros espirituales bien organizados. Dios tiene además el súper bien organizado reino de los cielos, equipado con legiones de poderosos ángeles guerreros dispuestos a ayudarlo a que usted reconozca su llamado.

Usted no puede permanecer aletargado e inactivo. Debe saber que permanecer bajo la protección de Dios y servir al Señor Jesús es el privilegio supremo y de mayor prestigio que un ser humano puede tener. Al permitir que el Espíritu Santo lo guíe a toda verdad, al confesar sus pecados y alimentarse con la Santa Palabra

Cómo romper un legado negativo…

de Dios, usted se fortalecerá, estará más saludable y más seguro cada día. A medida que crezca, se dará cuenta de que los problemas de la vida serán algo que Dios le ayudará a superar. El Espíritu Santo le dará sabiduría y entendimiento para tomar decisiones sabias, aun en las situaciones más difíciles e imposibles. Lo que parecía humanamente imposible ahora será posible.

El verdadero cambio comienza en la mente y con una confesión de la boca. Usted debe estar dispuesto a rendirse y permitir que Dios comience una nueva obra en su corazón. Luego debe declarar valientemente su fidelidad al Señor Jesús y a su Palabra. *Es necesario actuar para que comience el cambio.*

> *Satanás, mi mente no es tuya. Fui comprado por Dios Todopoderoso. Satanás, ¡mi familia y mi vida no son tuyas! Nosotros pertenecemos al reino de Dios. Satanás, ¡no puedes quitarme mi milagro! Te ordeno que sueltes todo lo que me has robado, ¡en el nombre de Jesucristo! Reclamo todas las promesas de Dios como coheredero con Cristo Jesús. ¡Amén!*

Declaraciones

Las siguientes son declaraciones que quebrarán la opresión del enemigo en usted y en su familia. Haga declaraciones poderosas y radicales. Comience ahora mismo.

- Confiese al Señor sus debilidades e incapacidades.
- Haga una declaración de que usted se niega a seguir viviendo en derrota.
- Declare que usted tiene la mente de Cristo y que fue creado para vivir en paz y victoria, y para abundar y multiplicarse en todo lo que Dios creó para que usted disfrute y logre.

- Declare que su familia le pertenece a Dios.
- Declare que su vida le pertenece a Dios y que ya no se pertenece a sí mismo.
- Declare que Dios tiene en mente el mayor beneficio para usted. Él lo bendecirá con toda bendición espiritual y material.

El siguiente paso después de que usted haya decidido cambiar algunos aspectos profundamente arraigados, es pedir al Espíritu Santo que revele a su corazón las acciones específicas que debería realizar para mejorar su situación. Eso quizás signifique tener que perdonar y pedir perdón. Soltar algo. Vender algo. Regalar algo. Amar más. Dejar de hacer algo. Romper un mal hábito. Dejar fluir palabras buenas de su boca. Romper una relación. Empezar a hacer con sus hijos algo diferente que no ha hecho en mucho tiempo. Comenzar amar a su cónyuge con todo su corazón. Empezar a orar de manera diferente. Comenzar a concentrarse y dejar de perder tanto tiempo…¡usted capta la idea! ¡Cambios radicales!

Dios restaurará su vida y todo lo que el enemigo le ha robado. Pero usted debe dar el primer paso para hacer algunos cambios muy importantes, específicos y significativos que tocarán el corazón de Dios ¡y detendrán la mano del enemigo!

¡Dios le concede la fuerza para seguir adelante con Él! Desempolve esa Biblia. Arrodíllese a orar. Sus recompensas y sus tesoros están apilados en un depósito. ¡Es tiempo de disfrutarlos! Es tiempo de proteger sus bendiciones y dejar un legado valioso. ¡Viva al máximo las promesas de Dios para usted!

ROMPER LAS MALDICIONES Y FORTALEZAS PARA DISFRUTAR DE LAS PROMESAS

Cuando era más joven, pensaba en una herencia de bendiciones como algo que los padres dejan a una familia cuando mueren, pero ahora he adquirido una comprensión más profunda de lo que realmente significa heredar las promesas y dejar un legado. Cuando mi padre murió, yo realmente pensé que había dejado una cuenta de ahorros con una buena herencia para su familia. No me daba cuenta de que tenía el hábito de jugar que se tragó todo el dinero extra que él podría haber colocado en una cuenta de ahorros como herencia para sus hijos. Mientras consideraba eso, comencé a pensar en su legado. Lamentablemente, dejó un legado de maldiciones, maldiciones que habrían acosado siempre a nuestra familia si lo hubiéramos permitido.

Usted puede preguntar, ¿qué quiere decir con maldiciones? Heredar algo significa que usted puede participar de eso que finalmente termina afectando su vida, o a su línea de sangre, por medio de una ligadura de alma. Puede ser riqueza, casas, tierras, oro, o un estilo de vida aprendido por condicionamiento e imitación, o puede ser rasgos de personalidad y hábitos inculcados, arraigados y ejemplificados por los padres, los cuidadores, un excónyuge, o a través de la observación, el ejemplo, la repetición y la intimidación forzada para obedecer. Todas estas cosas y muchas más pueden moldear y preparar a una persona para toda la vida. Depende de la persona que recibe la herencia si él o ella sigue viviendo el mismo estilo de vida que sus padres o cuidadores, o si decide hacer cambios y romper el poder de las ligaduras de alma y de las maldiciones.

Muchas personas están disfrutando de la bendición de las promesas de Dios a causa de padres y abuelos que han heredado esas promesas. Pero en muchos hogares hay una herencia de maldiciones que influyen en toda la familia. "...Imiten a quienes por su fe y paciencia heredan las promesas" (Hebreos 6:12, NVI).

Así como una herencia de riqueza permite que una persona siga disfrutando de los beneficios de tomar decisiones que una persona pobre no podría, así también el legado de características personales y patrones de comportamiento específicos afecta la dirección y el destino de una persona, sea que esa persona lo quiera o no.

El estilo de vida, los hábitos y el sistema de creencias de mi padre tuvieron un tremendo impacto en mi vida y en las vidas de mis hermanos, uno que no puede ser evaluado según los estándares terrestres. Algunas de las cosas que mi padre dejó, que afectaron enormemente mi vida y que yo consideraría como maldiciones y fortalezas, fueron las prácticas de abuso mental y sexual, la intimidación, el control, un espíritu de temor, la falta de demostración de amor, la falta de palabras de bendición, la culpa, la condenación, la timidez, la provocación, un espíritu cruel, un espíritu de mentira, un espíritu inmundo, la falta de respeto y privacidad, y un espíritu maquinador y lujurioso. Todo esto y mucho más podría haber sido mi parte en la vida. Cuando una maldición se pone en marcha por actos pecaminosos, solo puede ser revertida por un creyente nacido de nuevo que deliberadamente rompe esa maldición en el nombre de Jesús y en el poder de la sangre de Jesús. La persona debe negarse a seguir repitiendo los mismos pecados.

Tenemos que estar dispuestos a cambiar la vieja autoimagen por la nueva imagen que llegamos a tener en Cristo. El Espíritu de Dios en nosotros nos capacita para derribar fortalezas, lo que significa ser libres de un mal hábito o disposición, sean heredados como una maldición o por nuestro propio pecado. Mientras lee este estudio usted puede estar pensando en algo que podría ser una fortaleza. Usted tiene el derecho legal para romper eso ahora mismo al declarar con osadía:

> *Satanás, en el nombre de Jesús, yo rechazo esta fortaleza de (nómbrela). No voy a permitir que siga por más tiempo. Echo fuera todo pensamiento y toda imagen contrarios a la revelación de la Palabra de Dios acerca de quién soy, lo que puedo hacer, o lo que puedo tener como una nueva creación en Cristo Jesús.*

Promesa de redención de las maldiciones

Una vez que recibimos la salvación, también somos redimidos de todas las maldiciones. *Redimidos* significa que somos "liberados". Se lleva a cabo un intercambio. Somos *comprados*. Somos *trasladados* de la oscuridad a la luz. Satanás ya no tiene poder sobre el creyente. *Pero para disfrutar realmente de esta liberación de las maldiciones, debemos apropiarnos de esta promesa.* En el momento en que una persona toma una posición valiente para liberarse y liberar a los demás de la esclavitud de las maldiciones, esa persona le está enviando al enemigo una señal y un mensaje evidentes de que él ya no puede evitar que las bendiciones de Dios se manifiesten en su vida. La Palabra de Dios es muy clara acerca de las promesas de redención del poder del enemigo.

> En tu mano encomiendo mi espíritu; Tú me has redimido, oh Jehová, Dios de verdad.
> —Salmos 31:5

> El redimirá en paz mi alma de la guerra contra mí, aunque contra mí haya muchos.
> —Salmos 55:18

> Los salvó de mano del enemigo, y los rescató de mano del adversario.
> —Salmos 106:10

> Yo deshice como una nube tus rebeliones, y como niebla tus pecados; vuélvete a mí, porque yo te redimí.
> —Isaías 44:22

> Cristo nos redimió de la maldición de la ley, hecho por nosotros maldición.
> —Gálatas 3:13

Debido a que somos redimidos de la maldición de la ley, podemos romper las fortalezas de las maldiciones generacionales y heredadas. Están operando fuerzas invisibles que determinan el destino de una persona. La Biblia se refiere a estas fuerzas del bien y del mal como bendiciones y maldiciones. Una comprensión bíblica sobre este tema le dará el conocimiento necesario para liberarlos a usted y a su familia de cualquier problema que no haya podido entender…

Muchos fracasos de su vida podrían ser consecuencia de una maldición familiar que se transmitió a través de sus abuelos y padres de generación en generación. Hemos sido redimidos por la sangre de Jesús. Todo lo que tenemos que hacer es afirmarnos y apropiarnos de nuestros derechos legales como hijos de Dios. Haga saber al enemigo que usted ha sido liberado. Él no puede seguir poniendo en usted las cosas de las que ya ha sido liberado.[5]

Algunas de las señales de una maldición activa

- Fracaso emocional o mental para manejar las tareas cotidianas
- Esterilidad, abortos involuntarios

- Carencia y pobreza continuas
- Divorcio y ruptura matrimonial
- Tendencias suicidas y muertes no naturales
- Enfermedad hereditaria
- Contratiempos y accidentes continuos
- Adicciones, tales como dependencia del alcohol o la droga.

Romper la maldición

Un buen ejemplo de romper una maldición generacional como el divorcio, que termina afectando a familias enteras, es hacer que el esposo y la esposa se afirmen en una oración de acuerdo y declaren en voz alta las promesas de Dios sobre su matrimonio. Esta debería ser una oración específica y bien pensada, rompiendo la maldición del divorcio y poniendo en marcha las promesas y las bendiciones de Dios.

A. L. y Joyce Gill hablan con sabiduría sobre este tema:

> Satanás puede haber tenido éxito en poner una maldición sobre una familia a través del pecado de las generaciones pasadas. Por ejemplo, cuando una persona se suicida, el espíritu de suicidio se queda con esa familia hasta que es quebrado por el poder del nombre de Jesús. Cuando una persona comete un asesinato, hay espíritus de asesinato que afectan a la familia generación tras generación.
>
> Hay maldiciones generacionales o un espíritu de herencia que a menudo abren la puerta para que ciertas enfermedades de adhieran a nuestros cuerpos. "Ah, sí, los problemas de corazón se presentan en nuestra familia." O "Todas las mujeres de nuestra familia

parecen tener cáncer". Una maldición generacional es tan fácil de romper como una fortaleza en nuestra mente. Diga: "Satanás, ¡te ato en el nombre de Jesús! ¡Rompo la maldición de _____ y _____! Ordeno a todas las maldiciones generacionales o a todos los espíritus malignos de herencia que se quiebren en mi vida ahora. ¡Soy una nueva creación! ¡Soy un hijo de Dios! ¡Ahora soy parte de una nueva familia! Soy parte de la familia de Dios, ¡y no hay ataduras, ni maldiciones, ni enfermedad en la familia de Dios!".[6]

INSTRUCCIONES IMPORTANTES PARA MANTENERSE LIBRE

Creer la promesa.

Usted debe creer que Dios hizo una promesa para bendecir a Abraham y a todos sus descendientes, incluidos usted y yo. Romanos 4:20-21 nos dice que Abraham no permitió que entrara la incredulidad en su corazón.

Ser obediente.

Usted debe determinar en su corazón que obedecerá la Palabra de Dios. Por la fe, Abraham obedeció a Dios, y como premio recibió las bendiciones.

> Acontecerá que si oyeres atentamente la voz de Jehová tu Dios, para guardar y poner por obra todos sus mandamientos que yo te prescribo hoy, también Jehová tu Dios te exaltará sobre todas las naciones de la tierra.
> —DEUTERONOMIO 28:1

> Si quisiereis y oyereis, comeréis el bien de la tierra.
> —Isaías 1:19

> Y cualquiera cosa que pidiéremos la recibiremos de él, porque guardamos sus mandamientos, y hacemos las cosas que son agradables delante de él.
> —1 Juan 3:22

Toda verdad espiritual en la Palabra tiene una condición. Para poseer nuestras bendiciones espirituales debemos obedecer la Palabra de Dios y caminar por fe. Si andamos conforme a la carne o a los deseos carnales, cosecharemos las cosas de la carne.

No dudar ni permitir que la incredulidad domine su corazón.

> Pero pida con fe, no dudando nada; porque el que duda es semejante a la onda del mar, que es arrastrada por el viento y echada de una parte a otra.
> —Santiago 1:6

> Y vemos que no pudieron entrar a causa de incredulidad.
> —Hebreos 3:19

Ser sincero en todo lo que hagamos.

> Siervos, obedeced en todo a vuestros amos terrenales, no sirviendo al ojo, como los que quieren agradar a los hombres, sino con corazón sincero, temiendo a Dios. Y todo lo que hagáis, hacedlo de corazón, como para el Señor y no para los hombres; sabiendo que del Señor recibiréis la recompensa de la herencia, porque a Cristo el Señor servís.
> —Colosenses 3:22-24

Ser valiente.

Muchos hombres y mujeres destacados de la Biblia nos han enseñado a ser valientes, audaces, osados e intrépidos. Mi padre espiritual me enseñó a ser valiente y osada en mis oraciones. Para poseer sus bendiciones usted no puede ser cobarde y permitir que el enemigo de su alma haga estragos en su vida y robe lo fundamental y su gozo. Josué y muchos otros fueron valientes, y él conquistó y disfrutó de su herencia, al igual que sus descendientes.

> Esfuérzate y sé valiente; porque tú repartirás a este pueblo por heredad la tierra de la cual juré a sus padres que la daría a ellos.
> —Josué 1:6

Sembrar para cosechar.

Sin semilla no hay cosecha. Sin una cosecha no hay alimentos, solamente hambre. Sin la semilla de la Palabra de Dios en su corazón no hay vida. Usted debe sembrar la semilla de la Palabra en su corazón y el corazón de sus seres queridos. Al sembrar la Palabra, su mente y su hombre interior se vuelven más fuertes que sus sentimientos y emociones. El resultado final es que usted recogerá una gran cosecha de bendiciones.

> Irá andando y llorando el que lleva la preciosa semilla;
> Mas volverá a venir con regocijo, trayendo sus gavillas.
> —Salmos 126:6

> Mas el que siembra justicia tendrá galardón firme.
> —Proverbios 11:18

> No os engañéis; Dios no puede ser burlado: pues todo lo que el hombre sembrare, eso también segará. Porque el

> que siembra para su carne, de la carne segará corrupción; mas el que siembra para el Espíritu, del Espíritu segará vida eterna.
>
> —Gálatas 6:7-8

Alimentarse con la Palabra de Dios.

¡La Palabra es vida! Cristo es la Palabra, ¡y Él es su recompensa! Todos sus tesoros celestiales están en Cristo. Medite. Haga sus devocionales sistemáticamente todos los días. Memorice un versículo por mes. Reflexione en una de las promesas de Dios. Al hacerlo, se encontrará disfrutando más de dichas promesas.

> …asidos de la palabra de vida, para que en el día de Cristo yo pueda gloriarme de que no he corrido en vano, ni en vano he trabajado.
>
> —Filipenses 2:16

Capítulo siete

DEVOCIONAL DE PODER

Él hizo el cielo y la tierra, el mar y todo lo que hay en ellos. Él cumple todas sus promesas para siempre.
—Salmos 146:6, NTV

Dios nunca deja de cumplir sus promesas, siempre y cuando sigamos declarándolas por fe y creyendo que Dios es fiel para cumplirlas a todas y satisfacer cada una de nuestras necesidades.

Cuando Dios hizo su promesa de bendecir a Abraham y a su simiente, también la hizo para nosotros, porque nosotros somos la simiente de Abraham. Dios juró por sí mismo porque no había nadie mayor que cumpliera su promesa. Todas las promesas de Dios les pertenecen a sus hijos. Cuando dijo: "De cierto te bendeciré con abundancia y te multiplicaré grandemente", Él hizo una promesa que usted puede llevar al banco: ¡nos pertenece a usted y a mí! (Hebreos 6:13-15)

Transforme esta sección en un *Devocional de poder* y medite y estudie una promesa cada día. Hay muchos otros versículos que corroboran cada una de estas promesas. Búsquelos, herédelos, y entréguelos a sus descendientes.

Muchas personas hoy en día están tan estresadas que apenas tienen tiempo para la intimidad con Dios. Realmente quieren salir y orar, estudiar la Palabra y meditar, pero el tiempo parece volar demasiado rápido. Antes de que usted lo sepa, es hora de derrumbarse en la cama y esperar que suene el reloj despertador para hacer todas las mismas cosas otra vez. ¡Qué vida! Millones y millones andan por el mismo camino cada día, cansados, agobiados, exasperados, y listos para unas vacaciones. Usted no está solo. Pero permítame probar un poco su cerebro. Usted se da cuenta de que si surgiera una emergencia, tendría que dejar de hacer todo lo que está haciendo para prestar atención a la emergencia. El precio que muchas personas están pagando mientras sucumben a la rutina diaria de la vida es su salud, su vida familiar, su gozo y ¡SU DIOS! Dios ha prometido ser nuestra fuerza y nuestra ayuda, pero demasiadas personas no tienen idea de lo que eso significa en realidad. Siguen llevando todas sus cargas y emplean todas sus energías en cosas que dejarán. ¿Qué tal echarle otra mirada a esto? Tómese un tiempo para meditar en estas promesas y relajarse un poco, mientras permite que el Señor se convierta en su ayuda y su fuerza.

Promesas de perdón y salvación

La libertad del perdón de Dios

El Padre Dios perdona todos mis pecados y mis iniquidades. Esta es una gloriosa promesa: "Si confesamos nuestros pecados, él es fiel y justo para perdonar nuestros pecados y limpiarnos de toda maldad" [1 Juan 1:9]. Él perdona y sana todas nuestras dolencias [Salmo 103.3].

Soy bendecido cuando soy perdonado. "Bienaventurado aquel cuya transgresión ha sido perdonada, y cubierto su pecado" [Salmo 32:1, ver también Romanos 4:7].

> *Soy bendecido cuando perdono a otros. Si perdono a, otros mi Padre celestial también me perdonará a mí [Mateo 6:14-15, Lucas 6:37].*
>
> *Soy bendecido cuando soy amable y perdonador [Mateo 18:21, Lucas 11:4; Efesios 4:32, Colosenses 3:13].*
>
> *La Palabra de Dios me limpia. Su agua viva me limpia de todo pecado [Efesios 5:26].*

Promesas de redención y de dominio sobre el pecado

El creyente debe negarse a caer presa de los pecados que eran parte de su vida antes de ser salvo. Dios ha prometido ayudarnos proveyendo nuestras armas espirituales. Debemos estar dispuestos a hacer el cambio y vivir en libertad. "Si continuamente nos rendimos a cualquiera para hacer su voluntad, nos convertimos en esclavos de aquel a quien obedecemos, sea al pecado, que lleva a la muerte, o a la obediencia, que lleva a la posición correcta delante de Dios" (Romanos 6:16, paráfrasis del autor).

> *El pecado no tendrá dominio sobre mí. La sangre de Jesucristo nos limpia de todo pecado [Romanos 6:14, 1 Juan 1:7].*
>
> *El Señor es mi Salvador y mi Redentor. Mi Redentor es fuerte y me protegerá del maligno [Proverbios 23:11; Isaías 49:26].*
>
> *Soy libre de la maldición pronunciada por la ley. Como coheredero con Cristo he sido redimido de todo pecado [Gálatas 3:13; 4:5].*

Promesas para vencer las adicciones

Para liberarse de una adicción, ya sea alcohol, drogas, alimentos, juegos de azar, tabaco, pornografía y otras adicciones sexuales, o cualquier otra forma de adicción, la persona debe desear realmente ser liberada. Nada destruye tanto las relaciones y familias enteras como el comportamiento irresponsable de una persona adicta. La dependencia de cualquier tipo de sustancias o estilo de vida siempre conduce a una existencia esclavizada que arrastra a otros seres queridos a un pozo de sufrimiento e inestabilidad. Dios creó todo para que el ser humano creado a su imagen disfrute y se sienta realizado.

Elegir continuar en un estilo de vida de autogratificación e irresponsabilidad sin hacer un esfuerzo consciente para ser libre, solo conducirá a la persona al infierno.

> El camino de la vida es hacia arriba al entendido,
> Para apartarse del Seol abajo.
> —Proverbios 15:24

> Y si tu ojo te fuere ocasión de caer, sácalo.
> —Marcos 9:47

Puedo vencer y ser libre de todas las adicciones, porque Cristo ha vencido al mundo [Juan 16:33, 1 Juan 4:4, Apocalipsis 3:5; 21:7].

Cuando ustedes siguen los deseos de la naturaleza pecaminosa, los resultados son más que claros: inmoralidad sexual, impureza, pasiones sensuales, idolatría, hechicería, hostilidad, peleas, celos, arrebatos de furia, ambición egoísta, discordias, divisiones, envidia, borracheras, fiestas desenfrenadas y otros pecados parecidos.

Permítanme repetirles lo que les dije antes: cualquiera que lleve esa clase de vida no heredará el reino de Dios.
—GÁLATAS 5:19-21, NTV

Gracias Padre por hacerme libre del yugo de la esclavitud y la opresión. Tu yugo es fácil y ligero [Mateo 11:29-30].

Voy a aborrecer el mal y permitir que el Señor me restaurare y me libere de la mano de los impíos [Salmos 97:10; Proverbios 8:13].

Promesas de liberación y misericordia

Tengo un Abogado con el Padre. Cada vez que peco, vuelvo al Señor, y Él tiene misericordia de mí [Isaías 55:7, 1 Juan 2:1].

El Padre Dios escucha y contesta mis oraciones. Al acercarme confiadamente a su presencia, obtengo su misericordia y su gracia [Hebreos 4:16].

Cuando clamo al Señor, Él me escucha y me libera de todas mis angustias. [Salmos 34:15-17].

Cuando me acerco a Dios, Él se acerca a mí [Santiago 4:8].

Su misericordia está salvando mi vida [Génesis 19:19].

Su misericordia sale a mi encuentro. "El Dios de mi misericordia irá delante de mí; Dios hará que vea en mis enemigos mi deseo" [Salmos 59:10].

Promesas de protección

Promesas para librarnos del miedo y la ansiedad

No voy a estar ansioso por mi vida porque Dios cuida de mí. Yo echo fuera de mi vida el temor y la incredulidad. Mi Abba Padre es capaz de cuidarme todos los días de mi vida. Los hijos de Dios están en el corazón de Dios [1 Pedro 5:7; Filipenses 4:6].

Soy una creación sumamente admirable. "No fue encubierto de ti mi cuerpo, bien que en oculto fui formado" [Salmo 139: 14-15].

Voy a llenar mi corazón y mi boca con palabras buenas. Echo fuera de mi corazón a la ansiedad. No me causará depresión. Mi corazón se alegrará en la bondad de Dios para mí [Proverbios 12:25].

La paz de Dios habitará en mí, y él guardará mi corazón y mi mente [Filipenses 4:7].

Promesa divina de protección de la opresión y el terror

Mi fundamento está establecido sobre la roca sólida. No temeré a mis enemigos. Soy establecido en justicia; la opresión estará lejos de mí, y no tendré temor, el terror no se acercará a mí [Isaías 54:14].

Promesa de Dios en el tiempo de angustia

Porque él me esconderá en su tabernáculo en el día del mal; me ocultará en lo reservado de su morada; sobre una roca me pondrá en alto.

—Salmos 27:5

En el tiempo de angustia tú envías tus libertadores para que me salven de mano del enemigo. El Señor es mi refugio en momentos de angustia [Nehemías 9:27; Salmos 9:9].

Mi salvación es del Señor, Él es mi fortaleza en el tiempo de angustia. El Señor me guardará de toda angustia. El Señor está conmigo en tiempo de aflicción. El justo saldrá de la tribulación. Dios promete librarme cuando yo clame a Él en el día de angustia [Salmos 32: 7; 37:39, 50:15, 91:15].

Confiaré en la misericordia de Dios. "Mas yo en tu misericordia he confiado; mi corazón se alegrará en tu salvación" [Salmos 13:5]. Confiaré en el Señor, pues Él es mi ayuda y mi escudo" [Salmo 115:9-11].

Promesas de paz y seguridad

Estoy seguro en Cristo. El Señor es mi guardador; Él está a mi diestra, y no seré conmovido [Salmos 16:8; 121:5].

La paz de Dios guarda mi corazón siempre. No temeré porque Él es mi paz. [Isaías 53:5; Filipenses 4:7].

Promesa de protección divina

El cerco de protección de Dios está a mi alrededor, alrededor de mi familia y de mis bienes. El Señor está con nosotros. Tú eres mi refugio; me librarás de la angustia y me rodearás con cánticos de liberación [Números 14:9; Job 1:10; Salmos 32:7].

El Señor es mi defensa. El Señor cubre mi cabeza en el día de la batalla. Él me libra de la boca del león. El Señor es refugio de los oprimidos, y baluarte en momentos de angustia. El Señor está alrededor de su pueblo [Salmos 9:9; 125:2; 140:7; 2 Timoteo 4:17].

"Torre fuerte es el nombre de Jehová; a él correrá el justo, y será levantado." [Proverbios 18:10]. El Señor me cubre con sus plumas. El Señor es mi sol y escudo [Salmos 84:11; 91:4].

Dios cuidará de mí. ¡Él guía cada paso que doy!

Considere a la abejita que organiza una ciudad, que construye 10,000 celdas para la miel, 12,000 celdas para las larvas, y finalmente, una celda muy especial para la reina madre, una pequeña abeja que observa el aumento del calor y, cuando la cera puede derretirse y la miel perderse, organiza el enjambre en escuadrones, pone centinelas en las entradas, adhiere las patas y luego, agitando las alas, crea un sistema de ventilación para enfriar la miel que hace que un ventilador eléctrico parezca de mal gusto: una abejita que irá por veinte millas cuadradas en el campo sobre cuyas flores tiene supervisión. Si un cerebro diminuto de una abeja realiza tales maravillas, ¿quién es usted para cuestionar la guía de Dios? Alce sus ojos y contemple la mano que sostiene las estrellas sin pilares, el Dios que guía a los planetas sin colisiones: *¡Él es quien cuida de usted!*[1]

¡Yo voy a heredar las promesas de Dios! "El que venciere heredará todas las cosas, y yo seré su Dios, y él

será mi hijo" [Apocalipsis 21:7]. *"Jehová se acordó de nosotros; nos bendecirá"* [Salmos 115:12].

Promesas para las necesidades emocionales

Promesas sobre la soledad y el consuelo de Dios

No permita que Satanás lo confunda haciéndolo pensar que usted está solo en este mundo y que nadie se preocupa realmente por usted. Hay una multitud de ángeles guerreros poderosos a su disposición. El Espíritu Santo mora en usted y siempre está dispuesto a tener comunión con usted. Póngase en contacto con una buena clase de Biblia. Opóngase a sus sentimientos y camine por fe. Sea radical y conéctese con el pueblo de Dios. Dios lo creó para vivir en libertad, no en esclavitud.

> *Dios libera a la persona que siente que no tiene ayudador. No importa cuán solo pueda sentirme, el Espíritu Santo es mi ayudador. Él nunca me dejará ni me abandonará* [Salmos 72: 12; Juan 14:26; Hebreos 13:5].

> *Dios promete consolar a los que están abatidos; su Espíritu me renovará. Tengo el consuelo de las Escrituras. El Espíritu Santo es mi Consolador* [Juan 14:16-18; Romanos 15:4; 2 Corintios 7:6, 13].

Promesas para nuestras lágrimas y dolores

No hay dolor más grande que perder a un hijo o un ser querido. El dolor (lamento, luto, tristeza, angustia, lamentación) puede ser causado por muchas situaciones. Algunas personas experimentan una gran pérdida cuando pasan por un divorcio. Algunos lo experimentan cuando pierden su hogar o su negocio. En toda circunstancia Dios puede traer sanidad y restauración. Muchas personas parecen no recuperarse jamás, y parecería que el enemigo tuviese ventaja en sus vidas. Cuanto más rápido aprenda usted a confiar en Dios, aun cuando no entienda el porqué, menos acoso y tormento del enemigo experimentará. Usted no puede hacer esto solo. Debe contar con la ayuda del Espíritu Santo y un compañero de oración.

> *Dios promete borrar todas mis lágrimas y mi dolor. Dios ve cada lágrima y promete que cuando siembro con lágrimas, voy a cosechar con gozo. Él cambiará mi dolor en alegría [Nehemías 8:10; 1 Samuel 1:15; Salmos 56:8; 126:5; Isaías 38:5].*

> *El Padre Dios enjugará todas mis lágrimas y mi dolor [Isaías 25:8; Apocalipsis 21:4]. "Él restaura mi alma" [Salmos 23:3, LBLA].*

> *El Señor es la salud de mi semblante y mi belleza. La paz de Dios en mi corazón hace que mi rostro y mis expresiones sean agradables y libres de estrés [Salmos 42:5; 90:17].*

> *Él me dará descanso, y la tristeza se convertirá en gozo. Mis días de luto terminarán [Isaías 14:3; 60:20, Juan 16:20-21].*

Promesas contra el espíritu de temor

Si usted está experimentando temor en cualquier área, reclame las promesas de Dios y crea en su corazón que Dios siempre está con usted. El temor puede abrir la puerta a espíritus malignos. El temor trae tormento. Dios le ha dado a usted un espíritu de amor y de dominio propio. Usted fue creado para la grandeza.

Dios no me ha dado un espíritu de cobardía, sino de poder, amor, y dominio propio. Voy a servir al Señor sin temor. Voy a descansar en su promesa. No voy a permitir que me gobierne el tormento del temor. No voy a tener temor de pavor repentino [Proverbios 3:25-26; Isaías 14:3, Lucas 1:71; 2 Timoteo 1:7, 1 Juan 4:18].

No tendré temor del mal porque mi Dios va delante de mí. "Esforzaos y cobrad ánimo; no temáis, ni tengáis miedo de ellos, porque Jehová tu Dios es el que va contigo; no te dejará, ni te desamparará" [Deuteronomio 31:6].

Promesas para vencer la preocupación

Para disfrutar de las promesas de Dios usted debe creer que Dios es fiel a su Palabra. La preocupación y la duda siempre operan juntas para robarle sus bendiciones.

Dios promete proveer todo lo que necesito. No me preocupo por la vida cotidiana, por la vestimenta o la comida. Dios ha prometido que si yo busco primero el Reino de Dios y su justicia, Él me dará todo lo que necesite. Él cuidará de mi mañana" [Mateo 6:25-34, Colosenses 3:1].

Debo pedir sin dudar. La preocupación me impedirá concentrarme en lo que es verdad y mantendrá mi mente en el problema y no en solución. "...porque el que duda es semejante a la onda del mar, que es arrastrada por el viento y echada de una parte a otra" [Santiago 1:6].

Promesas de fuerza y de ayuda

El Señor es quien lleva mi carga. Echaré mi carga sobre el Señor, y Él me sustentará [Salmos 55:22].

Jehová el Señor es mi fuerza. Confiaré en el Señor por siempre, porque Él es mi fortaleza eterna. El Señor renueva mis fuerzas. Mi Redentor es fuerte [Isaías 12:2; 26:4; 40:31; Jeremías 50:34].

El Señor es mi constante compañero. Tu presencia está siempre conmigo; tú nunca me dejarás ni me abandonarás. No temeré lo que me pueda hacer el hombre, porque el Señor es quien me ayuda [Éxodo 33:14; Mateo 28:20; Hebreos 13:6]

El Señor es mi refugio y mi fortaleza. Tú eres mi refugio en la aflicción, Tú me cubres de las tormentas. Mi poder se perfecciona en la debilidad [Isaías 32:2, Jeremías 16:19; 2 Corintios 12:9-12].

"Jehová es mi fortaleza y mi escudo; en él confió mi corazón, y fui ayudado, por lo que se gozó mi corazón, y con mi cántico le alabaré." [Salmos 28:7]. Pondré mi rostro como un pedernal; no seré condenado porque el Señor Dios me ayudará [Salmos 94:17, 121:1-3; Isaías 50:7].

Soy bendecido cuando descanso en el Señor.

Descansar es una parte muy importante del ser capaz de escuchar a Dios y vivir en paz. Descansar significa relajarse, dormir bien, hacer una pausa, poner los pies en alto, tranquilizarse, meditar y calmarse.

Soy bendecido cuando guardo el día de reposo. Bienaventurados son los que honran los días de reposo [Isaías 56:2].

Venid a mí todos los que estáis trabajados y cargados, y yo os haré descansar.
—Mateo 11:28

Procuremos, pues, entrar en aquel reposo, para que ninguno caiga en semejante ejemplo de desobediencia.
—Hebreos 4:11

Promesas para un sueño apacible

El Señor me sustentará en mi cama. No voy a permitir que la fatiga, la preocupación, el diablo, y las circunstancias, me roben mi paz [Salmos 127:2; Proverbios 3:24; Oseas 2:18]. "En paz me acostaré, y asimismo dormiré; porque solo tú, Jehová, me haces vivir confiado" [Salmos 4:8].

Promesa de consuelo de Dios

El Señor consolará a su pueblo y tendrá misericordia. Me gozaré porque el Señor tiene misericordia de los afligidos. Como una madre consuela a sus hijos, así el Señor me consolará. Él nunca me dejará como a un huérfano sin consuelo [Isaías 49:13; 66:13; Juan 14:18].

El Señor está cerca de quienes lo invocan de veras…Cumplirá el deseo de los que le temen; oirá asimismo el clamor de ellos y los salvará. El Señor preserva a todos los que le aman [Job 34:28; Salmos 34:17; 145:18-20].

Promesas para las necesidades materiales

Promesas en circunstancias desesperadas

Yo no vacilaré ante circunstancias desesperadas porque tengo la fuerza de Dios. Abraham no dudó por incredulidad de la promesa de Dios, sino que se fortaleció en fe, plenamente convencido de que Dios cumpliría sus promesas [Romanos 4:19-21].

Muchas son las aflicciones del justo, pero de todas ellas le librará Jehová.

—Salmos 34:19

Si confío en la Palabra de Dios, Él cumplirá mis deseos. "La esperanza que se demora es tormento del corazón; pero árbol de vida es el deseo cumplido" [Proverbios 13:12].

Promesas para la provisión

Mi Dios suplirá todas mis necesidades. Él no retendrá de mí ninguna cosa buena si ando en integridad [Salmos 84:11; Filipenses 4:19].

Mi boca está saciada de bien...Él me satisface con pan y agua, y no me falta lo bueno [Salmo 103:5; Joel 2:26; Mateo 6:11].

En tiempos de hambre Él me preserva. Todos los que lo honran serán preservados del hambre y la miseria [Job 5:20-21; Salmos 33:19].

No me preocupo por la falta de ropa, alimentos, o alojamiento. Dios ha prometido proveer todo lo que necesito, así como mantuvo a su pueblo vestido y alimentado durante cuarenta años en el desierto, y como viste a los lirios del campo [Deuteronomio 8:4-5; Salmos 23:1; Mateo 6:28].

Al honrar a Dios, Él me da los deseos de mi corazón. El Señor manda su bendición sobre mi simiente. Dios bendice a los justos con prosperidad y bienes [Deuteronomio 28:8; Proverbios 22:4; 28:10; Isaías 65:23; Proverbios 28:10].

Promesas para los pobres y necesitados

El Señor libra a los pobres de sus aflicciones. Los necesitados no siempre serán olvidados. La esperanza de los pobres no perecerá para siempre. Él considerará la oración de los desvalidos y no desechará su ruego [Job 36:15; Salmos 9:18; 102:14].

Tú, Señor, nos protegerás; tú siempre nos defenderás de esta gente.

—Salmo 12:7, nvi

Dios cuida de las aves, y Él cuidará de mí. "¿No se venden cinco pajarillos por dos cuartos? Con todo, ni uno de ellos está olvidado delante de Dios." [Lucas 12:6].

Promesas sobre nuestro trabajo

Sea lo mejor que pueda. Vaya la milla extra. Trabaje como si estuviera trabajando para Dios mismo. Sea un buen administrador de su dinero. Confiese y declare las bendiciones de Dios sobre su sustento. Reprenda al enemigo para que no le robe sus bendiciones. Recuerde, todas las bendiciones vienen de Dios.

> *Dios bendice a mi trabajo, ya sea que esté en el campo, en la oficina, en una fábrica, o en casa. Dios recompensará mi trabajo, aun cuando yo sea débil [Deuteronomio 28:3-5; 2 Crónicas 15:7].*

> Cuando comieres el trabajo de tus manos, bienaventurado serás, y te irá bien.
> —Salmos 128:2

Promesas para las necesidades familiares

Promesas de que Dios cuidará a mis hijos

No se deje estresar y abrumar por la conducta de sus hijos. Su lucha no es contra seres humanos, sino contra las fuerzas malignas del enemigo. La guerra espiritual contra el enemigo debe realizarse en el espíritu. Dios nos ha equipado con las armas espirituales de su Palabra y la oración. No es nuestro propio poder o fuerza, sino que debemos confiar en que el Espíritu del Señor libre del mal a nuestros hijos. Mantenga una canción en su corazón. Permanezca con una actitud positiva mientras confiesa la Palabra de Dios.

> *Los hijos son una herencia del Señor, y el fruto del vientre es una recompensa. Mis hijos están sellados e identificados. Satanás, ¡no puedes quitarme a mis hijos! "Pero yo y mi casa serviremos a Jehová" [Salmos 127:3; Josué 24:15].*

> *Gracias, Padre, por tus ángeles que protegen y cuidan a mis hijos [Salmos 91:11-12].*

Padre, protégelos de toda arma forjada contra ellos [Isaías 54:17].

Padre, te doy gracias porque mis hijos han sido librados del reino de tinieblas, y trasladados al Reino de tu Hijo, Jesús [Colosenses 1:13].

Promesas de Dios para los hombres y las mujeres solas y con hijos

Dios ha prometido que su presencia siempre estará conmigo y Él me fortalecerá. El Señor está cerca de los que le invocan [Salmo 46:7; 145:18; Isaías 8:10; Jeremías 23:23-24; Mateo 28:20; 2 Timoteo 4:17; Hebreos 13:5].

El Padre Dios nunca me dejará, no me fallará ni me abandonará. Sus ojos están sobre mí [Deuteronomio 31:8; Josué 1:5; Salmos 101:6]. "El ángel de Jehová acampa alrededor de los que le temen, y los defiende" [Salmos 34:7]."Tú eres el amparo del huérfano" [Salmos 10:14].

Mis hijos van a crecer en la gracia y en el conocimiento de Cristo. Señor, bendice a mis hijos para que crezcan en la gracia y en el conocimiento de Jesucristo [2 Pedro 3:18].

Grande es la paz de mis hijos. Gracias, Padre, por esta gran promesa [Isaías 54:13].

Mis hijos pertenecen al reino de Dios. "…pero yo y mi casa serviremos a Jehová" [Josué 24:15; Hechos 16:31].

Promesas de sanidad de enfermedades, debilidades y enfermedades incurables

En mi propia experiencia con la enfermedad crónica incurable, descubrí que cada vez que me quejaba de mi enfermedad, experimentaba más síntomas y dolor. La sanidad comenzó a manifestarse cuando declaré persistentemente las promesas de Dios acerca de la sanidad. No importaba si me sentía bien o si me sentía peor. Seguía confesando la Palabra de Dios y regocijándome en que estaba sana, por la fe. Esta es una información valiosa. Yo doy testimonio de que la Palabra es sumamente eficaz. Me considero totalmente sanada de una enfermedad incurable. Siga confiando en Dios. No permita que salga incredulidad de su boca.

El Señor guarda todos mis huesos; ni uno de ellos es quebrantado [Salmos 34:20].

El Señor me ayudará en todas mis flaquezas y debilidades. Jesús desató a la mujer que estuvo encorvada durante dieciocho años. El apóstol Pablo sufrió enfermedad, pero siguió ganando almas y enseñando a muchos. Cristo llevó mis enfermedades y cargó mis dolencias. Él se compadece de mis enfermedades y da poder a los débiles [Salmos 103:3; Mateo 8:17; Lucas 13:11-12; Romanos 8:26; Hebreos 4:15].

El Señor es mi sanador. "Ninguna enfermedad de las que envié a los egipcios te enviaré a ti; porque yo soy Jehová tu sanador" [Éxodo 15:26].

No moriré, sino que viviré. Cristo tomó mis enfermedades y llevó mis dolencias. No moriré sino que viviré y declararé su Palabra. Él envió su palabra y sanó. Él es el Señor mi sanador. Él va a sanarme a mí y a mi familia.

> *Nos saciará de larga vida [Salmos 41:3; 91:16; 107:20; 118:17; Proverbios 3:8; Jeremías 33:6; Mateo 8:17; Santiago 5:16].*

> *El Señor sana todas mis dolencias [Salmos 103:3; Lucas 9:1].*

Promesas para la vejez

El envejecimiento no es agradable. Muchas personas experimentan todo tipo de dolores y molestias, pérdida de movilidad y soledad. Usted debe seguir alabando a Dios y siendo agradecido. Dios tiene un trabajo para nosotros en cada etapa de nuestra vida. Permanezca feliz con una sonrisa y una bendición fluyendo siempre de sus labios. Mantenga una oración en su corazón en todo momento. ¡Lo mejor está por venir!

> *El Señor me da fuerzas mientras sigo envejeciendo. Él me llevará y me liberará a medida que envejezco. Incluso en mi vejez descansaré en sus promesas, y mantendré una canción en mi corazón. Él me promete: "Y hasta la vejez yo mismo, y hasta las canas os soportaré yo; yo hice, yo llevaré, yo soportaré y guardaré" [Isaías 46:4; Salmos 28:7].*

> *Daré frutos en mi vejez. Gracias, Padre, por usar mis talentos, habilidades y experiencia para ayudar a otros en este momento de mi vida. "Aun en la vejez fructificarán; estarán vigorosos y verdes" [Salmos 92:14].*

> *Mi Dios me restaurará y me sustentará en mi vejez [Rut 4:5].*

Promesas para las necesidades en las relaciones

El Señor sana un corazón quebrantado

> *El Señor sana mi corazón quebrantado. Tú sanas mi quebrantamiento y vendas mis heridas. "El Señor está cerca de los quebrantados de corazón, y salva a los de espíritu abatido" [Salmos 34:18, NVI; 147:3; Isaías 30:26; 58:12].*

> *El Señor pone una nueva canción en mi boca. Alabaré al Señor con un cántico nuevo. El Señor consuela a los abatidos [Salmos 40:3; 69:30; Isaías 61:1].*

Promesas de Dios a los huérfanos

Hoy, más que nunca, hay muchos niños sin padres, así como también adultos. Algunos pueden estar viviendo con sus padres, pero carecen del amor y del afecto sincero de un padre. Algunos experimentan abusos en lugar de la atención de un padre. El Padre Dios es misericordioso, y sus manos están siempre bien abiertas para recibir a sus hijos. Crea en sus promesas y viva en paz, sabiendo que Él está ansioso por recibirlo como su hijo.

> Y seré para vosotros por Padre, y vosotros me seréis hijos e hijas, dice el Señor Todopoderoso.
> —2 Corintios 6:18

Crea esta promesa. Sea que usted haya tenido o no un buen padre, su Padre celestial ha prometido cuidarlo y proveer para usted todos los días de su vida (Salmos 10:14). El Padre Dios es el ayudador de los huérfanos.

La misericordia de Dios nunca me abandonará. Mi Padre celestial sabe mis necesidades y las suplirá…"porque Dios misericordioso es Jehová tu Dios; no te dejará, ni te destruirá, ni se olvidará del pacto que les juró a tus padres" [Deuteronomio 4:31; Mateo 6:32].

Promesas para la esposa de un marido no creyente

Muchas parejas se han divorciado, dejando atrás los tesoros de las promesas de Dios, por falta de conocimiento y entendimiento para vivir en obediencia y amar profunda y sinceramente. Algunos han tenido razones legítimas para el divorcio, pero la mayoría de los matrimonios pueden superar los ataques del enemigo si ambos cónyuges toman la decisión de acercarse a Dios. Si usted se encuentra en necesidad de una intervención divina, manténgase confiando en Dios mientras sigue confesando sus promesas.

Voy a confiar en el Señor para la salvación de mi esposo, mientras sigo creyendo que no me convertiré en una víctima de la esclavitud. Seguiré orando por mi cónyuge. Seré un ejemplo del amor de Dios. Permitiré que Dios me redima y restaure lo que el enemigo ha robado [Salmos 26:11; 1 Corintios 7:13-16, 1 Pedro 3:1-2].

Promesas para el esposo de una mujer no creyente o díscola

Confiaré en el Señor para la salvación y restauración de mi esposa. Seré un ejemplo del amor incondicional de Dios. Hablaré bendiciones y evitaré que mi corazón peque [1 Crónicas 29:19; 1 Corintios 7:10-16].

Promesas para el abandono

> *El Señor nunca me abandonará. "Aunque mi padre y mi madre me dejaran, con todo, Jehová me recogerá"* [Salmos 27:10; Hebreos 13:5].

> *El Señor no desampara a los que le buscan. No verá al justo desamparado* [Salmos 9:10; 37:25].

Promesas para un matrimonio saludable

Si usted está pasando por un momento difícil en su matrimonio, reclame estas promesas y crea que Dios va a restaurar lo que el enemigo ha robado.

> *El matrimonio es una promesa de profundo afecto y un pacto legal y honorable. Cuando el Padre Dios es la cabeza de nuestro hogar, hay felicidad mutua y una constante fuente de satisfacción y apoyo. El matrimonio conlleva una bendición de Dios* [Rut 4:11; Salmos 138:2; Proverbios 5:10; 6:3; Eclesiastés 4:9-10; 1 Timoteo 5:14; Hebreos 13:4].

> *Tengo la promesa de un corazón, una carne y un camino en el matrimonio. "Entenderé el camino de la perfección...habitaré en mi casa con corazón perfecto.... No habitará dentro de mi casa el que hace fraude; el que habla mentiras no se afirmará delante de mis ojos"* [Salmos 101:2, 7].

> *Juntos como uno, mi cónyuge y yo podemos prevalecer contra el enemigo* [Génesis 1:27; 1 Pedro 3:7]. *"Y les daré un corazón, y un camino...para que tengan bien ellos, y sus hijos después de ellos"* [Jeremías 32:39]. *"Y serán una sola carne"* [Génesis 2:24].

Promesas de Dios de paciencia y perseverancia para esperar a un compañero

Esperar un compañero es muy frustrante para algunos. Mientras espera, no se juzgue a sí mismo. No se maldiga con palabras. Recomiendo que comience bendiciendo su cuerpo y su mente. Comience a declarar bendiciones para romper maldiciones. Declare las promesas de Dios, no comentarios y declaraciones impacientes a otros amigos que estarán de acuerdo con su descontento. Esté de acuerdo con la Palabra de Dios. Si hay cosas que usted puede hacer para mejorar mientras espera, hágalas: cosas tales como organizarse, liberarse de las deudas, realizar inversiones, y hacer tiempo para Dios todos los días. Todas estas cosas le ayudarán a ser equilibrado y sabio. Dios abrirá puertas, puertas que nunca pensó que pudieran abrirse.

> *El Señor me da la fuerza para soportar. Dios ha prometido que obtendré la promesa mientras soporto con paciencia. La compasión y la misericordia de Dios me ayudarán a soportar las dificultades y tentaciones [Romanos 9:22; 2 Timoteo 2:1-6; Hebreos 6:15; 10:32; Santiago 1:12; 5:11; 1 Pedro 2:19-20].*

> *Voy a perseverar mientras sigo firme con mis ojos puestos en Aquel que es invisible. Soy guardado por el poder de Dios [Hebreos 11:27; 1 Pedro 1:5].*

> *Voy a confiar en Dios con todo mi corazón. Confiaré en el Dios vivo, que nos da abundantemente todas las cosas para disfrutar. Mi corazón está firme confiando en el Señor [Salmos 112:7; 1 Timoteo 6:17].*

Promesas para el crecimiento espiritual

Promesas de perseverancia en la adversidad

Perseveraré en medio de la adversidad, la persecución, el sufrimiento, las pruebas y tribulaciones. Dios ha prometido que todas las cosas nos ayudan a bien a los que aman a Dios y son llamados de acuerdo a su propósito. Muchas cosas excelentes y productivas nacen en el horno de la aflicción. Dios también ha prometido que puedo regocijarme en los sufrimientos porque producirán perseverancia, carácter y esperanza [Salmos 119:67; Isaías 43:2; 48:10; 54:7; Romanos 5:1-4; 8:18, 28; 2 Corintios 4:17; Santiago 5:13, 1 Pedro 4.13].

Dejaré que el espíritu de paciencia y gozo gobierne mi vida y tome posesión de mi alma. El Salmo 23 es una promesa de que Dios es capaz de protegerme en medio de todas las circunstancias. Mi paciencia producirá en mí las promesas de Dios como herencia [Lucas 21:19; Hebreos 6:12; Santiago 1:2-8].

El Señor me afirma y me sostiene con su diestra. Cristo Jesús está sentado a la diestra del Padre, que me salvará. "Si anduviere yo en medio de la angustia,...y me salvará tu diestra" [Salmos 34:19; 37:24; 50:15; 138:7; Miqueas 7:8]

Promesas de guía y sabiduría

Una persona puede ser muy culta e inteligente en las cosas del mundo. Pero en el ámbito espiritual sobrenatural, necesitamos la sabiduría y la guía del Espíritu Santo de Dios. Sin ella, nos perdemos la mejor parte de nuestro éxito. Sin ella no podremos ver al enemigo cuando entra deslizándose.

El Señor guía mis pies con sus ojos. También me guías según tu consejo, y me guías a toda verdad [Salmos 32:8; 73:24; Juan 16:13].

La Palabra de Dios es una lámpara y una luz. "Lámpara es a mis pies tu palabra, y lumbrera a mi camino" [Salmos 119:105]. El Señor dirige mis pasos [Proverbios 16:9; Isaías 45:13].

Soy bendecido cuando oigo, obedezco y hago la Palabra de Dios. Esta promesa es para mí y para mi familia [Lucas 11:28].

Mi casa está llena de cosas buenas. Mientras llene mi corazón con la Palabra de Dios y su sabiduría y la obedezca, mi casa siempre estará llena de cosas buenas [Deuteronomio 6:6-11].

El Espíritu Santo me enseña sabiduría. El testimonio de Jehová es fiel, me hace sabio [Salmos 19:7]. "Bienaventurado el hombre que halla la sabiduría" [Proverbios 3:13]. "Con sabiduría se edificará la casa, y con prudencia se afirmará" [Proverbios 24:3].

La sabiduría de Dios es una defensa y la vida para mí. "Porque escudo es la ciencia, y escudo es el dinero; mas la sabiduría excede, en que da vida a sus poseedores" [Eclesiastés 7:12]. "...la sabiduría: ayuda a tener éxito" [Eclesiastés 10:10, NTV].

La guía del Señor me lleva al éxito. Mientras yo busque la guía del Señor, Dios me dará éxito [2 Crónicas 26:

5]. *"Mas la senda de los justos es como la luz de la aurora"* [Proverbios 4:18]. *"Yo soy Jehová Dios tuyo, que te enseña provechosamente, que te encamina por el camino que debes seguir* [Isaías 48:17].

La promesa de regocijarse

Me regocijaré y me alegraré en gran manera, porque grande será mi recompensa. Me alegraré y me gozaré en el Señor por su abundancia de todo. Amaré al Señor con alegría [Deuteronomio 24:47; Salmos 100:2; 126:3; Mateo 5:12].

El gozo del Señor es mi fortaleza. Dios promete renovarnos con óleo de gozo en lugar de luto, manto de alegría en lugar del espíritu angustiado para que Él sea glorificado [Nehemías 8:10; Isaías 61:3].

Ofreceré sacrificios de júbilo a mi Señor porque Él levanta mi cabeza sobre mis enemigos que me rodean [Salmos 27:6].

Promesas para caminar en humildad

La humildad me lleva a la riqueza, a la honra y a la vida. "Riquezas, honra y vida son la remuneración de la humildad y del temor de Jehová" [Proverbios 22:4].

La honra sustenta a los humildes de espíritu. El Señor oye el deseo de los humildes [Salmos 10:17; Proverbios 29:3].

Un espíritu humilde invita el favor y la gracia de Dios [Job 22:29; Proverbios 3:34; Santiago 4:6].

Promesas para caminar en santidad

Seré un guardián de la santidad en mi casa. En santidad poseeremos las promesas de Dios [Abdías 17].

Mi camino es como una luz brillante. "Mas la senda de los justos es como la luz de la aurora, que va en aumento hasta que el día es perfecto" [Proverbios 4:18].

Promesa de confianza

Mi confianza en Dios tiene una gran recompensa. En Cristo tengo seguridad y acceso con suma confianza la presencia de Dios. "Porque Jehová será tu confianza, y él preservará tu pie de quedar preso" [Proverbios 3:26; Efesios 3:12; Hebreos 10:35].

"En el temor de Jehová está la fuerte confianza; y esperanza tendrán sus hijos" [Proverbios 14:26]. Moraré y viviré con confianza. En quietud y en confianza será mi fortaleza [Isaías 30:15; Ezequiel 28:26].

Tu diestra me sostiene

"Está mi alma apegada a ti; Tu diestra me ha sostenido" [Salmos 63:8]. Aunque caiga, no seré completamente abatido porque el Señor me sostiene con su mano. El Señor sostiene a los justos. No temeré. Él sustenta todas las cosas con la palabra de su poder [Salmos 37:17, 24; 41:12; 145:14; Isaías 41:10; Hebreos 1:3].

Promesa de fidelidad de Dios

El Señor es fiel, y Él me afirmará y me guardará del mal. Su fidelidad es para todas las generaciones [Salmos 119:90; 2 Tesalonicenses 3:3].

Su fidelidad es eterna como los cielos. Grande es tu fidelidad [Salmos 89:1-2; 92].

La recompensa de mi fe

El Señor ha prometido que, según mi fe, voy a recibir de Dios. El Señor sanó a muchos de acuerdo a la fe de ellos. El justo vive por la fe [Mateo 9:29; Romanos 1:17].

Por la fe es posible agradar a Dios y disfrutar de todas sus promesas. "Es, pues, la fe la certeza de lo que se espera, la convicción de lo que no se ve" [Hebreos 11:1]. Mi fe como hijo de Dios es la victoria que vence al mundo. Cuando pido con fe, sin dudar, recibo de Dios [Hebreos 11:6; Santiago 1:6; 1 Juan 5:4].

Mi fe en Dios desarrolla en mí la esperanza, el gozo y la paz. Jesús dijo que si yo creo, veré la gloria de Dios [Juan 11:40; Romanos 15:13].

Mi fe en Dios abre mis ojos espirituales para ver las riquezas de mi herencia y la eminente grandeza de su poder para con nosotros los que creemos. El hombre fiel recibirá muchas bendiciones. Los ojos de Dios están sobre los fieles [Salmos 101:6; Proverbios 28:20, NVI; Efesios 1:18-20].

Capítulo Ocho

EL HOGAR: ¡DONDE TODO COMIENZA!

Bienaventurado el hombre que teme a Jehová, y en sus mandamientos se deleita en gran manera. Su descendencia será poderosa en la tierra; la generación de los rectos será bendita.

—Salmos 112:1-2

El hogar es el lugar donde las promesas de Dios y las maldiciones del enemigo se convierten en un legado. La apropiación de las promesas de Dios debe comenzar en casa. Lamentablemente, no todas las personas pueden decir que han disfrutado de vivir con un padre bondadoso que ha dejado una impresión saludable en sus vidas y pudo establecer un entorno sano donde se manifiestan las promesas de Dios. De hecho, muchos de nosotros caemos en la categoría de los que viven en un hogar disfuncional, con un padre necesitado. Pero eso no significa que deba permanecer así para siempre o para la próxima generación. Una vez que se permite que el amor de Dios entre en el corazón, comienza a tener lugar una transformación. En este capítulo me gustaría transmitir a los padres algunas de las cosas valiosas que harán una gran diferencia en su vida familiar, cosas que garantizarán una sólida base que establecerá una atmósfera sana y maravillosa donde las promesas de Dios se harán evidentes en todos los aspectos de su vida familiar.

La importancia del amor y la atención de un padre

Mi esposo escribió un folleto didáctico titulado *Hombres de impacto en medio de la crisis*. Me gustaría compartir su testimonio y su consejo, lo que ayudará enormemente y equipará a todo hombre en su papel de padre y como sacerdote de su hogar.

> *Cada hogar cristiano debería ser el ministerio número uno del hombre.* Cuando yo vivía en Brooklyn, Nueva York, siendo niño, recuerdo los momentos difíciles en que mi piadosa y maravillosa madre tuvo que criar a sus cuatro hijos y a una hija. Cuando llegamos a la adolescencia, empecé a notar que mis tres hermanos menores estaban constantemente involucrados en problemas. Nadie estaba realmente al tanto de sus actividades hasta que un día mi madre descubrió una planta de marihuana que crecía en una cornisa alta en el baño. Su descubrimiento la condujo a otros muchos que revelaron un estilo de vida turbulento y caótico, que llevaba a sus hijos adolescentes directamente camino de la destrucción.
>
> Mi madre no sabía que mi padre estaba teniendo una aventura. Su amante estaba recibiendo toda su atención, tiempo y dinero. Nunca había suficiente dinero o tiempo para la educación o las vacaciones. Todo iba para la amante. Nunca había tiempo para una charla personal con papá. Cuando les cuento esta historia a mis amigos, no pueden creer que mi padre haya tenido una

El hogar: ¡Donde todo comienza!

amante. Él era muy respetado y un hombre muy estricto con un alto estándar de integridad.

Mi padre estaba demasiado ocupado como pastor atendiendo a la congregación y a las necesidades de cientos de personas. Estaba demasiado ocupado para asistir a los eventos deportivos o visitar a los maestros para recibir un informe sobre sus hijos. Estaba demasiado ocupado para programar tiempo para llevar a sus hijos al parque. Servir a otros era su prerrogativa. *¡Su amante era la iglesia!* ¡Auch! Puedo oír a algunos de ustedes respirar hondo. Tal vez usted se encuentra en una situación similar y no se da cuenta del daño que su conducta le está causando a su familia. ¿Podría ser que su ministerio, su trabajo, o su afición se hayan convertido en su amante?

¿Cuán increíble puede ser esto? Mi padre, un ministro del evangelio experimentado y responsable de una congregación próspera y grande ¿cómo era posible que él no supiera que su familia estaba en serios problemas? Finalmente, mis hermanos desarrollaron una adicción a las drogas que se prolongó durante muchos años, lo que afectó radicalmente sus vidas. Pero usted sabe, Dios nunca se rinde, y oye y contesta las oraciones de sus hijos. Gracias a una madre que oraba, aunque mis hermanos corrían y corrían, Dios los atrapó. Finalmente fueron restaurados mediante el programa Desafío Juvenil y pudieron dejar sus hábitos de adicción y llevar una vida normal. Hoy uno de mis hermanos es un impactante pastor de una congregación floreciente y grande. Hace poco tuve el honor de nombrar a su hijo para tomar posesión de su puesto.

Dios ha hecho grandes milagros en mi familia debido a las oraciones constantes y fervientes de una madre piadosa. En medio de un mundo en crisis, necesitamos hombres de impacto que sean los *sumos sacerdotes* de sus familias y se conduzcan con un corazón puro y con determinación para hacer de su hogar el primer ministerio, antes de guiar a otros.

Padres, su hogar es la tierra fértil que Dios les ha dado para realizar su llamado y todas sus pasiones. Se inicia con el ministerio a su cónyuge y a sus hijos. El hogar es el lugar donde ustedes ponen en acción las promesas de Dios, y donde practican su dinámico ministerio hogareño llevando a la práctica habitualmente los siguientes principios:

> Hacer oraciones poderosas.
>
> Ejercer su autoridad sobre todas las obras del enemigo.
>
> Romper las maldiciones generacionales.
>
> Hablar bendición y nunca maldición.
>
> Orar por sus familiares enfermos ungiéndoles con aceite e imponiendo manos sobre ellos en el nombre de Jesús.
>
> Estar alerta y consciente de los cambios repentinos de carácter, de disposición, y de los trastornos de atención: averigüe el porqué.
>
> Ser un buen oyente: prestar atención a las heridas y a las necesidades.
>
> Ser un motivador, y acariciar a su hijo en la espalda, y decirle muy a menudo: "Te quiero mucho; tú eres especial para mí y para Dios."
>
> Aprender a distinguir entre los percances normales y la

El hogar: ¡Donde todo comienza!

conducta desafiante.

Hacer preguntas: ser parte interesada.

Celebrar los logros grandes, así como los pequeños.

No castigar nunca a un niño cuando usted está enojado: esperar hasta tranquilizarse.

Amar a su esposa con sinceridad y hacérselo saber con sus palabras de afirmación.

Decir "Lo siento" cuando uno de ellos se sienta ofendido por algo que usted dijo o hizo.

Sentarse frecuentemente a discutir un tema bíblico. Permitir que cada uno tenga su opinión. Hacerlo breve e interesante.

Enseñar a su familia a pensar en grande, y a ver a Dios como su fuente suprema y su proveedor.

Ser selectivo al ver TV, videos, música y juegos.

Mantener al demonio fuera de su hogar y sus negocios.

Romper la maldición de la pobreza en su familia.

Tener cuidado de los deseos sensuales y la pornografía: mantenerse limpio.

Rendir cuentas a un cristiano o a una pareja que sean confiables en el Señor.

No aconsejar ni recibir nunca a una mujer sola.

Ser un buen administrador.

Soy consciente de que esta lista podría ser mucho más larga, pero quiero que usted retenga estos principios. Han surtido efecto para mí. Mi familia y mi matrimonio son fuertes y llenos del amor de Dios. Su familia tiene que llegar a ser muy importante para usted. Usted debe protegerla poniendo a Dios en el primer lugar de su vida y haciendo un voto de que, con la ayuda de Él, usted dejará una herencia espiritual dinámica y que muchas generaciones después podrán disfrutar de las promesas de Dios debido a su ejemplo.[1]

Al reflexionar sobre el efecto que el ejemplo de mi padre y el padre de mi esposo tuvieron en nuestras vidas, estoy agradecida, ya que en ambas situaciones tuvimos una madre que oraba. Todo lo que mi esposo mencionó anteriormente como principios que construirán una base sólida y dejarán un legado piadoso de bendiciones, son cosas que ambos ponemos en práctica en nuestra familia. Definitivamente es posible venir de un hogar roto, destrozado, y ser capaz de dar vuelta todo con un cambio radical del corazón y la determinación de poner a Dios en primer lugar en todo: un cambio que pondrá en acción todas las promesas de Dios en su vida. Los hermanos y hermanas de mi esposo pudieron superar las tormentas y agitaciones de la vida y dejar un legado espiritual divino de bendiciones para sus hijos. Todos podemos lograr la misma victoria. Nada es demasiado grande, demasiado difícil, demasiado siniestro, o imposible para que Dios lo limpie y lo renueve. Un paso a la vez, una palabra a la vez, una oración a la vez, y un principio a la vez: Dios se asociará con usted para que tenga éxito.

El legado de bendiciones de una madre

> Los hijos son una herencia del Señor, los frutos del vientre son una recompensa.
>
> —Salmos 127:3, nvi

El hogar: ¡Donde todo comienza!

Hay algo realmente único en un padre cristiano sincero y piadoso. Mis palabras solas no pueden expresar todo lo que significa la tenacidad de mi madre para ser todo lo que mi padre terrenal era incapaz de proveer a su familia. Las simples verdades y principios que mi madre nos enseñó a mis hermanos y a mí me ayudaron a definir la manera en que vivo mi vida y tomo decisiones todos los días. Su herencia ha sido fundamental en la formación de mi vida y mi carácter, y los de mis hijos y nietos.

Mi abuela piadosa fue también una gran influencia en mi vida, porque su determinación constante era obedecer siempre a Dios y dejarle a Él todas las consecuencias: algo que siempre apreciaré y recordaré.

Debemos enseñar a nuestros hijos que todas las cosas piadosas que les enseñamos acerca de Dios y las cosas buenas que ven que hacemos, son parte de la herencia que ellos también dejarán. Deben aprender a cuidarlas y no permitir jamás que el enemigo los desvíe ni usurpe las promesas de Dios para ellos.

Por otro lado, debemos darnos cuenta y ser sumamente conscientes del hecho de que todas las cosas impías que hacemos y decimos también se transfieren como una herencia de maldiciones y malos hábitos a aquellos con quienes tenemos una relación estrecha. Es muy importante recordar que quienquiera que sea aquel con quien usted quede estrechamente asociado en una relación, abrirá la puerta para que usted reciba y sea influenciado y controlado por los mismos espíritus que operan en esa persona, ya sean buenos o malos espíritus. "¿No sabéis que si os sometéis a alguien como esclavos para obedecerle, sois esclavos de aquel a quien obedecéis, sea del pecado para muerte, o sea de la obediencia para justicia?" (Romanos 6:16).

Atributos de una madre

Hay algunos atributos importantes que una madre debe implantar cuidadosamente en su familia que activarán las promesas de Dios en la vida de esa familia. Estos incluyen los siguientes:

El hábito de orar

No cualquier oración, sino oraciones específicas y valientes traerán rápidamente la presencia de Dios a su atmósfera. Las promesas de Dios son condicionales y comienzan en el ámbito espiritual. La oración es espiritual. Oramos en el espíritu. Al tocar el borde del manto de nuestro Salvador con nuestras oraciones, estamos llegando al reino de los cielos. El hábito de orar es invalorable y muy necesario para poder participar de las bendiciones de Dios y compartirlas. Nuestras oraciones son muy valiosas. El beneficio llega a ser nuestro. Nuestras oraciones se convierten en la recompensa de una promesa de Dios.

La oración es comunicación. Usted no tiene que arrodillarse, postrarse o estar solo. Puede orar en cualquier lugar en cualquier momento. La oración se convierte en un hábito cuando usted desea conocer íntimamente a su Creador. La oración se convertirá en un hábito cuando usted se dé cuenta de que sin ella no alcanzará las promesas de Dios. De todos los atributos que puedo recomendar, el hábito de orar es el más importante. La oración le enseñará a centrarse en lo que es importante para Dios. La intimidad con el Padre Dios restaurará todo lo que está quebrado en usted. La oración toca el corazón de Dios y abre su cofre del tesoro de bendiciones.

Haga esta oración:

A ti levanto mi voz, Padre Dios. Mi alma te alaba y te adora y te rinde honor y alabanza. Solo en ti tengo mi

El hogar: ¡Donde todo comienza!

> *ser. Enséñame a caminar en tus preceptos y a distinguir el bien del mal. Enlaza mi corazón a tu corazón y mis deseos a los tuyos. Te doy gracias, Padre, por salvarme y liberarme de la mano del enemigo. Me someto a ti y oro que tus bendiciones y tus promesas permanezcan siempre en mi vida. En el nombre de Jesús, Amén.*

> Confesaos vuestras ofensas unos a otros, y orad unos por otros, para que seáis sanados. La oración eficaz del justo puede mucho.
> —Santiago 5:16

> Y todo lo que pidiereis en oración, creyendo, lo recibiréis.
> —Mateo 21:22

Hacer la paz

Los pacificadores disfrutan de buenas relaciones. Muchas relaciones rotas se deben al exceso de discusión, regaños y contestaciones repetitivas. Mi madre me enseñó la importancia de una actitud y una disposición pacíficas. En medio de insultos y maldiciones se quedaba tranquila y orando. ¡Qué ejemplo! No era que no tuviera nada que decir; no; era la sabiduría en acción. Ella se negaba a discutir con los espíritus malignos. Saber cuándo hablar y cuándo no, es un piadoso atributo necesario en todos nosotros. Mamá pudo transmitir eficazmente este atributo a sus descendientes, ¡y yo lo he transmitido con éxito a mis dos maravillosas hijas!

> Bienaventurados los pacificadores, porque ellos serán llamados hijos de Dios.
> —Mateo 5:9

Querido Padre, anhelo ser un pacificador. Enséñame a abstenerme de discutir y de tratar de defenderme. Anhelo agradarte en todos mis caminos y disfrutar realmente de vivir en la abundancia de tus promesas. Rindo mi corazón a ti. Purifícame de todas las actitudes rebeldes y egoístas que han causado conflicto en mis relaciones. Espíritu Santo, por favor, enséñame a caminar en tu amor y a hablar con una lengua sabia y un corazón perdonador. En el nombre de Jesús, Amén.

Perdón

Este es uno de los más importantes atributos que deberíamos preocuparnos en transmitir a nuestros seres queridos. Asegurará que muchas de las promesas de Dios se vuelvan parte de nuestro goce diario, y se transmitirá a nuestros seres queridos como un valioso legado. Hay libertad y gran bendición en el perdón. No es fácil perdonar a alguien que ha dañado su corazón, pero para poder disfrutar de libertad y transmitir esa libertad a sus seres queridos, es sumamente necesario perdonar. No es divertido retener (guardar) los pecados de alguien y permanecer en la esclavitud.

> Bienaventurado aquel cuya transgresión ha sido perdonada, y cubierto su pecado.
>
> —Salmos 32:1

> A quienes remitiereis los pecados, les son remitidos; y a quienes se los retuviereis, les son retenidos.
>
> —Juan 20:23

Padre Dios, tomo ahora mismo la decisión de sacar de mi corazón la falta de perdón hacia los que me han herido. Me niego a seguir siendo una víctima y a vivir en esclavitud. Los libero ahora, Padre. Me niego a retener sus pecados por más tiempo. Te doy gracias por hacerme libre y permitirme disfrutar todas tus promesas, conforme a tu Palabra. Ahora me libero y libero a mi familia de esta maldición. Yo aplico la sangre de Jesús sobre todo mi cuerpo y mi hogar. Ya no soy una víctima sino un vencedor. Gracias, Padre, por liberarme. En el nombre de Jesús, Amén.

Orden

El orden es un maravilloso atributo que activa las promesas de Dios. Desafía a la confusión e invita a la eficacia. Las personas exitosas generalmente son ordenadas. Este es un rasgo aprendido que debe ser transmitido como un legado.

> Porque toda la obra de Salomón estaba preparada desde el día en que se pusieron los cimientos de la casa de Jehová hasta que fue terminada.
> —2 Crónicas 8:16

Padre Dios, te doy gracias por ayudarme a ser una persona ordenada en todas las áreas de mi vida. Ordeno al espíritu de confusión y desorden que salga de mi vida y de la vida de mis seres queridos. Me niego a seguir postergando y posponiendo las cosas. Te doy gracias, Padre, por poner en mí el deseo de buscarte temprano como punto de partida en mi día. Ayúdame a conocer tu voz y aprender de ti la excelencia. Enséñame, Espíritu Santo, a transmitir a mis descendientes este importante atributo. En el nombre de Jesús, Amén.

Actitud valiente

El temor paraliza. El temor le impide a una persona disfrutar de sus bendiciones legales. El temor se camufla en un espíritu maligno, y opera desde la mente de una persona. El temor debe ser echado fuera en el nombre de Jesús. El temor es un espíritu que se transmite a los descendientes de otros que son testigos y partícipes del mismo espíritu. El temor puede ser transmitido desde el vientre de la madre.

Ser liberado es sencillo. Haga una declaración con su boca y ordene al espíritu maligno que salga de usted. Continúe declarando las promesas de Dios para usted y para sus seres queridos. No se deje intimidar por los espíritus malignos, y siga caminando en victoria.

> Porque Dios no nos ha dado un espíritu de cobardía,
> sino de poder, de amor y de dominio propio.
> —2 Timoteo 1:7

Dios no me ha dado espíritu de cobardía, sino de poder, de amor y tengo una mente sana y sin temor. Ordeno al espíritu de temor que salga de mí en este momento. Yo aplico la sangre de Jesús sobre mi corazón y mi mente. Gracias, Padre, por hacerme libre. En el nombre de Jesús, Amén.

Todo lo que hacemos tiene un efecto y una consecuencia.

Me encanta orar específicamente por mi familia. Uso versículos para recordarle a Dios sus promesas. Me encanta bendecir a los miembros de mi familia con palabras, besos y abrazos. Me esfuerzo por ser siempre positiva y dedicada. Estos actos de bondad y amor son contagiosos: tienen un efecto persistente que es difícil no percibir, sentir y apreciar, y se convierten en un legado de bendiciones.

Así como las cosas positivas y amorosas que hacemos tiene un efecto y una consecuencia, también lo tienen las cosas negativas que hacemos y decimos. *Las palabras negativas y críticas infligen heridas en el corazón. Quedan almacenadas, a veces para siempre.* Pero también son una herencia negativa que dejamos.

Nosotros elegimos la herencia y el legado que dejamos. ¿Se basará en las semillas espirituales de la Palabra de Dios que plantamos en la vida de otros? ¿O será una herencia de duda, incredulidad, confusión, malos tratos, dolor, abuso mental, y todas las otras cosas que el enemigo está infligiendo constantemente a la gente? Transmitir las promesas de Dios a nuestros hijos es una de las cosas más importantes y valiosas que un padre puede hacer por un hijo.

Debemos considerar seriamente el legado que dejamos a nuestra próxima generación. Cada ejemplo que damos se convierte en parte de nuestro legado. Para que nuestros seres queridos disfruten de las promesas de Dios, tenemos que enseñarles el amor de Dios. Comienza en nosotros: dando el modelo, precepto por precepto. Padres, tenemos un gran trabajo que hacer. Tenemos que conseguir que nuestro ayudador, el Espíritu Santo, nos ayude con esta importante y vital responsabilidad.

Apéndice

UN LEGADO DE POEMAS

MUCHOS DE ESTOS poemas y canciones fueron escritos hace cientos de años. Todos ellos son un legado de bendición para nuestro disfrute. Quiero que usted observe no solo la esperanza y el genuino anhelo que cada poeta tenía de reclamar un día su herencia y reunirse con su Salvador, el Rey de la gloria, sino también la confianza absoluta de cada persona en las promesas de Dios.

Lo que Dios ha prometido

Annie Johnson Flint fue una huérfana que, junto con su hermana, fue criada por padres adoptivos que la llevaron a confiar en la fidelidad de Dios. Ella comenzó a enseñar en la escuela a principios de 1900 y se enfermó con una artritis paralizante. Como resultado, se le hizo casi imposible caminar y tuvo que abandonar la enseñanza. Con los padres adoptivos muertos y su hermana débil e incapaz de cuidar de ella, Annie se trasladó a un sanatorio, Allí comenzó a escribir y vender poesía para pagar su estancia y su cuidado. Aunque no tenía ninguna esperanza de recuperación o de alivio, Annie, en agonía física, escribió poemas que testificaban de la fidelidad de Dios. Uno de sus más famosos poemas, al que se le puso música, es "Él da mayor gracia". Esta impactante canción habla de que nuestro Padre celestial nos da gracia una y otra vez para satisfacer cualquier situación que enfrentemos, a pesar de nuestras debilidades y limitados recursos. Una de sus obras menos conocidas es uno de los últimos poemas que escribió, titulado "Lo que Dios ha prometido". Dos de las estrofas de ese poema dicen:

> Dios no ha prometido cielos siempre azules,
> ni que toda la vida sea un sendero florido;
> Dios no ha prometido sol sin chaparrones,
> alegría sin dolor, paz sin tribulaciones.
>
> Pero sí ha prometido fuerzas para cada día,
> descanso del trabajo, luz para el camino,
> gracia para las pruebas, ayuda del Cielo,
> inagotable compasión y amor sin fin.
>
> —Annie Johnson Flint

Annie, junto a millones de personas antes y ahora, aprendió que aunque Dios no siempre nos evita el dolor o las circunstancias difíciles, siempre camina con nosotros, animándonos y dándonos gracia para cumplir cualquier desafío que enfrentemos aquí en la tierra.[1]

Dios es la fuente

> Dios es la fuente de donde
> Diez mil bendiciones fluyen;
> A Él mi vida, mi salud y amigos,
> Y todo bien, yo debo.
>
> Las comodidades que ofrece
> No son pocas ni pequeñas;
> Él es la fuente de delicias frescas,
> Mi porción y mi todo.

Él llena mi corazón de alegría,
Mis labios preparan alabanza;
Y para su gloria voy a dedicar
El resto de mis días.

—Benjamin Beddome

La más hermosa flor

El banco del parque estaba desierto
    cuando me senté a leer
Bajo las ramas largas y descuidadas
    de un viejo sauce.

Desilusionada por la vida
    con buenas razones para fruncir el ceño,
Ya que el mundo intentaba
    debilitarme.

Y como si fuera poco
    para arruinar mi día,
se acercó un niño sin aliento,
    cansado de jugar.

Se paró frente a mí
    inclinando la cabeza
Y dijo con suma emoción,
    "¡Mira lo que encontré!"

En su mano había una flor,
    qué lamentable visión,
Con pétalos marchitos:
    le faltó lluvia, le faltó luz.

Deseando que quitara esa flor muerta
   Y se fuera a jugar,
Fingí una sonrisita
   y después me volví.

Pero en lugar de irse
   Él se sentó a mi lado
llevó la flor a su nariz
   y declaró con sorpresa:
"Seguro que huele bien
   y que también es hermosa.
Por eso la recogí;
   tómala, es para ti".

La mala hierba ante mí
   estaba muriendo o muerta,
sin vibrantes colores,
   naranja, amarillo o rojo.

Pero supe que debía tomarla,
   o él jamas se iría…
Así que tomé la flor, y respondí:
   "Justo lo que necesito".

Pero en vez de darme
   la flor en la mano,
La sostuvo en el aire
   sin razón ni plan.
Fue entonces que vi
   por primera vez,
que ese pequeñito no podía ver;
   era ciego.

Oí mi voz temblar,
　　lágrimas brillaron al sol
Cuando le agradecí por recoger
　　la mejor…
"De nada", él sonrió,
　　y corrió a jugar,
Sin saber el impacto
　　que tuvo en mi día.

Me quedé sentada preguntándome
　　cómo logró ver
A una mujer autocompadeciéndose
　　bajo un viejo sauce.
¿Cómo supo de
　　mi egocéntrica dificultad?
Tal vez por su corazón,
　　…bendecido con verdadera visión.

A través de los ojos de un niño ciego,
　　por fin pude ver
Que el problema no era el mundo;
　　el problema era yo…

Y por todas esas veces
　　Que yo misma había sido ciega,
prometí ver la belleza de la vida,
　　y valorar cada segundo mío.

Y luego sostuve esa mustia flor
　　bajo mi nariz
Y aspiré la fragancia
　　de una hermosa rosa.

Y sonreí al ver a ese niño,
    con otra hierba en la mano
A punto de cambiar la vida
    de un desprevenido anciano.[2]
—Cheryl L. Costello-Forshey

Oh, Jesús, he prometido

Oh, Jesús, he comprometido servirte hasta el fin;
Quédate por siempre cerca de mí, mi maestro y amigo;
No temeré la batalla si tú estás a mi lado,
Ni erraré el camino si mi guía serás.

¡Oh, déjame sentirte cerca de mí! El mundo está cerca;
Veo lugares que deslumbran, oigo sonidos tentadores;
Mis enemigos están siempre cerca de mí, alrededor y
    adentro;
Pero Jesús, acércate más, y protege mi alma del pecado.

Oh, déjame oírte hablar con tono claro y firme,
Sobre tormentas de pasión, murmullos de obstinación.
Oh, habla para afirmarme, para apresurarme o
    controlarme;
Oh, habla y hazme escuchar, tú, Guardián de mi alma.

Oh, Jesús, has prometido a todo el que te sigue
Que allí donde estás en gloria, estará tu servidor
Y Jesús, he prometido servirte hasta el fin;
¡Oh, dame gracia para seguir, maestro y amigo mío.

Oh, déjame ver tus huellas, y planta en ellas las mías;
Mi esperanza de seguirte debidamente está solo en tu
    fuerza.

Oh, guíame, llámame, acércame, sostenme hasta el
   final;
Y luego en el cielo recíbeme, mi Salvador y mi amigo.
—John Ernest Bode

Oh, amor que echa fuera el temor

Oh, amor que echa fuera el temor;
Oh, amor que echa fuera el pecado,
No te demores más,
sino ven y mora en mi interior.

Verdadera luz del alma,
Envuélvenos al avanzar;
Será seguro nuestro andar,
Nuestros pies no sabrán de desvíos..

Gran amor de Dios, ¡entra!
Fuente de paz celestial;
Tú, Agua viva, ¡ven!
Salta y nunca ceses.

Amor del Dios viviente,
Del Padre y del Hijo;
Amor del Espíritu Santo,
Llena a todos los necesitados.
—Horatius Bonar

Un llamado a la oración

Suavemente las vísperas de la noche
Santifican el día que acaba;
Dulcemente el Salvador susurra:
"Ven al trono y ora".

Ven, antes de que aumenten las sombras,
Dale a Él tu agobiado corazón;
Ven donde su gracia fortalece,
Ven y deja las preocupación.

Sonrisas de su amor te esperan,
Iluminando su hermoso rostro;
Para contemplar su belleza,
Mora en el lugar secreto.

Osadamente podemos acercarnos a Él,
Para misericordia y gracia recibir;
Tentado como nosotros, Él nos ofrece:
Ven al trono del Padre.

Suavemente le oigo llamar,
Llamando al final del día;
Dulcemente sus tonos se esfuman,
"Ven al trono y ora".

—Clara M. Brooks

Cristo, cuya gloria llena los cielos

Cristo, cuya gloria llena los cielos,
Cristo, la única luz verdadera,
Sol de justicia, levántate,
Triunfo sobre las sombras de la noche;
Aurora de lo alto, acércate;
Estrella matutina, surge en mi corazón.
Oscura y triste es la mañana
Sin tu compañía;
Sin gozo es el retorno del día,
Hasta que veo destellos de tu misericordia;

Hasta que imparte tu luz interior
Alegría a mis ojos y calor al corazón.
Visita entonces esta alma mía,
Atraviesa la penumbra del pecado y la angustia;
Lléname, Resplandor Divino,
Dispersa toda mi incredulidad;
Más y más manifiéstate,
Brillando hasta el día perfecto.

—Charles Wesley

Ven, tú, Rey todopoderoso

Ven, tú Rey todopoderoso,
¡Ayúdanos a cantar a tu nombre,
Ayúdanos a alabar!
Padre, todo glorioso,
Sobre todo, victorioso,
¡Ven, reina sobre nosotros,
Anciano de días!

Ven, tú Verbo encarnado,
Cíñete tu poderosa espada,
¡Atiende nuestra oración!
Ven, y bendice a tu pueblo,
Y da éxito a tu palabra;
Espíritu de santidad,
¡Desciende sobre nosotros!

Ven, Santo consolador,
Trae tu sagrado testimonio
¡En esta hora feliz!
Tú, que eres todopoderoso,
Gobierna cada corazón,

¡Y nunca te vayas de nosotros,
Espíritu de poder!

A ti, gran Uno trino,
Sean alabanzas eternas,
Por siempre;
¡Tu soberana majestad,
Podamos ver en gloria,
Y por la eternidad
Amarte y adorarte!

—Charles Wesley

Te recibo, eres mi seguro Redentor

Yo te recibo, eres mi seguro Redentor,
Mi única confianza y Salvador de mi corazón,
Quién sufriste dolor por mi bien;
Ruego que quites los pesares de nuestro corazón.

Tú eres el Rey de misericordia y gracia,
Reinando omnipotente en todo lugar;
Ven, oh Rey, y cambia todo nuestro ser;
Brilla en nosotros con la luz de tu puro día.

Tú eres la vida, por la cual vivimos
Y de quien todo sustento y fortaleza recibimos;
Sostennos por tu fe y por tu poder,
Y danos fuerza en toda hora de prueba.

Tú tienes la perfecta y genuina bondad,
No tienes dureza y ni tampoco amargura;
Oh, concédenos la gracia que encontramos en ti,
Que vivamos en perfecta unidad.

Nuestra esperanza no está en nadie sino en ti;
Nuestra fe se basa en tu promesa gratuita;
Señor, danos paz, y estemos tranquilos y seguros,
Que en tu poder perseveremos por siempre.
—Atribuido a Juan Calvino

Dame las alas de la fe para subir

Dame las alas de la fe para subir
Dentro del velo, y ver
A los santos arriba, cuán grande su gozo,
Cuán brillante sus glorias son.

Una vez estuvieron dolientes aquí,
Y regaron sus lechos con lágrimas :
Lucharon mucho, como nosotros ahora,
Con pecados, dudas y temores.

Les pregunto de dónde vino su victoria:
Ellos, con un mismo aliento,
Atribuyen su conquista al Cordero,
Su triunfo a la muerte de Él.

Marcaron las pisadas que Él dejó,
Su celo inspiraba su pecho;
Y siguiendo a su Dios encarnado,
Poseen el prometido descanso.

Nuestro glorioso Líder merece nuestra alabanza
Por darnos su propio ejemplo;
Mientras la gran nube de testigos
Muestra el mismo camino al cielo.
—Isaac Watts

Todo el camino mi Salvador me guía

Todo el camino mi Salvador, me guía,
¿Qué tengo que pedir a su lado?
¿Puedo dudar de su tierna misericordia,
De quien toda la vida fue mi guía?
Paz celestial, divino consuelo,
¡Aquí por la fe en Él morar!
Porque yo sé, ocurra lo que ocurra,
Jesús lo hace todo bien.

Todo el camino mi Salvador me guía,
Me anima en cada sinuosa senda que recorro,
Me da gracia para cada prueba,
Me alimenta con el Pan vivo.
Aunque mis pasos cansados puedan fallar
Y mi alma sedienta pueda estar,
Brotando de la roca delante de mí,
¡He aquí! una fuente de gozo veo yo.

Todo el camino mi Salvador me guía
¡Oh, la plenitud de su amor!
Descanso perfecto me es prometido
Arriba en la casa de mi Padre.
Cuando mi espíritu, vestido de inmortalidad,
Levante su vuelo a los reinos del día
Esta es mi canción por los siglos eternos:
Jesús me guió por todo el camino;

—Frances J. Crosby

Cuán dulce suena el nombre de Jesús

¡Cuán dulce suena el nombre de Jesús
En el oído de un creyente!
Alivia nuestros dolores, sana nuestras heridas,
Y ahuyenta todo temor.

Él sana el espíritu herido
Y calma el desasosiego del corazón;
Es maná para el alma hambrienta
Y para el agobiado, su descanso.

¡Querido nombre! La Roca sobre la que edifico,
Mi escudo y mi refugio;
Mi tesoro infalible repleto
Con depósitos infinitos de gracia.

Oh Jesús, pastor, guardián, amigo,
Mi profeta, sacerdote y rey,
Mi Señor, mi vida, mi camino, y mi fin,
Acepta la alabanza que te brindo.

Alabo en debilidad de lejos
¡Qué frío mi más cálido pensamiento!
Pero cuando te vea tal como eres,
Te alabaré como debería.

Hasta entonces proclamaré tu amor
Con cada aliento fugaz;
¡Y que la música de tu nombre
Conforte mi alma al morir!

—John Newton

Sé que te amo más, Señor

Sé que te amo más, Señor,
Que a cualquier gozo terrenal:
Porque me has dado tú la paz
Que nada puede destruir.

Yo sé que estás aún más cerca
Que cualquier multitud terrenal;
Y más dulce es el pensar en ti
Que cualquier hermosa canción.

Pusiste alegría en mi corazón,
Por eso me puedo gozar;
Sin el secreto de tu amor,
Solo triste podría estar.

Oh, Salvador, ¡precioso Salvador mío!
¿Qué será tu presencia,
Si tal vida de gozo puede coronar
Nuestro caminar en la tierra contigo?

Aún no se ha dicho la mitad,
Del amor pleno y gratuito;
Aún no se ha dicho la mitad,
La sangre me limpia.

—Francis R. Havergal

Es bueno para mi alma

Cuando la paz como un río aparece en mi camino,
Cuando las penas baten como olas del mar;
Cualquiera que sea mi suerte, me enseñaste a decir:

Es bueno, es bueno para mi alma.

Aunque Satanás abofeteara, aunque vinieran las
    pruebas,
Que esta bendita certeza tenga el control:
Cristo ha considerado mi desvalido estado,
Y su propia sangre ha derramado por mi alma.

Mi pecado, oh, ¡la dicha de este pensamiento glorioso!
Mi pecado, no en parte, sino todo,
Está clavado en la cruz, ya no lo llevo más,
¡Alaba al Señor, alaba al Señor, oh alma mía!

Y, Señor, apresura el día en que mi fe será el ver
Las nubes se enrollen como un pergamino;
La trompeta resuene, y el Señor descienda,
Aún así, es bueno para mi alma.

Es bueno para mi alma,
Es bueno, es bueno para mi alma.

—Horatio G. Spafford

El 22 de noviembre de 1873, al cruzar el Océano Atlántico, el barco de vapor Ville du Havre, fue golpeado por un buque de hierro, y 226 personas perdieron la vida, incluso las cuatro hijas de Spafford. Su esposa, Anna, sobrevivió a la tragedia. Al llegar a Inglaterra, envió un telegrama que decía: "Salvada sola". Spafford entonces navegó a Inglaterra, pasando por el lugar de la muerte de sus hijas. Según Bertha Spafford Vester, una hija nacida después de la tragedia, Spafford escribió "Es bueno para mi alma" en ese viaje.[3]

El legado de mi madre

Mi madre está arriba en el cielo ahora;
Ella dejó su legado.
Mucho más precioso que el oro
O cualquier mina de diamantes.

Lo tomé del estante,
Sus páginas están viejas y gastadas.
Algunas hasta manchadas de lágrimas
Nacidas de dolores desconocidos.

Y donde ella subrayó un versículo,
Allí hay un mensaje para mí.
Por supuesto, los sé a todos de memoria,
Los aprendí en sus rodillas.

Allí es donde llegué a conocer al Señor
A una edad muy tierna.
Ella enseñaba que "Jesús murió por mí"
De cada página de salvación.

"No tenemos, porque no pedimos",
A menudo ella solía decir;
Entonces, nos llevaba al trono de la gracia,
Y nos enseñaba a orar.

Cada noche la oí orar por nosotros.
"Son tus hijos también", decía.
"Tú que ves la caída de un pajarillo,
Guía los pasos de mis hijos cada día."

Ella nos enseñó a "crecer en la gracia"

Por la lectura diaria de la Palabra de Dios.
Ella nos enseñó con su ejemplo,
Una lección en silencio, oída con claridad.

Y, si teníamos un problema,
"En la Biblia se halla la respuesta"
Eso es lo que mi madre vivía ante nosotros;
Y lo que se recuerda cuando ella no está.

Y así, voy a Juan tres dieciséis,
Con mi niño sobre las rodillas.
Le enseñaré lo que enseñó mi madre,
"Que Jesús murió por mí".

Simplemente le explicaré:
"Todo lo que tienes que hacer es creer
Que Jesús murió para pagar por tus pecados,
Y la vida eterna recibirás."

El legado de mi madre no fue su Biblia;
Sino la verdad que cada página contiene;
Y si enseñamos esto a nuestros hijos,
El legado de mi madre permanece.[4]

—Marge Younce

Elecciones

Algunas personas se sientan, algunas intentan;
Algunas personas ríen, alguna lloran;
Algunas personas lo harán, algunas no;
Algunas personas lo hacen, algunas personas no.

Algunas personas creen y desarrollan un plan;

Algunas dudan, nunca piensan que pueden;
Algunas personas enfrentan obstáculos y dan lo mejor;
Algunas personas retroceden cuando enfrentan una
 prueba.

Algunas personas se quejan de su suerte miserable;
Algunas personas agradecen por todo lo que tienen;
Y cuando todo termina, cuando llega al fin;
Algunas personas pierden, algunas ganan.

Todos tenemos una oportunidad, todos tenemos una
 opinión;
Somos espectadores de la vida, o entramos y jugamos;
Lo que sea que elijamos, cómo manejamos el juego de
 la vida;
Las decisiones son nuestras, no podemos culpar a nadie
 más.[5]

—Autor desconocido

Mi Dios, fuente de todas mis alegrías

¡Mi Dios, la fuente de todas mis alegrías,
La vida de mis delicias,
La gloria de mis días más brillantes,
Y el Consuelo de mis noches!

En las sombras más oscuras, si Él aparece,
Mi amanecer comienza,
Él es la estrella resplandeciente de la mañana de mi
 alma.
Y Él mi sol naciente.

Los cielos abiertos en torno a mí brillan,

Un legado de poemas 139

Con resplandores de sagrada dicha,
Cuando Jesús muestra que su corazón es mío,
Y susurra: Soy suyo.

Mi alma dejaría esta pesada arcilla,
Por esa palabra conmovedora,
Corriendo con gozo la vía radiante,
Para abrazar a mi amado Señor.

Sin miedo al infierno y a la muerte horrenda,
Atravesaría a todos los enemigos;
Las alas del amor y los brazos de la fe
Me llevarían como conquistador.

—Isaac Watts

Cosas alegres

A veces estoy tan desanimado
Con los problemas del día
No alcanzo a ver las cosas alegres
Qué están en el camino.

Cuando los problemas me abruman,
Entonces mis nervios se crispan
Entonces es cuando tengo que tomar el tiempo
Para simplemente sentarme y orar.

Reflexionar en los muchos dones de Dios,
Me hace muy consciente
De todo el gozo de las cosas pequeñas
¡Qué me rodean por todas partes!

Debo tratar de recordar
Aunque vengan problemas,

No perder esas cosas alegres
Y la belleza del día.[6]

—Autor desconocido

Yo siempre estoy contigo

Yo siempre estoy contigo
Nunca tengas miedo,
Cuando te sientas más solo,
Recuerda que estoy aquí.

He llorado como has llorado,
Muchas veces antes,
He tenido un corazón quebrantado,
Sí, y mucho más.

He conocido la traición,
De la más cruel,
Así que quita la amargura,
Y sácala de tu mente.

Y caminemos juntos,
A la luz de crepúsculos,
Porque me sentí como te sientes ahora,
Querido hijo…Lo sé…lo sé.

Yo estoy siempre contigo.
No estás solo.
Mi amor por ti es eterno,
Porque tú eres mío.

Y en tus horas más oscuras,
Me encontrarás cerca,

Ni tu cruz nunca será,
Demasiado grande para cargar.

Yo estoy siempre contigo.[7]

—Grace E. Easley

Quien vive solo

"Ella vive sola", le oigo decir,
A quien mira con tristeza mi camino.
"Debe ser difícil cuando el día termina,
El poner la mesa solamente para uno".

"¿Qué hace ella cuando anochece,
Completamente sola dentro de esos muros?
Es una pena que se esté perdiendo,
De todo lo que ofrece el mundo".

Me detuve un momento asombrada,
Luego me di vuelta y lo miré a los ojos,
Y sentí una punzada de compasión,
Por aquellos que miran sin ver.

En cada alma Dios pone una chispa,
De pura esperanza que ilumina la oscuridad,
Y en cada vida por pequeña que sea,
La fe para salir adelante.

En cada corazón Él hace morada,
Más allá de las formas y los rasgos,
Sus manos confieren la fuerza paciente,
Aquí a nosotros los mortales.

Quién vive solo nunca debe ser
El objeto de nuestra lástima,
Pues los momentos valen su peso en oro,
Suelen ser nuestros para tenerlos y considerar.

Para llegar a la puerta y girar la llave,
Y saber que Él me espera allí,
Con tiempo de reflexión y de oración,
Cuán livianas las cargas que llevo.

Y aunque me puse un lugar para uno,
Él está conmigo hasta que la comida acaba,
Y cada vez más y constantemente,
Tengo al Señor por compañía.

¡No estoy sola![8]

—Grace E. Easley

Cada día es Día de Acción de Gracias

Aunque aferro mi frazada
Y gruño cuando suena la alarma,
Gracias, Señor, porque puedo oír…
Hay muchos que son sordos.

Aunque mantengo los ojos cerrados
Contra la luz de la mañana, todo lo posible,
Gracias, Señor, porque puedo ver…
Muchos son ciegos.

Aunque me acurruco en mi cama
Y demoro en levantarme,
Gracias, Señor, que tengo fuerza para levantarme…
Hay muchos que están postrados.

Aunque la primera hora del día es frenética
Cuando se pierden los calcetines, se queman las
    tostadas, y hay
mal genio, mis hijos están bulliciosos,
Gracias, Señor, por mi familia…
Hay muchos que se sienten solos.

Aunque nuestra mesa de desayuno nunca luce
Como la foto de las revistas y
El menú es a veces desequilibrado,
Gracias, Señor, por la comida que tenemos…
Hay muchos que tienen hambre.

Aunque la rutina
De mi trabajo suele ser monótona,
Gracias, Señor, por la oportunidad de trabajar…
Hay muchos que no tienen trabajo.

Aunque me quejo,
Lamento mi suerte de día en día,
Y desearía que mis modestas circunstancias fueran
No tan modestas.
¡Gracias, Señor, por la vida!

En todas las cosas da gracias.[9]

—Autor desconocido

Al contemplar la maravillosa cruz

Al contemplar la maravillosa cruz
donde el Príncipe de gloria murió
toda mi ganancia la tengo por pérdida
hago morir todo orgullo en mi ser.

¡No me dejes, Señor, que me gloríe,
Sino en la muerte de Cristo, mi Dios!
Todas las cosas vanas que me cautivan
Las sacrifico a su sangre.

¡Vean, de su cabeza, sus manos, sus pies,
Fluye una mezcla de dolor y amor!
¿alguna vez se encontraron tanto amor y dolor,
O espinas formaron tan suntuosa corona?

Si fuera mío todo el reino de la naturaleza,
Eso sería un regalo demasiado pequeño;
Un amor tan maravilloso, tan divino
demanda mi alma, mi vida y mi todo.

—Isaac Watts

Este poema ha sido llamado el "himno más grande jamás escrito en el idioma inglés". Isaac Watts revolucionó la adoración pública de su tiempo, y este es su mayor logro.

NOTAS

Capítulo 1: Promesas absolutamente estupendas

1. Herbert Lockyer, *All of God's Promises of the Bible* (Grand Rapids, MI: Zondervan Publishing House, 1962), 155.

Capítulo 2: La promesa de poder

1. Maxwell Whyte, H. A.: *The Power of the Blood* (Springdale, PA: Whitaker House, 2005), 44–45.
2. Autor desconocido, "Buttprints in the Sand," reported by Katherine T. Phan, "Cancer Survivor James MacDonald to SBC Pastors: Active Faith Needed for Miracles," *Christian Post*, June 19, 2012, http://global.christianpost.com/news/cancer-survivor-james-macdonald-to-sbc-pastors-active-faith-needed-for-miracles-76892/ (consultado el 4 de septiembre de 2012).
3. Chambers, Oswald: "Mayores Obras", *En pos de lo supremo* (Centros de Literatura Cristiana de Colombia, Bogotá, Colombia, 2003), 17 de octubre.

Capítulo 3: Barreras que interfieren con las promesas

1. Johnson, Bill: *Release the Power of Jesus* (Shippensburg, PA: Destiny Image Publishers, 2009), 29–31.
2. CBSNews.com, "Xanax: Taking the Edge Off for Millions," March 19, 2012, http://www.cbsnews.com/8301-505269_162-57399748/xanax-taking-the-edge-off-for-millions/ (consultado el 6 de septiembre de 2012).

Capítulo 5: Promesas que usted puede disfrutar ya mismo

1. Rogers, Don: "The Believer's Identity in Christ," Spiritual Warfare Ministries Online, copyright © 1997, http://www.sw-mins.org/identity.html (consultado el 4 de septiembre de 2012). Usado con permiso.

Capítulo 6: Cómo romper un legado negativo y comenzar un nuevo legado de promesas de Dios

1. Craig, Brenda: "I Am Your Ever-Existent Unchanging God," Journals of the Heart, July 2, 2012, http://www.journalsoftheheart.com/2012/07/christ-in-you-the-ever-present-unchanging-overcoming-godi-am-your-ever-existent-unchanging-overcoming-god/ (consultado el 5 de septiembre de 2012).

2. Delgado, Iris: *Satanás, ¡mis hijos no son tuyos!* (Ed. Vida, 2011).

3. Delgado, Iris: *Satanás, ¡mi matrimonio no es tuyo!* (Casa Creación, Lake Mary, FL 2011).

4. Delgado, Iris: *Satanás, ¡mi milagro no es tuyo!* (Casa Creación, Lake Mary, FL 2012).

5. Delgado, Iris: *Satan, You Can't Have My Children*, 113–114. (Hay edición en español, *Satanás, ¡mis hijos no son tuyos!* Ed. Vida, 2011.)

6. Gill, A. L. y Joyce: *New Creation Image* (Fawnskin, CA: Powerhouse Publishing, 1992), 49.

Capítulo 7: Devocional de poder

1. Lockyer, Herbert: *All the Promises of the Bible* (Grand Rapids, MI: Zondervan Books, 1962), 170.

Capítulo 8: El hogar: ¡Donde todo comienza!

1. Delgado, John: *Men of Impact in the Midst of Crisis* (N.p.: John Delgado Ministries, 2000), 66.

Apéndice: Un legado de poemas

1. WordTruth.com, "God Is Faithful in Any Trial," http://wordtruth.org/new-materials/biblical-perspectives-in-everyday-life-god-is-faithful.html (consultado el 7 de septiembre de 2012).

2. "The Most Beautiful Flower" (La más hermosa flor), por Cheryl L. Costello-Forshey, copyright © 1998. Permiso para reimprimir otorgado.

3. BibleStudyCharts.com, "A Hymn and Its History: It Is Well With My Soul," http://www.biblestudycharts.com/A_Daily_Hymn.html (consultado el 7 de septiembre de 2012).

4. "Mother's Legacy" (El legado de mi madre), por Marge Younce, Heritage Baptist Bible Church, http://www.heritagebbc.com/other.motherslegacy.html (consultado el 7 de septiembre de 2012). Permiso para reimprimir otorgado.

5. "Choices" (Elecciones), autor desconocido. Poems of Inspiration (Poemas inspiracionales), http://www.squidoo.com/heartprints (consultado el 7 de septiembre de 2012).

6. "Joyful Things" (Cosas alegres), autor desconocido, Poems of Inspiration (Poemas inspiracionales), http://www.squidoo.com/heartprints (consultado el 7 de septiembre de 2012).

7. "I Am With You Always" (Yo siempre estoy contigo), por Grace E. Easley, Poems of Inspiration (Poemas inspiracionales), http://www.squidoo.com/heartprints (consultado el 7 de septiembre de 2012).

8. "Who Lives Alone" (Quien vive solo), por Grace E. Easley, Poems of Inspiration (Poemas inspiracionales), http://www.squidoo.com/heartprints (consultado el 7 de septiembre de 2012).

9. "Every Day Is Thanksgiving Day" (Cada día es Día de Acción de Gracias), autor desconocido, Poems of Inspiration (Poemas inspiracionales), http://www.squidoo.com/heartprints (consultado el 7 de septiembre de 2012).

LIBROS QUE IMPACTAN Y TRANSFORMAN

DISPONIBLE EN SU LIBRERÍA MÁS CERCANA

www.casacreacion.com